数

市场调查与数据分析

微|课|版

王颖　曹永芬◎主编

杨亚丽　袁婉清　赵冬玲　郭帅◎副主编

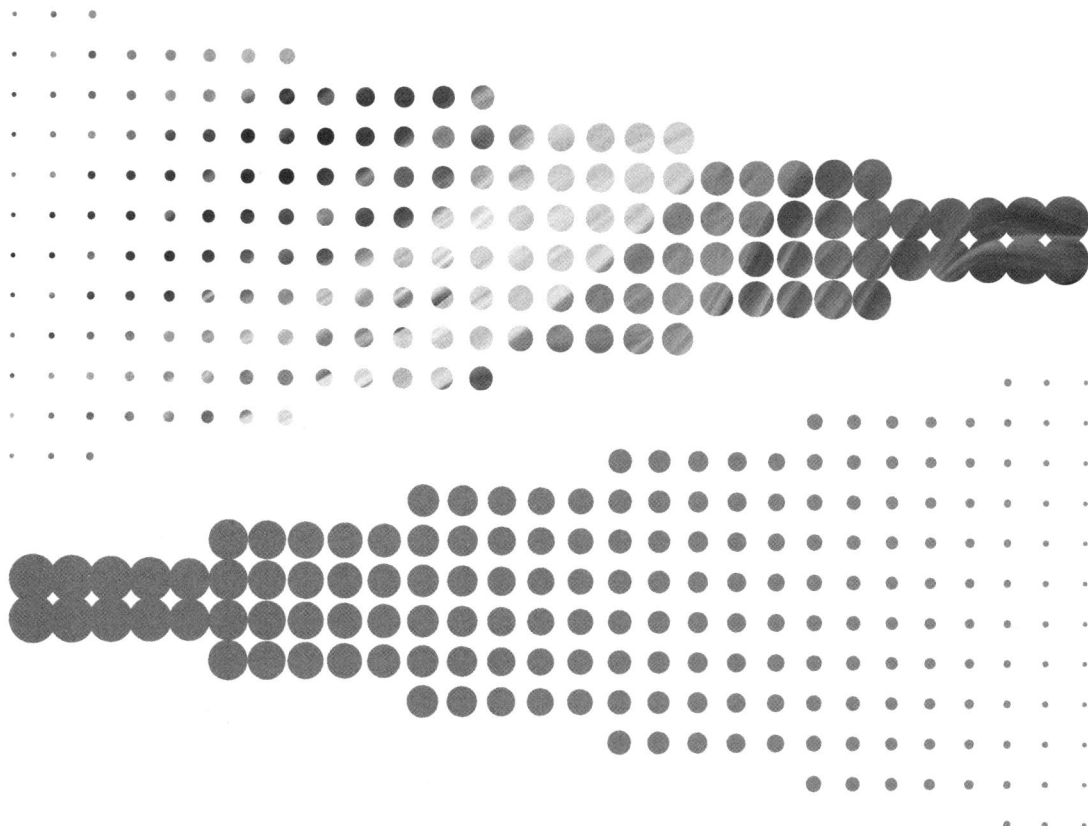

人民邮电出版社

北　京

图书在版编目（CIP）数据

市场调查与数据分析 : 微课版 / 王颖，曹永芬主编.
北京 : 人民邮电出版社，2025. -- （数智化营销新形态
系列教材）. -- ISBN 978-7-115-65032-0

Ⅰ. F713.52

中国国家版本馆 CIP 数据核字第 2024M0S375 号

内 容 提 要

本书分为理论篇和实务篇。理论篇主要介绍市场调查理论和市场预测基础知识，为读者学习实务篇的知识打下基础。理论篇包括认识市场与市场调查、抽样调查、市场调查与预测，主要是针对调查员的岗前基础知识培训，让读者对抽样、预测等调查活动有基本的认知。实务篇以任务实操为主，介绍项目选择立项—调查方案设计—调查表设计—实施调查—数据资料整理分析—调查报告撰写全流程操作步骤，以达到培养读者市场调查职业能力的目的。实务篇主要包括调查员培训、文案调查法、市场调查问卷、访谈法、观察法、实验调查法、大数据下的市场调查、市场调查数据处理与分析、市场调查报告撰写共 9 个项目。每种调查方法的运用均按照调查实施流程编写，即遵循调查方案设计、调查问卷（表）制作、调查实施、调查数据分析、调查报告撰写的流程。

本书不仅可以作为高等职业院校市场营销、电子商务、网络营销与直播电商等专业市场调查相关课程的教材，也可以作为从事市场调查相关工作人员的参考书。

◆ 主　编　王　颖　曹永芬
　　副主编　杨亚丽　袁婉清　赵冬玲　郭　帅
　　责任编辑　白　雨
　　责任印制　王　郁　彭志环
◆ 人民邮电出版社出版发行　　北京市丰台区成寿寺路 11 号
　　邮编　100164　电子邮件　315@ptpress.com.cn
　　网址　https://www.ptpress.com.cn
　　山东华立印务有限公司印刷
◆ 开本：787×1092　1/16
　　印张：13.25　　　　　　　　　2025 年 6 月第 1 版
　　字数：320 千字　　　　　　　2025 年 6 月山东第 1 次印刷

定价：54.00 元

读者服务热线：(010)81055256　印装质量热线：(010)81055316
反盗版热线：(010)81055315

前　言

在市场经济环境下，企业要想在市场竞争中立于不败之地，一切经营活动需面向市场，以消费者需求为中心。在市场动态变化中，作为市场主体的现代企业要准确掌握市场信息，并依据其发展规律来制定企业营销策略，对目标市场进行调查和研究，系统了解市场情况，及时把握市场发展趋势。企业要想做好市场营销活动，增强营销管理决策和营销策划的科学性，提高市场适应能力和竞争能力，谋求市场经济效益，必须从实际出发，重视和加强市场调查工作。

本书紧扣高职高专高素质技术技能人才的培养目标，对教学内容进行了梳理与重构，不仅通过调查流程来实现结果，还细致讲解了调查方法的运用，便于读者学习和实操。本书分为理论篇和实务篇，广泛汲取了国内外市场调查的新成果，以职业能力为本位，面向市场调查岗位（市场调查员、调查督导等）设计内容。本书每个项目以"案例导入"引出，正文以"任务描述"开局，穿插有趣、实用的"案例链接"，项目末尾设置了"项目实训"，结构安排既便于学生学习，又利于教师组织课堂教学。本书围绕高职高专学生学习特点，以任务为主线设计内容，符合企业人才需求，更利于学生职业素养的培养；学生能根据实际情况，灵活采用不同的调查方法，顺利开展市场调查活动；同时配有在线课程，可以实现翻转课堂学习，学生在课堂上的学习以调查任务的执行为主，真正践行以学生为主体的教学模式。

本书由重庆财经职业学院王颖、曹永芬担任主编，杨亚丽、袁婉清、赵冬玲、郭帅担任副主编。易越、李沁芮、胡林招参与编写。项目一和项目三由李沁芮编写；项目二由胡林招编写；项目四的任务一、任务二和项目八由易越编写；项目四的任务三和项目十一由王颖编写；项目五和项目十二由曹永芬编写；项目六由赵冬玲编写；项目七由杨亚丽编写；项目九由郭帅编写；项目十由袁婉清编写。在本书编写过程中，编者参考了国内外专家学者的研究成果及相关文献，重庆品鑫信息技术咨询有限公司提出了许多宝贵的建议。

尽管我们力求完美，但由于对市场调查职业活动的认识、理解和分析方面难免存在偏差，本书难免存在疏漏之处，敬请广大读者批评指正。

编　者

2025 年 5 月

目 录

项目九　实验调查法 ………………… 130

项目十　大数据下的市场调查 ………… 141

项目十一　市场调查数据处理与分析 …… 162

理论篇

项目一

认识市场与市场调查

学习目标 ↓

项目目标

※ 了解市场调查的作用、原则

※ 掌握市场调查的类型、内容

※ 明确市场调查的程序

技能目标

※ 培养运用市场调查知识的能力

※ 能够根据市场调查的内容设计市场调查方案

素质目标

※ 培养勤于思考、探索求真的学习精神

※ 培养实事求是的工作作风

※ 培养捕捉市场信息的敏锐度

提交成果 ↓

※ 收集并展示市场调查案例

案例导入

小米公司为什么能成功

2018 年 6 月 21 日，小米公司（简称"小米"）创始人团队正式在中国香港进行上市路演。这意味着小米历时八年的创业之路暂时画上句号。回顾小米这八年来的发展，雷军经营小米经历了许多波折，但总体来说小米的发展路线非常清晰，小米很早就开始布局物联网生态。回顾小米八年来的发展，我们能看到小米的品质，也能看到小米的初心——深刻理解市场，主动引领消费者需求。

"专注、极致、快"，这 5 个字是小米的经营理念：专注于自己的产品和服务，并且非常快速地完成所有的工作。小米的经营理念让小米从成立至今，实现了快速增长。

"与用户交朋友，做用户心中最酷的公司。"这句话是雷军在招股说明书里面提到的小米文化，小米不仅把用户当客户，更把客户当朋友。小米坚持邀请用户参与产品的设计，与用户深入交流，生产适合用户的产品。先做朋友，后做生意，这也是小米的定位。

"优秀的公司赚利润，卓越的公司赢取人心。"这是小米商业模式的亮点，小米通过提供优质低价的产品，让用户越来越喜欢小米，最终爱上小米。

小米的发展历程可以分为以下几个很重要的阶段。

第一阶段，做好性价比。

小米以两个特色崛起，并且缺一不可：一是低价，二是当时看来非常具有前瞻性的互联网服务。低价就是出于对消费者消费习惯的洞察。

对小米而言，互联网服务具有战略性意义。其早期不叫"互联网服务"，那时称"以互联网思维卖手机"，其背后的深远目标实际就是互联网服务。

第二阶段，通过收购建立生态链。

做手机的一大好处是，能够实现诸多厂商现金回笼，并且产品迭代快，产品线可以铺得很宽，这也是诸多厂商做手机的原因之一。

小米在手握大把现金后，开始收购之路，构建小米生态链。目前，小米生态链已经连接上百家公司，有的公司甚至比小米还早上市，例如华米科技（2018 年 2 月赴美上市）。小米的大力收购看似杂乱无章，其实大体围绕一个中心点"智能家居"展开。小米为什么这么笃定地看好智能家居，布局上下游产品呢？因为智能家居可能是下一个能够完全重构产业场景的领域，它的体量惊人。

第三阶段，新零售时期建立小米之家。

这一时期，也就是从"新零售"概念被提出后，小米加速布局线下小米之家。除了每个城市开店外，小米也开放了让会员自己开店的权限，甚至以小卖部合作的方式来展开，从而构建出一个完整的生态系统。

问题：小米如何能在手机厂商中深刻理解市场，引领消费者需求？

任务一　明确市场调查的意义

任务描述：信息是市场的先导，是生产、经营活动的前提，企业若想在激烈的竞争中使自己的产品站稳脚跟，就要从了解市场的需求动向入手。要了解市场的需求，就需要进行市场调查。市场调查对许多企业来说已成为必备的手段，不做市场调查就进行决策是不可思议的。但仍有很多企业没有自己的调查部门，即使设有调查部门，其工作内容也局限于例行的预测、销售分析，对市场调查的作用认识不足。本任务将介绍市场调查的概念和市场调查的作用等内容。

一、认识市场

（一）市场的概念

随着社会分工和商品经济的发展，市场的概念也在不断更新，目前对市场较为普遍的理解有以下几点。

1. 市场是商品交换的场所

商品交换活动一般都需要在一定的空间范围内进行，市场首先表现为买卖双方进行商品交换的地点或场所。这是人们对市场最初的认识，虽不全面但仍有现实意义。

2. 市场是商品的需求量

从市场营销的立场来看，市场是指具有特定需要和欲望，愿意并能够通过交换来满足这种需要和欲望的全部消费者。消费者是市场的中心，供给者是同行的竞争者，如果只有这两种要素，则只能形成行业，而不能构成市场。

人口、购买力和购买欲望这3个相互制约的因素结合起来才能构成现实的市场，并决定着市场的规模与容量。人们常说的"某市场很大"，可能并不是指交易场所面积大，而是指某商品的现实需求和潜在需求的数量很大。这种理解对开展市场调查有直接的指导意义。

3. 市场是商品供求双方相互作用的总和

人们经常使用的"卖方市场"和"买方市场"的说法，反映了商品供求双方交易力量的不同状况。在买方市场条件下，市场调查的重点应在买方；在卖方市场条件下，市场调查的重点应在卖方。

4. 市场是商品交换关系的总和

在市场上，一切商品都要经历商品—货币—商品的循环过程：一种形态是由商品转化为货币，另一种形态是由货币转化为商品。这种互相联系、不可分割的商品买卖过程就形成了社会整体市场。市场的功能及其表现如表 1-1 所示。

表 1-1　　　　　　　　　　　　市场的功能及其表现

功能	表现
交换功能	商品交换是市场的核心功能。买卖双方通过市场进行商品的购销，能实现商品所有权与货币持有权的相互转移，双方的需求都得到满足
价值实现功能	商品的价值是在劳动过程中创造的，但其价值的实现则是在市场上通过交换来完成的
反馈功能	市场是洞察商品供求变化的窗口，它发挥特有的信息反馈功能，将供求正常或供求失调的信息反馈给生产经营者，以利于商品生产和流通的正常进行
调节功能	市场的调节功能是通过价值规律和竞争规律来体现的
服务功能	保证交换顺利实现，对商品流通提供各种便利的服务机构和服务手段

菲利普·科特勒指出，市场是由一切具有特定欲望和需求，并且愿意和能够以交换来满足这些需求的潜在顾客所组成的。按照菲利普·科特勒的定义，从管理学角度看，市场是指营销市场，市场的构成要素可以用一个等式来描述：市场=人口+购买力+购买欲望（见图 1-1）。首先，人口是构成市场的最基本要素，人口的多少决定着市场的规模和容量的大小，人口的构成及其变化则影响市场需求的构成和变化。因此，人口是市场三要素中最基本的要素。其次，购买力是消费者支付货币以购买商品或服务的能力，是构成现实市场的物质基础。一定时期内，消费者的可支配收入水平决定购买力水平。购买力在市场要素中属于物质要素。最后，购买欲望是指消费者购买商品或服务的动机、愿望和要求，是由消费者心理需求和生理需求引发的。产生购买欲望是消费者将潜在购买力转化为现实购买力的必要条件。

人口 + 购买力 + 购买欲望 = 市场

图 1-1　市场的构成要素

市场的这 3 个要素是相互制约、缺一不可的，它们共同构成企业的微观市场，市场营销学研究的正是这种微观市场的消费需求。

（二）市场信息的概念

市场信息是指在一定的时间和条件下，同商品交换以及与之相联系的生产与服务有关的各种消息、情报、数据、资料的总称，是商品流通运行中物流、商流运动变化状态及其相互联系的表征。

狭义的市场信息是指有关市场商品销售的信息，如商品销售情况、消费者情况、销售渠道与销售技术、产品的评价等。

广义的市场信息是对商品交换过程中市场系统客观形态及其变化规律的反映。市场信息积累到一定量之后，被人们认识和掌握，而系统的市场信息就成为市场经营管理的知识。这些有关市场活动的知识经过人们的搜集、传递、接收，被利用来解决特定的经营管理问题，成为市场情报。所以，市场信息又是被人们传递、接收、理解的，与市场活动有关的各种信息、数据、资料、知识、情报的统称。企业获取市场信息的手段是市场调查研究。

市场信息作为广义信息的组成部分，除具有一般信息特征外，还具有以下特征。

1. 客观性

市场信息是客观存在的。只要进行市场营销活动，就会产生客观反映活动状况的信息。市场信息量大且多变，既有来自企业内部的，又有来自企业外部的；既有原始信息，又有加工过的信息；既有稳定信息，又有流动信息和偶发信息。企业在搜集市场信息时，应遵循其客观性，力求客观、准确，这样才能了解真实的市场动态，有利于企业分析影响营销活动的各种因素，以做出适应市场变化的决策，提高企业的适应能力和应变能力。

2. 时效性

市场营销活动极为频繁，情况瞬息万变，这就决定了市场信息形成速度快、难以控制、时效性强的特点。对此，日本的商业情报专家认为："一个准确程度达到 100% 的情报，其价值还不如一个准确性只有 50%，但赢得了时间的情报。特别是在竞争激烈之际，企业采取对策如果慢了一步，就有可能遭到覆灭。"因此，企业应建立有效的信息网络，以便及时准确地搜集信息，为营销决策服务。否则，市场信息将瞬间消失以致企业丧失发展时机。

3. 系统性

市场信息不是零星的、个别的信息集合，而是若干具有特殊内容的信息在一定时间和空间范围内形成的系统集合。因而，企业应连续、大量、多方面地搜集信息，并进行加工，分析这些信息之间的内在联系，以保证信息的全面性和完整性，使其成为有用的信息。

4. 双向性

双向性是指信息的传递和信息的反馈。信息的获得依赖传播媒介对信息的传递。随着科学技术的迅猛发展，现代的传播媒介呈现多样性和高速化等特点。企业应利用先进的信息技术与设备，有计划、有组织、连续不断地对信息进行搜集与传递，以保证信息的科学性、准确性与及时性。

企业通过信息的传递对营销活动进行控制，控制的结果又作为信息反馈给企业，企业利用反馈的信息对营销计划进行调整和修正，再对营销活动进行控制。这样，在企业的营销活动中，信息流动始终以市场为核心贯穿于企业营销活动的全过程。企业通过信息的传递与反馈，做出营销计划与决策，并对营销活动进行控制。

二、认识市场调查

（一）市场调查的概念

市场调查又称市场调研，是指运用科学的方法，有目的、有计划、系统地收集、整理和分析研究有关市场营销方面的信息，提出解决问题的建议，供营销管理人员了解营销环境，发现机会与问题，进行市场预测和营销决策。

市场调查具有系统性、目的性、社会性、科学性的特点。具体来看，市场调查对营销管理的重要作用表现在 5 个方面：提供作为决策基础的信息；弥补信息不足的缺陷；了解外部信息；了解市场环境变化；了解新的市场环境。

同时，作为市场营销活动的重要环节，市场调查给消费者提供一个表达自己意见的机会，使他们能够把自己对产品或服务的意见、想法及时反馈给企业或供应商。市场调查，能够让生产产品或提供服务的企业了解消费者对产品或服务质量的评价、期望和想法。

（二）市场调查的作用

"知己知彼，百战不殆。"从市场营销的角度来看，"知己知彼"就是要了解自己、了解客户、了解竞争对手。企业只有在获得大量的、可靠的市场信息的基础上，才能做到"知己知彼，百战不殆"，才能在激烈的市场竞争中占据有利地位。

市场调查是企业的"雷达"或"眼睛"。市场调查对企业来说具有以下重要作用。

1. 市场调查为企业进行决策提供客观依据

企业进行经营决策，首先要了解内部和外部的环境信息，而要掌握信息，就必须进行市场调查。决策者要针对某些问题进行决策，通常需要了解和考虑多方面的情况和问题。例如：哪些市场仍旧存在未满足的需求，哪些市场已经饱和；消费者喜欢什么样的产品；产品在某个市场上的销售数量预计是多少；怎样才能扩大产品的销路，增加销售数量；如何确定产品的价格；应该使用什么方法促进产品销售。如此种种问题，只有通过市场调查才能得到具体答案。

2. 市场调查能够促进经营管理的改善，提高企业的竞争力

企业生产或经营的好坏取决于经营管理者的管理水平。企业要重视市场调查，就要不断搜集和获取新的信息，熟知生产和管理技术发展的最新动态，找出自身的不足，从而向更高的产品水平靠拢，提高企业的核心竞争力。企业通过市场调查可以及时掌握与企业相关的领域新产品和新技术的发展状况，为企业采用新技术和先进的经营管理理念提供条件。在激烈竞争的市场中，最终能够站稳脚跟的将是那些以低生产投入、低消耗形成高产出、高质量产品的企业。如果企业的经营管理水平高，能够有效地调动现有资源并合理组合，就可以大大降低成本、减少损耗。

3. 市场调查是企业实现生产目的的重要环节

从企业性质来说，企业生产的直接目的是追求利润。从企业与市场、社会的关系来说，企

业生产的产品只有被消费者认可并完成交换，产品的价值才能实现。从这个角度来说，企业生产的目的是满足人们物质文化消费需要。为此，企业要了解消费者需要什么，以便按消费者的需求进行生产，尤其现在消费者的需求不断变化，这就要求企业及时进行市场调查。因此，市场调查是企业实现生产目的的重要环节。

（三）市场调查的原则

市场调查是认识市场现象及其变化规律的复杂的活动。为了提高调查结果的可靠性，为企业决策提供可靠依据，市场调查需要遵循以下原则。

1．客观性原则

这是最重要的市场调查原则。客观性原则要求通过市场调查收集的市场信息和有关资料必须真实准确地反映市场现象和市场经济活动，保证市场调查的真实性，市场调查结果不能带有虚假或错误的成分。真实客观是市场调查的基石。首先，在市场调查中必须对市场现象、市场经济活动如实描述，不能带有个人的主观倾向和偏见。调查人员自始至终应保持客观的调查态度去寻求反映事物真实状态的准确信息，去正视事实，接受调查的结果。其次，在市场调查中力求市场资料的客观性，应当采用科学的方法去设计方案、定义问题、采集数据和分析数据，从中提取有效的、相关的、准确的、可靠的、有代表性的当前的信息资料，尽量减少错误。最后，市场调查的客观性还强调职业道德的重要性。调查人员的座右铭应该是"寻找事物的本来面目，说出事物的本来面目"。

2．针对性原则

市场调查的针对性原则包含两个方面的含义。一是指市场调查要围绕企业经营活动中存在的问题，即确定的调查目的来进行。任何市场调查都要耗费许多人力、物力、财力，因此，市场调查不能盲目进行，企业必须根据要解决的问题来开展市场调查。不能解决问题的调查是无用的调查，调查目的过多的调查是空洞的调查。所有的调查活动都必须有的放矢，为了达到一定目的而开展。二是指市场调查必须针对特殊的群体来开展。在大街上，不分性别、年龄、职业、收入等，见人就邀请来做问卷调查，这样的问卷调查是社会调查、公众调查，而非市场调查。市场调查的对象必须是确定的。每一次调查活动前，总会确定调查对象。例如，家电企业进行市场调查时，调查对象就应该是那些已经购买家电或准备购买家电的消费者，不宜选择短期务工者或者根本无意购买家电的居民或无能力购买的儿童作为调查对象。针对性强的市场调查，反馈的信息才有价值。

3．科学性原则

市场调查的科学性原则是指市场调查的整个过程要科学安排，要以科学的理论知识为基础，要应用科学的方法收集资料。市场调查是企业为达到营销目的而进行的活动。为减少调查的盲目性和人力、物力、财力的浪费，对所需要收集的资料和信息及调查步骤要科学规划。例如，明确采用何种调查方式、问卷如何拟定、调查对象有哪些等。还要科学设计调查内容，使调查内容能以简洁明了而又易回答的方式呈现给调查对象。市场调查中无论是收集信息资料，还是整理分析信息资料，都要采用科学的方法。

4．全面性原则

市场调查的全面性原则是指要全面系统收集与企业生产营销活动有关的市场现象的信息资料。市场现象不是孤立、静止存在的。市场现象随着时间、地点、条件的变化而不断发生变化。在进行市场调查时，必须对相互联系的市场现象有着何种影响因素做全面性的调查，而绝不能片面地观察市场；必须对市场现象的发展变化全过程进行系统性的调查。

5. 经济性原则

市场调查的经济性原则是指市场调查工作必须考虑经济效果，要以尽可能少的费用取得所需的市场信息资料。市场调查工作和其他工作一样，都要提高经济效益，做到少花钱、多办事。企业应该根据自己的实力确定调查费用的支出，并制定相应的调查方案。在满足市场调查目的的前提下，尽量简化调查的内容与项目，不要无谓地扩大调查的范围和规模，造成人力、物力、财力和时间的浪费。

🔍 **案例链接**　　　　　　　　　**福特汽车公司的市场调查**

　　福特汽车公司开办了一个市场调查机构，对自己设计的新车型进行检验。该机构邀请客户在预定的路线上驾驶新汽车，同时派一位受过训练的调查人员坐在驾驶人员的旁边，记录驾驶人员在驾驶过程中的全部反应。驾驶结束后，给每一位参与者一份长达 6 页的调查问卷，收集参与者对汽车的评价。通过参与者提供的信息，福特汽车公司就可以推测消费者对该新车型的反应，然后进行适当的改进，使新车型能够得到消费者的青睐。

　　问题：福特汽车公司开展的这类调查是市场调查吗？你认为该调查遵循了什么调查原则？

任务二　了解市场调查的类型

　　任务描述：市场调查是一项复杂、细致的工作，涉及面广，对象不稳定。为了使整个调查工作有节奏、高效率地进行，进而取得良好的预期效果，必须加强组织工作，合理安排调查步骤。市场调查类型不同，调查方法、调查对象、调查内容也不同。进行市场调查之前要确定调查类型。本任务将让你对市场调查的类型有初步认识。

一、市场调查的类型

　　依据不同的标准，市场调查可以分为不同的类型。

（一）根据市场调查目的划分

　　根据市场调查目的的不同，市场调查分为探测性市场调查、描述性市场调查、因果性市场调查和预测性市场调查。

1. 探测性市场调查

　　探测性市场调查是指企业在对市场情况不甚明了或对问题不知从何处寻求突破时所采用的调查，其目的是通过搜集一些有关的市场资料，以确定企业在经营中存在的问题的症结，以便确定调查的重点。例如，某公司近一段时期销售额持续下降，公司不明白产生这一问题的症结。是市场已经饱和、广告宣传不力、销售价格偏高，还是消费者偏好发生了改变？要找到销售额下降的问题症结，就可以采用探测性市场调查。

　　探测性市场调查属于初步的非正式市场调查。企业通过调查可以查明问题的症结，为进一步探讨解决问题的办法打下基础。探测性市场调查方法较简单，一般不必制定严密的调查方案，灵活性大。

2. 描述性市场调查

描述性市场调查是指通过对事物的定量描述研究，获得对各方面的认识的调查。描述性市场调查用在对事物的深入研究阶段（如正式访问阶段），它要求调查者确定调查项目和答案设计办法。调查的内容不像探测性市场调查那样富有弹性，一般都是确定的。以消费者购买行为调查为例，调查通常包含"5W1H"，即谁（Who）、什么（What）、何时（When）、何地（Where）、为什么（Why）、什么方式（How）。描述性市场调查不同于探测性市场调查的地方还在于：它已经借助探测性市场调查做了假设，且需要大量的样本作为调查对象。

例如，某企业欲调查购买本企业产品的顾客的特征，如性别、年龄、职业、收入、文化程度，以及他们对产品有何看法。这样的市场调查就属于描述性市场调查。描述性市场调查要求对所研究的市场现象、市场因素做客观的全面反映。在市场调查实践中，大量的市场调查都属于描述性市场调查。如对产品、销售渠道、竞争对手等的调查均属于描述性市场调查。

3. 因果性市场调查

因果性市场调查是为了研究两个市场变量之间是否存在因果关系的调查。如果一个市场现象的变化会引起另一个市场现象的变化，则前者称为原因，后者称为结果。这两个市场现象之间就存在着因果关系，如消费者的收入和消费者的购买力之间就存在因果关系。描述性市场调查侧重回答"是什么"，因果性市场调查侧重回答"为什么"。

因果性市场调查旨在发现现象之间的因果关系。如要调查"消费者为什么喜欢购买××电冰箱"，××电冰箱畅销是结果，必然有原因（如产品质量好），这类调查就是因果性市场调查。因果性市场调查的重点在于找出市场现象之间的因果关系。

4. 预测性市场调查

预测性市场调查是通过搜集、整理和分析历史资料与现在的各种市场情报资料，运用数学方法估计某种产品的未来需求量及发展趋势。其目的在于指导企业及时把握市场机会，制订有效的营销计划。这种调查又可细分为对潜在需求的调查、对未来营销变化的调查和对市场销售前景的调查等。

🔍 **案例链接**　　　　　　**市场调查助决策一臂之力**

在竞争激烈的社会，做事前进行调查是非常有必要的，因为社会的面貌在快速改变。零点调查发现值得注意的现象：88%的青年女性主要为孩子、丈夫/男友和父母等至爱亲人购物；超过50%的城市家庭在未来两年内最有可能购买的耐用品是个人计算机；有60%的家庭依然把储蓄作为主要的理财方式；住房的户型设计、房屋面积及交通便利是消费者购买房子时最为关注的3个因素等。

以上数据琐碎，但是对制定合理有效的营销策略无比珍贵。调查研究的确非常重要，因为只有通过调查研究，才能掌握趋势，知道各收入人群的消费习惯，了解一个市场的群体组合及其生活方式，从而进行正确决策。因此，调查研究是明智的选择。

问题： 以上调查属于哪种类型的市场调查？为什么？

（二）按市场调查的资料来源划分

1. 文案调查

搜集已有的资料、数据、调查报告以及已发表的文章等有关的二手信息，加以整理和分析。

2. 实地调查

在制定详细的调查方案的基础上，结合不同的研究方法，如访谈法、观察法和问卷调查法，以确保能够获得全面和准确的数据。

（三）按市场调查的内容划分

1. 定性市场调查

定性市场调查（也称定性调查）是指围绕一个特定的主题取得有关定性资料的调查方法，其常用来考察消费者的态度、感觉、动机、反应，或者用来了解问题的性质及发展的方向。

2. 定量市场调查

定量市场调查（也称定量调查）就是对一定数量的有代表性的样本进行封闭式（结构性的）问卷访问，然后将调查数据录入计算机，再整理和分析，并撰写报告的方法。

（四）按市场调查的组织形式划分

1. 全面市场调查

全面市场调查又称市场普查，是指调查者为了搜集一定时空范围内调查对象的较为全面、准确、系统的资料，对调查对象的全部个体单位进行逐一的、无遗漏的全面调查。简单来说，全面市场调查是为了特定的调查目的而专门组织的一次性全面调查。

全面市场调查的目的是掌握市场的一些至关重要的基本情况，以便对市场情况做出全面、准确的描述，从而为拟定有关政策、计划和战略提供可靠的数据。

全面市场调查的实施范围随研究目的的不同而不同，只要是对调查对象的全部单位逐个进行调查，都可称为全面市场调查。全面市场调查具有专门性、全面性、一次性、准确性、标准化、调查费用高等特点。

全面市场调查的优点：能够获得较为全面、准确、系统的调查数据，能够研究总体的基本特征，了解国情、省情、地情、县情等，能够为重大决策提供信息服务。但全面市场调查也存在一些缺点，如调查费用较高，调查工作的时间较长，应急性和时效性较差，调查工作量大，容易导致非抽样误差增大。因此，全面市场调查只有在非常需要且调查经费允许的条件下才采用，不宜过多采用。

2. 抽样市场调查

抽样市场调查是指调查者为了达到特定的调查目的，按照随机原则从调查总体中抽取一部分单位作为样本而进行的非全面调查。其目的是根据样本调查的结果来推断总体的数量特征。抽样市场调查具有随机性、用样本数据推断总体、有误差等特点。

抽样市场调查的主要优点：调查方式科学；调查费用低；信息获取实效性强；调查结果准确性高。抽样市场调查的主要缺点：抽样技术方案设计要求高，一般人员难以胜任。如果抽样技术方案存在严重缺陷，往往会导致抽样市场调查的失败。抽样市场调查的组织方式分为简单随机抽样、分层抽样、等距抽样、整群抽样、目录抽样、二重抽样、两阶段抽样。

抽样市场调查在市场调查实践中广泛应用，例如，家用电器的耐用性、新药疗效检测、消费者满意度研究、员工忠诚度测评等都会使用抽样市场调查。

3．典型市场调查

典型市场调查是指调查者为了达到特定的调查目的从调查对象中有意识地选择一部分有代表性的单位组成样本而进行的专门调查。

典型市场调查不能只停留在对典型单位的认识上，还要通过对典型单位的调查来认识同类市场现象总体的规律及其本质。典型市场调查是从特殊到一般、符合人类认识规律的科学的调查方式。它具有专门性、非全面性、选择性、代表性等特点，从其特点也可看出其优点：一是能够获得比较真实和丰富的第一手资料；二是调查单位少，方便深入细致地调查研究，以便深刻揭示事物的本质和规律；三是调查范围小，可节省人力、物力和财力；四是机动灵活、节省时间、可迅速取得调查结果，快速反映市场情况。典型市场调查的主要缺点：一是典型单位的选择依赖调查者的主观判断，难以完全避免主观随意性；二是缺乏一定的连续性和持续性，不利于对数据进行动态分析；三是用样本数据推断总体的数量特征时，推断的精确度不够高，如果样本的代表性不强，往往会产生较大的误差；四是对调查结论的应用范围，只能根据调查者的经验判断，难以用科学的手段进行准确测定。

典型市场调查主要应用于对市场的定性和定量问题的研究。定性问题研究主要有研究市场新情况、总结经验教训或研究消费者心理动机等；定量问题研究，如测算农产品产量以研究其供求变化、研究生产者的产供销变化等。

4．重点市场调查

重点市场调查是指调查者为了达到特定的调查目的从调查对象（总体）中选择一部分重点单位组成样本而进行的非全面调查。重点市场调查的实质也是一种非随机抽样调查。当总体分布呈偏斜状态时，少数重点单位在总体中具有举足轻重的作用。因此，把这些重点单位抽选出来进行重点调查，就可以认识总体的基本情况。重点市场调查具有专门性、非全面性、选择性、重点性、少数性等特点。重点市场调查的优点：调查单位数量不多，可节省人力、物力、财力和时间；可及时获取信息，了解和掌握总体的基本情况；调查工作量小，易于组织。重点市场调查的主要缺点：若总体各单位发展比较平衡，呈现均匀分布，则不能采用重点市场调查；当总体中的少数重点单位与众多的非重点单位的标志值结构不具有稳定性时，重点市场调查的结果只能说明总体的基本情况，而不能用来推断总体的数量特征。重点市场调查的应用范围很广，只要重点单位可以根据抽样框进行科学的选择，样本量能达到单位数量少、其标志值比重大的要求，各重点单位具有接受调查的基础条件，那么，通过重点市场调查就能够取得较为理想的调查结果。例如，要了解全国钢铁产、销、存的情况，可从全国众多的钢铁企业中，选择首钢、包钢、鞍钢、宝钢、攀钢等几家大型钢铁公司组成重点样本进行调查，就可掌握全国的钢铁产、销、存的基本情况。

（五）按网络调查方式划分

1．直接网络市场调查

直接网络市场调查是指利用互联网技术，通过网上发放问卷等形式调查网络消费者行为及其意向的一种市场调查类型。其方法主要有在线交流调查法、网上问卷调查法、网上观察法、网上实验法。

2．间接网络市场调查

间接网络市场调查主要是利用互联网收集与企业营销相关的市场、竞争者、消费者及宏观环境等方面的信息。其方法主要有以下几种：利用搜索引擎查找资料、访问相关网站收集资料、利用网络媒体获取有关信息。

二、定性调查和定量调查

（一）定性调查

1. 定性调查概述

（1）定性调查的目的

通过定性调查，调查者可以获知定量调查所无法调查到的范围，例如，相关人士的直接意见和发表意见时的表情姿势，这些都必须借助调查者的判断力来了解。进行定性调查时，调查者应该观察受访者的表情和态度，发表的意见背后的状况和问题，以及回答的理由等。定性调查是企业实施形象调查时不可或缺的作业程序，尤其在企业形象调查的事前调查中，定性调查的调查者必须判断现场状况、设计适用状况、现场气氛等，这也正是定性调查的优点。同时，定性调查能弥补定量调查的不足。因此，定性调查往往实施于大规模的总调查之前，也可以说是准备性的调查工作之一。进行总调查前，调查者应该大概把握调查对象的特性，有时也要预先设定有效的假设，因此必须借助有效的准备调查，即定性调查。在定性调查中，调查者可以获得对日后调查工作很重要的案例，从有效的形象轴（形象因素）中，发现和指出业界、企业或商品方面的重要因素。

（2）定性调查的优缺点

定性调查具备以下优点。

① 在了解消费者的态度、感觉、动机、反应等方面，定性调查的作用无可替代。以最常见的定性调查方式——配有单面镜的座谈会为例，坐在单面镜后的研究人员发现，消费者的很多反应是问卷上见不到的。

② 定性调查可以有效配合定量调查。为了提高搜集资料的广度和深度，每次正规的定量调查的前后阶段，定性调查既是准备，又是补充。

③ 定性调查时间短、成本低。由于定性调查的样本规模较小，在某些消费者认同度较高的问题（如手机功能）研究中，定性调查的这一优势往往有助于企业抢得市场先机。

定性调查具备以下缺点。

① 定性调查的代表性不如定量调查强，调查者很难有把握地确定参加座谈会的消费者或专家能够代表总体。

② 定性调查不能提供比较具体详细的信息，也不能表现市场机会或细分市场间的细微差异。

③ 定性调查对调查者和受访者的要求比较严格，双方有任何不足都可能影响调查的质量。

2. 定性调查的方法

（1）小组访谈法

小组访谈法是经过训练的主持人以一种无结构的、自然的形式与一个小组的被调查者交流，主持人负责组织讨论，从而深入了解相关问题，同时企业和客户可以利用单面镜及隐蔽的摄影机设备，在隔壁的观察室直接观察整个访谈过程的调查方法。

典型的小组访谈法是焦点小组座谈会，其又称焦点团体座谈会，也称座谈会方法，是将一组受访者集中在调查现场，让他们对调查的主题（如一种产品、一项服务或其他话题等）发表意见，从而获取调查资料的方法。为获得此类资料，调查员通过严格的甄别程序选取少数受访者，让受访者围绕研究主题以一种非正式的、比较自由的方式进行讨论。这种方法适用于收集与研究课题有密切关系的少数人员的倾向和意见。

访谈的时间一般控制在 1～3 小时，最好在 1.5～2 小时。调查员深入地了解受访者的信念、感情、观点、态度及对问题的认识。访谈时长应合理，时间过长会使受访者出现厌烦情绪，或者提前离开会场。小组成员应追求同质性，例如，在年龄、爱好、学历、职业等方面具有相似性，以免造成沟通障碍，影响讨论气氛。

（2）深度访谈法

深度访谈法是一种无结构的、直接的、一对一的访问。在访问过程中，由掌握高级访谈技巧的调查员对受访者进行面对面的一对一的深入访谈，用以揭示受访者对某一问题的潜在动机、信念、态度和感情。

深度访谈法常用于动机研究，如消费者购买某种产品的动机等，以发掘受访者非表面化的深层意见。对于不同人之间观点差异极大的问题，用小组访谈法收效甚微，这时则应当采用深度访谈法。

深度访谈前，调查员会拿到一份粗略的访谈提纲，但访谈的方向完全根据受访者的回答及调查员的追问技巧决定，提问的顺序完全由受访者的反应来决定。为了获取更多有意义的、具体的回答并揭示内在的原因，调查员的追问技巧是关键。其常用的追问方式有以下几种。

① 重复提问。用同样的措辞重复提问可以吸引受访者的注意力并有效地引出答案。

② 重复受访者的回答。调查员重复受访者的回答，达到刺激他们的目的，使他们能继续他们的思路，给出进一步的看法。

③ 利用停顿和沉默。适当的沉默和停顿都可以暗示受访者进一步回答，但调查员一定要掌握好停顿和沉默的时机，否则会适得其反。

④ 利用客观的或中性的评论。例如，使用下面的追问语——"还有其他想法吗？""除此之外，还有其他的吗？"

⑤ 适当地鼓励和支援受访者。例如，使用"有意思"等话语来引起受访者谈话的兴趣。

深度访谈法主要用于获取受访者对问题的深层理解，以及用于探测性研究中，目前在广告调查中其应用也日趋广泛。

（3）投影射法

投影射法是一种无结构的、非直接询问的方法，这种方法可以激励受访者将潜在动机、态度和情感表现出来。投影射法又可细分为以下方法。

① 语句联想法。语句联想法是动机调查中比较传统且比较容易实施的方法，可以使用语句联想法测定商标、品牌、产品和标语的知名度等。语句联想法可以分为自由联想法和限制联想法两种。自由联想法无任何限制，受访者可以随意回答；限制联想法则限制受访者在某些范围之内做出选择。

语句联想法需要给予受访者语言提示，使其进行联想，这种提示语言被称作联想刺激语，如"冬天""小鸟""可爱"等。自由联想法的联想刺激语不受任何限制，而限制联想法的联想刺激语则要受到某种程度的限制。不过，无论是自由联想法还是限制联想法，选用联想刺激语时，都要考虑下列几个原则：符合调查研究的目的；使用简洁的语句；避免使用具有多重意义、可能引出受访者多种反应的联想刺激语。

② 完成技法。完成技法与语句联想法同属联想法。完成技法是利用不完全的提示，刺激受访者表现出隐藏的心理动机。其做法是向受访者提示不完全的或未完成的文章，然后由受访者按照自己的意思完成未完成的部分，借以了解其动机。由于受访者专注于问题的回答，调查者较易探测其潜在的意识，此法已被广泛使用，尤其是在临床心理学领域。也有人称此法为填充法，受访者回答的范围有的受到限制，即限制完成法；有的则不受限制，即自由完成法。

语句联想法偏向于探测受访者的生活空间和行动范围，而完成技法则着重于测知受访者感情、态度的倾向和注意的范围或对象等。

③ 结构技法。结构技法是向受访者提示绘画或照片，根据受访者的描述，分析其反应，了解受访者的动机，测出受访者的冲动倾向、愿望、不安和罪恶感等无意识现象。

④ 绘画技法。绘画技法又称漫画技法或略画法。此法通常是以漫画似的两人谈话为背景，提示其中一人的谈话内容，使受访者推测另一人的对话内容。绘画技法的目的是使受访者不知不觉中将自己视同对话者作答，根据受访者的回答内容，分析受访者的倾向。绘画技法是一种常用的投影射法，其特点是容易激起受访者的兴趣，让受访者容易作答。

⑤ 语义差别法。语义差别法是一种心理调查方法，是奥斯古德提出的测量态度的方法，也是调查印象的方法之一。此法多用于测定商品、品牌、公司、商标、标准字体、企业标准色等给人的印象。实施此法时，一般先准备几组形容商品或公司的正反意义的形容词，然后对该形容词做 7 个阶段的比较，令受访者根据自己对正反意义形容词的观点在适当的长度上做一记号，便可从一定的受访者中获得某种程度的印象表示。

（4）网上定性调查的方法

网上定性调查的方法主要有以下 3 种。

① 网上焦点小组访谈法。调查者根据受访者数据库，找出符合条件的个人，利用电子邮件等方式向他们发出邀请，要求他们在特定的时间登录特定的网站接受访谈。

② 网上一对一访谈法。调查者从登录网站的人中挑选合适的人进行访谈，也可以从受访者数据库中选择合适的人作为访谈对象。借助网络聊天室，调查者和受访者就调查内容进行交流。

③ 网上论坛、电子公告或聊天室访谈。在网上论坛、电子公告板或聊天室与人谈论看法或者倾听与调查项目有关的内容，从而了解人们对调查内容的看法。

若采用网上定性调查，调查者可以邀请世界各地的受访者，无须占用很大的场地，组织工作方便、快捷；受访者互不见面，没有群体的压力，没有面对面的尴尬，得到的回答较为真实。与传统的定性调查相比，网上定性调查组织起来时间短、成本低、省去了受访者或调查者在路途上花费的时间和精力，较好地节约了调查的时间和费用。但是由于没有面对面交流的机会，调查者无法通过受访者的面部表情、肢体语言、语调和行为的变化来判断受访者的动机和态度，辨别他们回答的真实程度；受访者同样也无法根据调查者表情、语气和肢体语言的改变而身心放松，更好地参与调查。

（二）定量调查

定量调查指的是利用统计或者计算机辅助手段等方法来对指定市场或者产品进行调查的过程，以消费者的行为或者观点产生的数据作为基础，最终通过数学统计的方法来获取调查结果。在定量调查的指导下，调查者可以通过问卷调查法、实验法和观察法等方法收集消费者的样本信息。

影响定量调查方法的因素主要包括抽样的精确度、预算的可能性、向受访者提供的各种刺激、数据的质量要求、问卷的长度、需要受访者执行的特定任务、抽样难度、调查完成的时间要求等。

1. 定量调查的优点和局限性

定量调查的优点：结果可以量化且精确度高，受调查者主观影响小。

定量调查的局限性如下。

① 定量调查的结果通常是含有大量数据的报告。如果对这些数据不善加利用，定量调查的结果就只是堆砌的数据，毫无价值。

② 在细节的描述和深层原因的挖掘上，定量调查不具有优势。

③ 定量调查的费用通常较高。

2. 定量调查方法

（1）电话调查（Phone Survey）

电话调查主要是利用电话作为媒介，与受访者进行信息交流，从而达到资料收集的目的。调查员被集中在某个场所或专门的电话访问间，在固定的时间内进行工作，调查督导现场管理。电话调查适用于一些简单的访问，访问时长一般不超过 10 分钟。它的优点是整个项目的访问费用较低，可以极大地降低受访者的心理压力。电话调查可分为传统的电话调查和计算机辅助电话调查。

① 传统的电话调查（Traditional Phone Survey）。传统的电话调查使用的工具是普通的电话、普通的印刷问卷和普通的书写用笔。经过培训的调查员按照调查设计所规定的随机拨号的方法，拨通电话，遵照问卷和培训的要求筛选受访者，然后对合格的受访者对照问卷逐题逐句提问并将答案记录下来。

② 计算机辅助电话调查（Computer Aided Phone Survey）。计算机辅助电话调查使用一份按计算机设计方法设计的问卷，用电话向受访者进行访问，整个访问过程遵循计算机所设定的程序。

（2）面访调查（Face to Face Interview）

面访调查是调查员与受访者面对面进行直接交流的调查方法，主要有入户调查、拦截式调查和神秘顾客法。

① 入户调查（Door to Door Survey）。调查员按抽样方案的要求，到抽中的家庭或单位中，按照事先规定的方法，选取适当的受访者，依照问卷或调查提纲进行面对面的直接提问。调查的家庭或单位是按随机抽样原则抽取的，入户调查的对象抽取也有一定的法则。入户调查是概率抽样，样本对总体的代表性可以通过抽样误差来表示。入户调查的优点是调查员直接与受访者接触，可以观察其回答问题的态度，对其实施追问，得到有效的回答。

② 拦截式调查（Interception Survey）。拦截式调查有两种形式：一是由调查员在事先选定的若干地点，按一定的程序和要求（如每隔几分钟拦截一位行人，或每隔几个行人拦截一位）选取访问对象，征得对方同意后，在现场进行问卷调查；二是定点拦截，在商场或其他人流量密集的地区，租借访问专用的房间或厅堂，根据研究要求，可能还要摆放若干供受访者观看或试用的产品，按照一定的程序和要求，拦截访问对象，征得其同意后，将其带到专用的房间和厅堂进行面访调查。拦截式调查的优点在于效率高，调查时间短，可以在访问过程中对问卷真

实性及质量进行控制，以及可以减少抽样环节和节省费用。

③ 神秘顾客法（Mystery Customer Method）。神秘顾客法是由经过严格培训的调查员，在规定或指定的时间里扮演顾客，对事先设计的一系列问题逐一进行评估或评定的调查方式。由于被调查或需要被评定的对象，事先无法识别或确认"神秘顾客"的身份，故该调查方式能真实、准确地反映客观存在的实际问题。

（3）邮寄调查（Mail survey）

邮寄调查是将调查问卷及相关资料寄给受访者，由受访者根据要求填写问卷并寄回的方法。其又分为两种方式：留置问卷调查和固定样本邮寄调查。

① 留置问卷调查（Returned Questionnaire Survey）。由调查员按面访方式找到受访者，说明调查目的和填写要求后，将问卷留置于受访者处，约定日期登门取回填好的问卷，或附上回邮信封要求受访者直接寄回。留置问卷调查的优点是调查问卷回收率高，受访者可以当面了解填写问卷的要求，避免由于误解提问内容而产生误差，并且填写问卷时间充裕，便于思考回忆，受访者意见不受调查员的影响。

② 固定样本邮寄调查（Fixed Sampling Survey）。事先抽取一个地区性或全国性的样本，征得样本中家庭或个人同意后，由调查机构向该固定样本中成员定期邮寄调查问卷，样本中成员将问卷按要求填好后，及时寄回调查机构，为防止样本老化，应定期调整更新样本。固定样本邮寄调查的优点在于空间范围大，不受调查所在地区的限制；样本数目可以很多，而费用开支少。

定性调查是与定量调查相辅相成的。这不仅表现在调查内容侧重有所不同，也表现在二者功能上的互补关系。一方面，定量调查的结果依赖于统计，希望通过对相对较多的个体测量推测由大量个体构成的总体的情况。定性调查的目标则不在此，其更多地侧重问题的选项而非变量的分布。例如，对一种包装的测试结果显示，有人认为包装属于高档，有人认为包装属于中档，这属于定性调查的结果；而如果是有80%的人认为包装属于高档，有20%的人认为包装属于中档，那就是定量调查的结论。另一方面，定性调查与定量调查通常前后相继、交叉进行。如问卷是定量调查的工具，但在设计问卷的过程中，为了完善问卷的内容、措辞乃至结构，普遍的做法是进行数次试访，显然试访属于定性调查，其结论不是用来推断总体的。

任务三　掌握市场调查的内容

任务描述：市场调查的内容涉及市场营销活动的整个过程，主要包括市场环境调查、市场商品需求调查、市场供给调查等。企业的不可控因素主要是影响企业营销活动的外部环境因素，包括消费者、市场需求、市场竞争和宏观环境等。对于这些外部环境因素，企业虽然不能控制，但是有必要通过市场调查了解和认识。

一、企业不可控因素的调查

（一）市场环境调查

市场活动受多种因素的影响，政治、经济、社会、科技、文化等都会对市场产生很直接的影响，形成一定历史条件下的市场环境。市场环境调查的内容大致有以下几个方面。

1. 市场政治环境调查

市场政治环境主要是指国家各项政策、方针、法规等。调查市场政治环境主要是为了了解国家有关政策、方针和法规的具体内容。

2. 市场经济环境调查

市场经济环境是指市场所在地的人口、收入水平、消费水平及结构、国民经济比例等。

人口是影响市场的重要因素，全国或地区的人口总数表明消费者的规模。

调查居民的收入水平，从总量上可以从社会分配着手，了解居民购买力的高低。居民购买力是一定时期内，城乡居民用于购买生活消费品的货币支付能力。其总量的计算公式如下。

居民购买力=居民货币收入总额-居民非商品支出±居民储蓄增减额±居民收存现金增减额

消费结构是指居民消费支出中，用于不同类别商品形成的消费支出比重，其中食品类消费占总消费的比重——恩格尔系数是研究的重要指标。

国民经济比例关系是一个国家内部地区各产业领域经济发展水平的量化关系，包括综合性比例、部门之间的比例、部门内部的比例、地区之间的比例、社会再生产各环节的比例等。

3. 市场社会文化环境调查

市场社会文化环境主要是指消费者的文化水平、社会教育水平、民族与宗教状况、社会价值观念及社会物质文化水平等。

（二）市场商品需求调查

市场商品需求调查是市场调查的核心内容。市场商品需求调查的主要内容是市场需求总量及其构成：各种商品的需求数量、质量、品种、规格、包装装潢等；各种商品的需求地点和时间；对需求人群的满足程度等。同时市场商品需求调查也可以从这些内容的影响因素着手，进行调查研究，分析其变化规律，主要包括以下内容。

1. 人口构成

从商品需求的角度了解人口的构成，主要是对人口的年龄、性别、民族、职业、文化程度、所在地区等进行调查，以便分析和研究由此引起的商品需求的状况和变动规律。

2. 家庭

家庭是由消费者组成的消费品的基本购买单位，必须对家庭的数量、构成及对不同商品的需求进行调查。

3. 消费心理和购买行为

消费心理是消费者在满足需求过程中产生的意愿或认识，对消费行为起支配作用；购买行为是受消费心理支配而产生的购买商品的活动。购买行为的种类有习惯购买、挑选购买、信誉购买、随机购买、执行购买和触发购买等，每一消费行为都会经历购买酝酿、购买决定、购买评价 3 个阶段。

4. 市场占有率调查

市场占有率是研究市场需求量的相对指标。调查市场占有率主要是为了了解企业在市场中的地位，以便采取措施，提高企业的经济效益。

（三）市场供给调查

市场商品资源是满足市场商品需求的物质基础，也是市场调查的重要内容。市场供给调查主要包括产品生产能力调查、产品实体调查等，具体为某一产品市场可以提供的产品数量、质量、功能、型号、品牌等，以及生产供应企业的情况等。

二、企业可控因素的调查

在营销活动中，有许多因素是企业可以控制的，它们主要是影响营销活动的企业内部因素，可以归纳成五大类：产品、价格、渠道、促销和市场竞争情况。

（一）产品调查

产品调查主要包括了解市场上新产品的开发情况、设计情况、消费者使用的情况、消费者的评价、产品生命周期阶段、产品的组合情况等。

（二）价格调查

价格调查主要包括了解消费者对价格的接受度、对价格策略的反应等。

（三）渠道调查

渠道调查主要包括了解渠道的结构、中间商的情况、消费者对中间商的满意度等。

（四）促销活动调查

促销活动调查主要包括了解各种促销活动的效果，如广告实施的效果、人员推销的效果、营业推广的效果和对外宣传的市场效果等。

（五）市场竞争情况调查

市场竞争情况调查主要包括对竞争企业的调查和分析，了解同类企业的产品、价格等方面的情况，了解同类企业的竞争手段和策略，做到知己知彼，通过调查帮助企业确定竞争策略。

任务四　明确市场调查的程序

任务描述：市场调查是一项系统工程，程序繁多，涉及设计市场调查方案、设计调查问卷、实施调查、整理与分析资料等方面。如何合理安排市场调查的步骤，明确市场调查的程序就尤为重要了。

一、设计市场调查方案

（一）定义市场调查问题

市场调查通常是企业为了解经营过程中所存在的问题及找出解决问题的对策而组织的信息收集活动。明确经营管理问题的症结，确定调查的意图是市场调查的首要步骤，也是关键性的工作。只有调查问题被十分正确和清晰地认识和定义，市场调查项目才能有效实施。

1. 明确市场调查意图

在企业每天的营销活动中，各部门可能都会面临这样或那样的问题，例如：经过千辛万苦开发出来的新产品没有得到市场的认可，迟迟打不开销路；由于企业缺乏知名度，产品在国际市场上竞争能力弱；产品研发部门刚刚立项新的开发计划，突然传来市场上已有同类产品的消息。如果你是专业公司的一名市场调查人员，当遇到这样的问题时，该怎么办呢？调查人员不要急于订立市场调查计划，而应该围绕问题，与相关人员进行充分的研究分析，以这些问题为基础，从分析中找出原因。只有清晰地确定市场调查意图，最终调查才会有意义。

调查人员可以通过以下操作明确市场调查意图。

（1）与决策者交流沟通。调查的结果是为决策者服务的，那么决策者在决策中需要什么信息是调查人员在确定调查意图时所需要掌握的重要信息。同时决策者对调查项目有一定的控制能力，双方的交流有助于建立起更好的信任和沟通渠道，为今后的合作奠定基础。

（2）采访专家。向专家咨询基于专家熟悉相关行业情况或经营环境信息，采访专家有助于调查人员对市场调查主题的了解和认识。寻找既了解情况又愿意合作的专家是不容易的，调查人员需要在这方面多留意。

（3）分析二手资料。在确定市场调查主题的过程中，对二手资料的分析是有必要和有益的。二手资料是指已有的资料，它并不是为解决当前问题而专门搜集的，但这些资料可以为解决当前问题提供有价值的信息。

（4）定性研究。有时，从决策者、有关专家和二手资料等来源所获得的信息仍不足以确定调查主题，此时，有必要开展定性调查，补充信息来源。

2. 了解营销问题的背景

通过前述工作，调查人员已经初步了解企业所面临的"营销问题"，这时，不要急于开始正式的市场调查工作，要先了解营销问题的背景。调查人员必须了解客户及其所在行业，特别是那些对确定市场调查主题有较大影响的因素，如所属行业和本企业的历史背景和发展限制条件、决策目标、消费者行为、法律环境及企业的营销能力和技术手段等。

（1）了解企业本身条件，主要包括了解企业历史资料和未来预测、企业可利用资料和调查面临的限制条件、企业目标等。

（2）了解企业的环境条件，主要包括了解消费者行为、企业所处的法律环境、企业所处的经济环境、企业的营销及技术手段等。

3. 确定市场调查目标

在与决策者交流沟通、采访专家、分析二手资料，以及了解营销问题的背景等一系列工作的基础上，调查人员可以根据项目要求设立调查假设或形成某种思路，最后确定市场调查目标。

在确定市场调查目标时，调查人员通常会犯两类错误。其一，将目标定得太宽泛，以至于无法为后续调查工作提供明确的方向；其二，将目标定得太窄，使管理者依据调查结果做决策时缺乏对市场情况的全盘把握，甚至导致决策失误。为了确定市场调查目标时减少犯错，可以先将目标用比较宽泛的、一般性的术语来陈述，然后确定具体的研究提纲。前者可以为确定市场调查目标提供较为开阔的视角，以免出现第二类错误，而后者集中了问题的关键，从而可以为如何进一步操作提供清楚的指引路线。

（二）撰写市场调查方案

市场调查是一项有计划、有组织的工作，计划性是通过市场调查方案具体表现出来的，具体的工作也是按照市场调查方案的要求来进行的。市场调查方案是在调查项目实施之前对整个项目各个方面和各个阶段任务的通盘考虑和安排，它是整个调查项目的总体框架或蓝图，它起到保证市场调查工作顺利进行的重要作用。

1. 编写市场调查方案

市场调查方案是对调查工作的总体规划，它涉及市场调查活动的各个环节。如果规划不好，调查工作就很难顺利完成。市场调查方案是否科学、可行，关系整个调查活动的成败。市场调查方案设计包括以下 11 个步骤。

（1）确定调查目的

确定调查目的即明确为什么要调查，在调查中要解决哪些问题，通过调查要取得什么样的资料，取得这些资料有什么用途。例如，某企业在经营过程中出现商品销量下降的情形，此时确定的调查目的可能是"发现引起企业商品销量下降的原因"。而这些原因可能是商品结构不合理；服务质量下降；消费者购买力下降；企业资金不足，周转缓慢；企业促销不力；竞争者商品大幅度降价；等等。这些问题涉及面广，比较笼统，需要找出其主要原因。只有确定了调查目的，才能确定调查的范围、内容和方式，否则就会因一些无关紧要的调查项目而漏掉一些重要的调查项目，无法满足调查的要求。衡量一个市场调查方案是否科学，主要看方案是否体现调查目的和要求，是否符合客观实际。

（2）确定调查对象和调查单位

确定调查对象即明确向谁调查，调查对象与调查目的是紧密相联的。调查对象是根据市场调查目的选定的符合条件的市场活动参与者。性别、年龄、文化程度、收入水平、职业等都是确定调查对象时需要考虑的因素。

调查单位是指被收集资料的每个单位，即在调查中要进行调查研究的一个个具体的承担者。调查单位主要有两类：一类是客观存在的实体，如个人、家庭、企业、机关、学校及其设备、房屋和产品等；另一类是已经发生的行为、事件和现象等。在全面调查中，调查对象的每个单位都是调查单位。在非全面调查中，调查单位是调查对象中被收集资料的部分单位。例如，为了了解某市各大超市的经营情况及存在的问题，需要对全市的超市进行全面调查，那么该市的所有超市就是调查对象，每一个超市就是调查单位。

（3）确定调查内容

调查内容是指取得资料的内容，它是表明调查对象特征的各项标志，也就是明确向被调查者了解什么问题。例如，调查对象是消费者，可供选择的调查内容有姓名、住址、收入、职业和文化程度等内容。如果做商品调查，调查内容可以包括商品质量、销售数量和购买时间等。调查内容可以有多种选择，选择的原则取决于调查目的，即应该依据调查目的选择调查内容。在确定调查内容时，除了要考虑调查目的和调查对象的特点，还要注意以下问题。

第一，调查内容应当既是调查任务所需的，又是能够取得答案的。

第二，调查内容的表达必须明确，要使答案具有确定的表达形式，如数字式、文字式等，以便统一调查对象填写的形式，便于调查数据的处理和汇总。否则，调查对象会对答案产生不同理解而选择不同的答案，造成汇总时的困难。

第三，调查内容之间尽可能相关，使取得的资料相互对照，以便了解现象发生变化的原因、条件和后果，从而检查准确性。

第四，调查内容的含义要明确、肯定，必要时还可以附上调查内容的解释。

（4）设计调查工具

在设计调查内容后，必须进一步具体设计反映这些内容的调查工具。调查工具是指调查指标的物质载体，如调查提纲、调查表、调查卡片、调查问卷等。所有的调查内容最后都必须通过调查工具表现出来。设计调查工具时，必须考虑调查内容的多少、调查者和被调查者的方便、对资料进行整理分析时的需要等。只有科学地设计调查工具，才能使调查过程顺利，使调查结果令人满意。

（5）确定调查组织方式和方法

在市场调查方案中，还要规定采用什么组织方式和方法取得资料。搜集调查资料的方式有普查、重点调查、典型调查、抽样调查等。具体调查方法有文案调查法、访谈法、观察法和实验调查法等。在调查时，采用何种组织方式、方法不是固定和统一的，而取决于调查对象和调查任务。在市场经济下，为准确、及时、全面地取得市场信息，尤其应该多注意调查组织方式的结合运用。

（6）确定调查时间和调查期限

调查时间是指调查资料所属的时间。如果所要调查的是时期现象，就要明确规定资料所反映的是从何时起到何时止的调查对象。如果所要调查的是时点现象，就要明确规定统一的标准调查时点。

调查期限是调查工作的开始时间到结束时间，包括从调查方案设计到提交调查报告的整个工作时间，也包括各个阶段的起始时间。确定调查期限的目的是使调查工作能及时开展，按时完成。为了提高信息资料的时效性，在可能的情况下，调查期限应适当缩短。

在设计调查方案的过程中，调查时间和调查期限一般用调查时间进度表来表示。调查时间进度表就是反映调查过程中每个阶段的活动、需要完成的任务和达到的目标及其时间的表格，如表1-2所示。确定调查时间进度表既可以指导和把握计划的完成进度，又可以控制调查成本，以达到用有限的经费获得最佳效果的目的。

表 1-2　　　　　　　　　　　　调查时间进度表

时间或日期	工作与活动内容	主要负责人及成员	备注
	总体及抽样方案的论证、设计		
	问卷初稿设计		
	问卷测试		
	问卷修正、印刷		
	调查人员的挑选、培训		
	调查实施		
	资料的整理和统计分析		
	报告的撰写、修改和制作		
	调查结果汇报会		

（7）确定调查地点

在调查方案中，还要明确规定调查地点，是某一个城市，还是几个城市；是某城市的一个区，还是特定的销售环境。调查地点与调查单位通常是一致的，但也有不一致的情况，当不一致时，有必要规定调查地点。例如，人口普查规定调查登记常住人口，即人口的常住地点。若登记时不在常住地点，或不在本地常住的流动人口，则需要明确规定处理办法，以免调查资料出现重复和遗漏。

（8）确定调查资料整理和分析方法

通过实地调查得到的原始资料大多是零散的、不系统的，只能反映事物的表象，无法反映事物的本质和规律，也难免出现虚假、差错、短缺等现象，甚至加上调查人员的偏见，难以反映调查问题的本质与特征。这就要求对原始资料进行加工汇总，使之系统化、条理化。这一阶段的主要任务是运用所学的统计知识对搜集的资料进行分类、编号、分析、整理汇总等一系列资料研究工作。

（9）确定调查费用

确定调查费用是调查方案设计的重要内容。调查费用会因调查课题的不同而不同。在确定预算时，应当制订较为详细的工作项目费用计划。通常在调查前期，准备阶段的费用占总预算的20%。具体实施阶段的费用占40%左右，而后期分析报告阶段的费用占总费用的40%。因此，调查人员必须全面考虑各个阶段的费用支出情况。

一般来说，市场调查所需要的费用包括以下几个方面：调查方案设计费、抽样设计费、问卷设计费、问卷印刷费、调查人员劳务费、交通费、数据统计处理费、礼品费、报告制作费等，如表1-3所示。

表1-3　　　　　　　　　　　调查费用估算表

支出项目	数量	单价	金额	备注
调查方案设计费				
抽样设计费				
问卷设计费				
问卷印刷费				
调查人员劳务费				
交通费				
数据统计处理费				
礼品费				
报告制作费				
资料费、复印费				
杂费				
合计				

（10）确定提交调查报告的方式

调查报告是市场调查的重要部分，最终要呈交给客户，调查人员必须保证时间和精力充足，认真准备书面报告和口头汇报。提交调查报告前确认调查报告的形式、份数、基本内容等无误。

（11）制订调查组织计划

调查组织计划主要是调查过程中的具体工作计划，其内容包括调查的组织领导、调查机构的设置、各项工作环节的人员配备与工作目标、调查的质量控制措施、调查人员的挑选与培训等。

需要强调的是，以上分别介绍的内容并非相互独立而是密切联系的，某一项内容的变化往往会影响其他内容。因此，对整个调查过程要通盘考虑，在制定调查方案时应对以后的步骤有所预见。综上所述，在调查过程的若干环节上，调查人员面临着设计上的选择。

2．评价市场调查方案

（1）市场调查方案的可行性研究

在调查复杂的社会经济现象时，调查方案通常不是唯一的，调查人员需要从多个调查方案中选取最优秀的方案。同时，调查方案也不是一次完成的，要对其进行必要的可行性研究，针对调查方案进行试点和修改。可行性研究是科学决策的必经阶段，是科学设计调查方案的重要步骤。因此，调查人员对调查方案进行科学的可行性研究是非常必要的。可行性研究方法很多，常见的有经验判断法、逻辑分析法和试点调查法等。

① 经验判断法是指组织一些具有丰富市场调查经验的人对设计出来的调查方案进行初步的主观判断推理，以说明调查方案的合理性和可行性。

② 逻辑分析法是指从逻辑层面考察调查方案的内容是否符合情理。例如，对学龄儿童进行文化程度的调查，对没有通电的山区进行电视广告效果的调查等，这些都是有悖常理和逻辑的，缺乏实际意义。

③ 试点调查法。试点是整个调查方案可行性研究中十分重要的步骤，对大规模的市场调查来讲尤为重要。试点调查法是指在小范围内选择部分单位进行试点调查，对调查方案进行实地检验，目的是使调查方案更加科学和完善。在试点调查中重要的是选好试点。试点必须具备两个明显的特点：一是实践性，二是创新性，两者互相联系、相辅相成。试点可以为正式调查取得实践经验，可以修改、补充、丰富和完善对被调查主体的认识，并把人们对客观事物的认识推到一个更高的阶段。

（2）市场调查方案的总体评价

对调查方案的总体评价，主要从以下 3 个方面进行。

第一，调查方案是否体现调查目的和要求。

第二，调查方案是否科学、完整和适用。

第三，调查方案能否使调查质量有所提高。

二、设计调查问卷

调查问卷是一种以书面形式了解调查对象的反应和看法，并以此获得资料和信息的载体。设计调查问卷是依据调查与预测的目的，列出所需要了解的项目，并以一定的格式，将其有序地排列，组合成调查表的过程。设计调查问卷是市场调查的核心阶段，调查问卷设计得是否科学、合理直接关系到调查的质量。

三、实施调查

实施调查即经过培训的调查人员，按照事先确定的调查时间，在确定的调查地点对调查对象按照已经确定的调查方法进行调查，从而搜集资料。这是整个调查活动中最忙碌的阶段。调查人员除了需要素质过硬，还需要加强对调查活动的规划和监控，及时处理调查中出现的问题。

四、整理与分析资料

搜集来的大量资料是分散的，需要对其进行整理与分析，具体包括接收和清点资料、检查和校对资料、编码、录入数据、查错、处理缺失数据、统计预处理、指标选取及制图和统计分析。

五、撰写调查报告

调查报告是对某项工作、某个事件、某个问题，经过深入细致的调查后，将调查中搜集到的资料加以系统整理、分析研究，以书面形式向组织和领导汇报调查情况的一种文书。其主要内容包括研究目的、研究的理论基础、研究要解决的问题、研究意义。调查报告的主要部分是资料分析，要把资料分析的步骤、所用的公式或图表等一一列出，最后根据资料分析过程和结果，说明存在的问题并提出相应的对策和建议。

六、实施追踪与反馈

得到了调查结论，提出了相应的对策和建议，不能认为调查过程就此完结，而应继续了解其结论是否被重视和采纳、采纳的程度、采纳后的实际效果，以及调查结论与市场发展是否一致等，以便积累经验，不断提高调查工作的质量。

📖 小练习　　市场调查和"一竿子买卖"的关系

有的企业把市场调查看成是"一竿子买卖"。不少企业待到产品投产前，才意识到有必要做市场调查，于是忙着联系市场调查公司，然后做街访、搞座谈、明确产品定位。可一旦产品投放到市场，便把市场调查抛诸脑后，以为一次足矣，只解燃眉之急。

问题：市场调查和"一竿子买卖"有什么关系？

项目拓展

大数据时代的市场调查

在大数据时代，企业的竞争就是信息和数据的竞争，谁掌握了信息和数据，谁就抓住了快速发展的先机。随着计算机网络、云计算、云储存技术的完善，许多电子商务平台、O2O（Online to Offline，线上到线下）企业、传统行业（如医疗行业、教育行业等）都通过计算机网络技术储存了巨量的消费者网络消费行为数据。

目前，许多行业都很容易以较低的成本获得大数据，然后对大数据进行挖掘分析，以此来更加精准地了解消费者需求。大数据时代，企业对市场信息进行实时监控成为可能。例如，一家在天猫经营店铺的企业，可以实时监控消费者进店的流量信息、跳失率、平均停留时间等关键店铺经营指标；通过高级数据分析工具，实时监控整个品类的营销信息，然后再根据这些信息迅速调整营销手段。利用大数据，企业可以跟踪消费者的整个消费轨迹——从最初的消费冲动到权衡，再到最终的购买阶段，再通过传统的市场调查方式了解消费者购买或者未购买的真正原因，找出企业在哪个环节出了问题，从而为企业解决实际问题提供依据。

大数据时代，数据纷繁复杂，各种数据的来源也不尽相同。以往要在某个区域开一家店铺，可能需要蹲点去观察和计算人流量，但在大数据时代，人流量的统计根本不需要调查人员到现场。企业在经营管理过程中，要对这些来源不同、形式多样的信息进行综合分析和横向比较，以得出更接近市场情况的结论，帮助企业做出正确的经营决策。由此可见，大数据时代为企业的经营者提供了对市场信息实施监控的便利。

问题： 结合案例，谈谈在大数据时代市场调查的作用。

项目实训

实训一

【实训任务】查找市场调查案例。

【实训组织】学生分组（4～6 人一组）到图书馆或网上查找两个市场调查案例。针对案例设计市场调查流程。

【实训要求】让学生通过具体实例了解市场调查的意义及明确市场调查的流程。

【实训成果】经典案例展示。

【实训考核】要求学生进行案例搜集，全班讨论、交流。学生与教师评分。

实训二

【实训任务】与企业家对话。

【实训组织】学生分组（4～6 人一组），与企业家真诚交流，对市场调查的概念和重要性有大概的了解，知道市场调查在企业经营中是如何应用的。

【实训要求】以下问题可供学生提问时参考。

1. 您的企业需要市场调查吗？
2. 您的企业是怎样进行市场调查的？
3. 您在市场调查中遇到的主要障碍有哪些？
4. 您的企业需要市场调查人才吗？
5. 您希望市场调查人才具备哪些能力？

学生组织讨论并写下自己的感想。

【实训成果】采访过程、内容以 PPT 的形式展示。

【实训考核】全班讨论、交流，学生与教师评分。

项目二
抽样调查

学习目标 ↓

项目目标

※ 了解抽样调查的概念、特点及作用
※ 熟悉抽样方案设计的步骤
※ 掌握随机抽样和非随机抽样的概念及种类
※ 掌握抽样误差的影响因素及计算方法、样本容量的确定方法

技能目标

※ 培养根据调查目的选择合适的抽样调查方式方法的能力
※ 培养根据所选取的抽样调查方式方法熟练抽取样本和计算并控制抽样误差的能力

素质目标

※ 培养求真务实的职业道德和吃苦耐劳的工作作风
※ 培养良好的工作态度和解决问题的能力

提交成果 ↓

※ 设计出完整的抽样调查方案并展示
※ 计算抽样误差、确定样本容量

案例导入

全国 1%人口抽样调查

国务院 2010 年颁布的《全国人口普查条例》规定，人口普查每 10 年进行一次，尾数逢 0 的年份为普查年度；在两次人口普查之间进行全国 1%人口抽样调查（小普查）。因此 2015 年在两次全国人口普查之间，开展了 2015 年全国 1%人口抽样调查。下次全国 1%人口抽样调查将于 2025 年进行。

全国 1%人口抽样调查的目的是查清人口普查 5 年以来全国人口在数量、素质、结构、分布以及居住等方面的变化情况，为科学制定国民经济和社会发展规划，提供科学准确的统计信

息支持。

问题：2015 年全国 1%人口抽样调查是怎么组织实施的？

任务一　认识抽样调查

任务描述：了解抽样调查的概念、特点及作用；掌握抽样调查中经常会使用的一些术语的含义（主要术语有全及总体、样本总体、总体指标、样本指标、重复抽样、不重复抽样、样本容量、样本个数等）；熟悉抽样方案的设计步骤。

一、抽样调查的概念、特点及作用

（一）抽样调查的概念

抽样调查是按照一定程序，从调查对象总体中抽取一部分单位（构成样本总体）进行观察，并依据所获得的样本总体数据对调查对象总体的数量特征做出具有一定可靠性的估计判断，从而达到对调查对象总体的认识的一种统计调查方法。抽样可分为随机抽样和非随机抽样两类。随机抽样就是按随机原则抽取样本，即在总体中抽取样本单位时，完全排除了人为主观因素的影响，使每一个总体单位都有均等的可能性被抽到。非随机抽样不遵循随机原则，从方便出发或根据主观设定的选择标准来抽取样本。

（二）抽样调查的特点

1. 抽取样本的客观性

抽取样本的客观性主要体现在随机抽样中。随机抽样调查是按照随机原则抽取样本，从根本上排除人为主观因素的干扰，并能够将调查样本的代表性误差控制在允许的范围内，保证了样本推断总体的客观性，这也是抽样调查的科学性所在。

2. 调查结果的准确性

抽样调查的最终目的是用样本资料推断总体的数量特征，所产生的抽样误差大小不但可事先计算，还可以根据研究目的需要将其控制在许可范围内。另外，抽样调查是按照随机原则抽取样本的，所抽取的调查单位少，使调查工作节省了大量的人力、财力、物力及时间，因而能在很大程度上克服全面调查和其他非全面调查之不足，从而确保调查结果的准确性。

3. 调查费用的经济性

抽样调查仅仅是从总体中抽取少部分单位组成样本进行调查，使调查工作节省了大量的人力、财力、物力及时间，从而可减少市场调查费用。

4. 适用范围的广泛性

市场调查研究的方法很多，不同的方法有不同的适用范围，但抽样调查适用范围极其广泛，适用于对各个地区、各个单位、各种商品、各个领域中各种问题的调查。

（三）抽样调查的作用

抽样调查的作用主要表现在以下几个方面。

（1）抽样调查可用于对一些不可能或没必要组织全面调查的现象开展调查。如对包装食品的质量、炮弹射程等的调查，由于要进行破坏性产品质量检验，因此不可能采用全面调查，可以采用抽样调查。特别对于无限总体，更不可能进行全面调查，一般采用抽样调查。又如，对江河鱼类品种数量的调查，调查对象属动态总体，只能利用抽样调查去估计、推断总体情况。再如，对全国城镇居民人均可支配收入进行调查时，虽然可以组织全面调查，但没必要这样做，使用抽样调查就可以较好地掌握全国城镇居民人均可支配收入水平及其变化情况。

（2）抽样调查可用于生产经营过程中产品的质量检验和控制。抽样调查不仅广泛应用于生产经营结果的核算和估计，而且能对生产经营过程实施经常性监控，及时发现偏差，保证生产经营质量。

（3）抽样调查可以检验市场总体的某些假设，以判断其真伪，决定行动的取舍。如对新经营方式和营销措施的假设检验、对新商品的顾客认可程度的假设检验等，都必须借助抽样调查。

（4）抽样调查可用于对全面调查资料的检查和修正。调查人员通过全面调查获得了极其重要的数据资料，其准确程度如何，可以用抽样调查的结果去检查和修正。

二、抽样调查中的基本概念

抽样调查中经常会使用一些术语，主要有全及总体、样本总体、总体指标、样本指标、重复抽样、不重复抽样、样本容量、样本个数等。

（一）全及总体和样本总体

全及总体简称总体，也叫母体，指所要认识的研究对象全体，它是由所研究范围内具有某种共同性质的全体单位所组成的集合体。例如，研究某市居民的收入水平，则该市全体居民构成全及总体。总体的单位数通常很大，甚至是无限的，对无限总体的认识只能采用抽样调查方法，而对有限总体的认识，理论上虽可用全面调查来收集资料，但实际工作中往往因不可能或不经济而借助非全面调查，特别是借助抽样调查。全及总体的单位数一般用英文字母大写 N 来表示。在组织抽样调查时首先要弄清总体的范围、单位的含义，以及可实施的条件，以清单、名册、图表等形式，编制抽样框作为抽样的母体。

样本总体又称子样，简称样本。它是从全及总体中随机抽取出来，作为代表全及总体的部分单位组成的集合体。样本的单位数是有限的，相对全及总体来说它的数目比较小，一般用英文小写字母 n 来表示样本的单位数。

作为调查对象的总体是确定的，而且是唯一的。但作为观察对象的样本不是。从一个总体中可以抽取很多个样本，每次抽到哪个样本不是确定的，也不是唯一的，而是可变的。明白这一点对理解抽样推断原理是很重要的。

（二）总体指标和样本指标

根据总体各单位的标志值或标志属性计算的，反映总体数量特征的综合指标称为总体指标，也叫全及指标。全及指标是总体变量的函数，其数值是由总体各单位的标志值或标志属性决定的，一个全及指标的指标值是确定的、唯一的，所以称为参数。

对于不同性质的总体，需要计算不同的全及指标。对于变量总体，由于各单位的标志可以用数量来表示，因此可以计算总体平均数，用大写英文符号 $\overline{X}$ 表示。

设总体变量 X 有 N 个取值，即 X_1，X_2，$\cdots$，X_i，$\cdots$，X_N。

$$\overline{X} = \frac{\sum X_i}{N}$$

若总体的资料已经过分组，各组由权值 F_i 影响，则计算公式如下。

$$\overline{X} = \frac{\sum X_i F_i}{\sum F_i}$$

对于属性总体，由于各单位的标志不可以用数量来表示，只能用一定的文字加以描述，因此就应该计算比重，即结构指标，又称为总体成数，用大写英文字母 P 来表示，它说明总体中具有某种标志的单位数在总体中所占的比重。变量总体也可以计算成数，即总体单位数在所规定的某变量值以上或以下的比重，视同具有或不具有某种属性的单位数比重。

设总体 N 个单位中，N_0 个单位不具有某种属性，N_1 个单位具有某种属性，$N_0+N_1=N$，P 为总体中具有某种属性的单位数所占的比重，Q 为不具有某种属性的单位数所占的比重，则总体成数如下。

$$P=N_1/N$$
$$Q=N_0/N=（N-N_1）/N=1-P$$

此外，全及指标还有总体标准差 σ、总体方差 σ^2，它们都是反映总体各单位标志值分散程度的指标。根据资料分组与否，具体可分为两种情况：资料未分组用简单式，资料已分组用加权式。

$$\text{简单式：} \sigma = \sqrt{\frac{\sum (X_i - \overline{X})^2}{N}}$$

$$\text{加权式：} \sigma = \sqrt{\frac{\sum (X_i - \overline{X})^2 F_i}{\sum F_i}}$$

样本指标是由样本总体各单位标志值或标志特征计算的综合指标，也叫统计量，和全及指标相对应而有抽样平均数 $\overline{x}$、抽样成数 p、样本标准差 σ、样本方差 σ^2 等。$\overline{x}$ 和 p 用小写英文字母表示，以示区别。

设样本有 n 个变量：x_1，x_2，$\cdots$，x_i，$\cdots$，x_n，则抽样平均数公式如下。

$$\overline{x} = \frac{\sum x_i}{n}$$

设样本 n 个单位中 n_0 个单位不具有某种属性，n_1 个单位具有某种属性，$n_0+n_1=n$，p 为样本中具有某种属性的单位数所占的比重，q 为不具有某种属性的单位数所占的比重，则抽样成数公式如下。

$$p=n_1/n$$
$$q=n_0/n=1-p$$

同理，样本的标准差也分为简单式和加权式两种。

$$\text{简单式：} \sigma = \sqrt{\frac{\sum (x_i - \overline{x})^2}{n}}$$

$$\text{加权式：} \sigma = \sqrt{\frac{\sum (x_i - \overline{x})^2 f_i}{\sum f_i}}$$

由于从一个全及总体中可以抽取许多个样本，样本不同，抽样指标的数值也就不同，因此抽样指标的数值不是唯一确定的。实际上抽样指标是样本变量的函数，它本身也是随机变量。

（三）重复抽样与不重复抽样

根据抽样的方法不同，抽样方法有重复抽样（即重置抽样）和不重复抽样（即不重置抽样）两种。

重复抽样这样安排：从总体 N 个单位中随机抽取一个容量为 n 的样本，每次从总体中抽取1 个单位，把它看作 1 次试验，连续进行 n 次试验，构成一个样本总体。每次抽出一个单位后把结果登记下来又放回，使其重新参加下一次的抽选。因此重复抽样的样本是由 n 次相互独立的连续试验所组成的。每次试验是在完全相同的条件下进行的，每个单位中选或不中选机会在各次完全一样。

不重复抽样这样安排：从总体 N 个单位中抽取一个容量为 n 的样本，每次从总体中抽取一个单位，连续进行 n 次抽选，构成一个样本总体。但每次抽选出的一个单位不再放回参加下一次的抽选。因此，不重复抽样有这些特点：样本由 n 次连续抽选的结果组成，实质上等于一次同时从总体中抽 n 个单位组成一个样本。连续 n 次抽选的结果不是相互独立的，第一次抽选的结果影响下一次抽选，每抽一次后总体的单位数就少一个，因此，每个单位的中选或不中选机会在各次是不同的。

（四）样本容量与样本个数

样本容量是指样本总体的单位个数。从调查对象总体中抽取足够多的样本单位形成样本总体，样本单位数目的多少需要结合调查任务的要求和样本总体各单位标志值的差异情况来综合考虑。一般来说，抽取的样本单位数越多，调查结果推断就越准确。样本容量 $n<30$，称为小样本；$n \geqslant 30$，称为大样本。社会经济现象的抽样调查多取大样本，而自然实验观察则多取小样本。

样本个数又称为样本可能数目，是指从一个全及总体中可能抽取多少个样本。从一个全及总体中可能抽取多少个样本，与样本容量及抽样方法等因素有关。一个全及总体有多少个样本，则样本统计量就有多少种取值，从而形成该统计量的分布，统计量的分布是抽样推断的基础。

三、抽样方案设计

为了确保抽样调查所抽取的样本具有充分代表性，使抽样调查工作自始至终能够顺利展开，并最终获取最经济、最准确有效的抽样结果，需要在进行抽样调查工作前进行周密的抽样方案设计，也就是说，在抽样调查之前，预先确定抽样的程序和方案。

一般来说，抽样方案设计的步骤如下。

（一）确定调查总体

确定调查总体就是要依据调查研究的目的，明确界定符合调查条件的调查对象总体的内涵、外延及总体单位数，并对总体进行必要的分析。抽样调查虽然是只对一部分调查单位进行的调查，但最终目的是根据所获得的部分调查单位（即样本总体）的数据资料推断调查对象总体的数量特征。调查总体界定不明则抽样调查单位也无从谈起，样本总体也就不可能形成。

（二）建立抽样框

抽样框是指对构成调查对象总体的总体单位列出名册或排序编号。抽样调查中样本单位是从调查对象总体中抽取出来的，它决定了抽样调查中样本总体的范围和结构。例如：要从 10 000 名大学生中抽出 200 名组成一个样本，则 10 000 名大学生的名册就是抽样框。常见的抽样框有大学生花名册、城市黄页里的电话列表、工商企业名录、街道派出所里的居民户籍册、意向购房人信息册等。如果有现成的名单，要先对该名单进行检查，避免有失真、重复和遗漏的情况发生，在确保样本对总体有充分代表性的前提下，可用现成的名单作为抽样框。如果没有现成的名单，则只能由调查人员自己编制。

设计出了抽样框后，便可采用相关的抽取方式方法来抽选必要数量的样本单位。

（三）选择抽样方式方法

抽样方式方法的选择取决于调查研究的目的、研究对象的特点、调查经费及时间的多少等客观条件。抽样方式可以分为随机抽样与非随机抽样两大类，每一类中又有许多可供选择的具体抽样方式。随机抽样的抽样单位是按照已知概率随机抽取的，所以可以应用统计方法来估计抽样误差。当抽样资料的有效性需要用统计方法去验证时，尽量使用随机抽样。经常采用的随机抽样包括简单随机抽样、等距抽样、分层抽样和整群抽样等。非随机抽样依据的是调查人员的主观判断，即由调查人员确定哪些个体应包括在样本中。非随机抽样下有时可以对总体特征做较好的估计，由于个体被抽中的概率未知，因此不能估计抽样误差。平常采用的非随机抽样包括任意抽样、判断抽样、配额抽样和滚雪球抽样等。而抽样方法具体可分为重复抽样和不重复抽样两种，调查人员可根据具体情况选用。

（四）规定精确度

抽样调查的目的是根据样本的数量特征来推断总体的数量特征。随机抽样的偶然因素使样本各单位的结构不足以代表总体各单位的结构，从而引起抽样指标与全及指标之间的绝对离差，这就叫抽样误差。另外，抽样样本的不固定性最终影响抽样调查结果的精确性。在时间和经费足够的情况下，可以通过增大样本容量、运用精密仪器和工具、采用科学合理的抽样方式方法，来大大提高抽样调查数据的精确度和抽样调查工作的质量。因此，抽样调查前对调查结果所要达到的精确度的确定要根据主客观因素综合考虑。

（五）确定样本容量

样本容量是指抽样单位数目。在抽样调查中，样本容量的确定是关键。样本容量过多，人力、财力、物力和时间耗费就多；样本容量过少，抽样误差就大，会降低调查结果的精确度。对于随机抽样，需要考虑调查总体的标准差、置信度和置信区间及调查任务的要求等，即综合确定样本容量；对于非随机抽样，通常要根据调查经费、抽选规则、样本的大致构成等因素主观地决定样本容量。

（六）经费核算

抽样调查工作的顺利进行离不开足够的经费保障，调查前要核定落实在各个阶段、各项工作的费用，明确规定各个环节、各项工作的经费限额。如果抽样调查经费不足，就可能会使工作中止或影响调查工作质量、延误工作进程。

任务二 随机抽样

任务描述：了解随机抽样的概念、种类，掌握各类别的优缺点及适用范围，熟悉抽样误差的计算与控制，确定样本容量，进行抽样推断（即利用已知的样本指标来推断总体指标）。

一、随机抽样的概念

随机抽样又称概率抽样，是根据一个已知的概率来抽取样本单位，也就是说，单位被抽中与否不取决于研究人员的主观意愿，而取决于客观的机会——概率。因此，哪个单位被抽中完全是随机的。

二、随机抽样的种类

根据组织方式不同，随机抽样可分为简单随机抽样、等距抽样、分层抽样、整群抽样。

（一）简单随机抽样

1. 简单随机抽样的概念

简单随机抽样又称纯随机抽样或无限制随机抽样，是从调查总体中完全随机地抽取样本单位，每个总体单位都有完全均等的机会被抽中，各样本单位组合成为样本总体，对所构成的样本总体进行调查研究，进而推断全及总体的数量特征的一种抽样组织形式。它是最基本的抽样调查方式，也是理论上最符合随机原则的抽样方式。简单随机抽样的方法通常有直接抽取法、抽签法、随机数表法。

（1）直接抽取法

直接抽取法是指从调查总体中直接随机抽取样本单位进行调查的方法。这种方法适用于对集中于某个较小空间的总体进行抽样，如对存放于仓库的同类产品直接随机抽出若干产品作为样本进行质量检查。

（2）抽签法

抽签法类似于通常所说的抓阄，即给总体中的每个个体编号，然后将号码写到标签上，将标签混合均匀，随机抽取标签，被抽到的标签号码所代表的个体即为样本单位，直到抽足预先规定的样本容量 n 为止，最后对所形成的样本总体进行调查研究。当总体单位数 N 较大时，这种方法比较麻烦，工作量较大，因此这种方法多在规模较小的总体中应用。

（3）随机数表法

在大规模的调查研究中，由于总体单位数目较大，使用抽签法的工作量相当大，因此常用随机数表法来确定样本单位。随机数表是用计算机、随机数生成器等工具编制的，根据不同的需要，可以灵活确定随机数的起始位置，按行、列或画某随机线取得随机数字，利用取得的随机数字对应编号的单位组成样本。

2. 简单随机抽样的优缺点及适用范围

简单随机抽样是最单纯的抽样方法，是不需要对抽样框中的单位进行分组或排列，完全按照随机的原则来抽取样本的方法。这种方法的优点是抽样简单直观。另外，当抽样框完整时，使用简单随机抽样对抽样误差的计算和对总体数值的推断都比较方便。

简单随机抽样的不足在于：完整的总体编号名册不易取得或取得成本大；当总体单位很多时，编号烦琐，抽样不便；总体单位分散会增加工作难度；如果总体各单位差异较大，采用此方法抽出的样本代表性不强。

因此，简单随机抽样比较适用于总体单位数不多且有完整的总体编号名册、总体单位之间差异较小的情况。

（二）等距抽样

1. 等距抽样的概念

等距抽样又称为系统抽样、机械抽样或间隔抽样，它是先将总体各单位按某一标志排队，并根据总体单位数和样本单位数计算出抽样距离（即相同的间隔），然后在第一个抽样间隔内确定一个抽样起点（即随机抽取一个样本单位），再按固定的顺序和间隔来确定其余样本单位的方法。

2. 等距抽样的应用步骤

（1）对总体单位按某一标志排队。可选择无关标志排队或有关标志排队，但选择有关标志排队效果更好。

（2）计算抽样距离 K。抽样距离等于总体单位数（N）除以样本单位数（n），计算公式如下。

$$K=N/n$$

（3）随机确定抽样起点。根据确定的抽样距离把总体分成 n 段，在第一段（编号为 $1 \sim K$）中，用简单随机抽样方法随机抽取一个号码，假设为 a，a 即为等距抽样的起点。

（4）按抽样距离进行等距抽样。以 a 为起点，每隔 K 个单位抽取一个单位，直至抽出全部的样本单位为止。抽取的样本单位编号如下。

$$a,a+K,a+2K,a+3K,\cdots$$

> 📖 小练习
>
> 某班有 40 名学生，对该班采用等距抽样办法抽取 5 名学生作为一组，代表本班参加学校公益活动，则抽样距离为 40/5=8，将全班按 $1 \sim 40$ 排学号，那么，$1 \sim 8$ 为第一组，以后各组依次为 $9 \sim 16$，$17 \sim 24$，$25 \sim 32$，$33 \sim 40$。在第一组按简单随机抽样方法抽取一个学号，假设为 6，那么被确定为样本单位的学号分别是什么？

3. 等距抽样的优缺点及适用范围

等距抽样不像简单随机抽样那样对每个样本单位都要专门进行抽样，这正体现了其样本形成的便利性。等距抽样的样本单位均匀地分布在调查总体中，不会集中于某些层次，这提高了样本的代表性。但在给总体单位排队时需要有每个单位的详细资料，如果总体内各单位之间差异较大或者各单位的排列有规律，采用等距抽样时选择无关标志排队所获得的样本则会影响调查的精确度。例如，班级中男女同学按单双号排序时，采用等距抽样会出现较大的偏差。

可见，等距抽样适用于同质性较高的总体，即在总体内部各单位之间的差别不大的情况下采用。

（三）分层抽样

1. 分层抽样的概念

分层抽样又称分类抽样或类型抽样，是按与调查目的有关的某个主要标志（即有关标志）

将总体划分为若干层（类、组或子总体），然后从各层中按随机原则分别抽取一定数目的单位构成样本。分层抽样把总体中具有某种特征或特征比较接近的单位归为一组，从而使各组内个体之间的某种特征差异较小，而组与组之间的特征差别明显，以此来增加样本对总体的代表性，因此，分层抽样的抽样误差比简单随机抽样的更小。

2. 分层抽样的主要方式

根据确定各层所要抽取样本数量的方法不同，分层抽样可分为等比例分层抽样和分层最佳抽样等方式。

（1）等比例分层抽样

等比例分层抽样是按照各层中单位数目占总体单位数目的比例来分配各层的样本数量。分层比例抽样的计算公式如下。

$$n_i = N_i / N \times n$$

式中：n_i——第 i 层应抽取的样本数；

N_i——第 i 层的总体单位数；

N——总体单位数；

n——预定抽取的样本数。

案例链接

某地共有居民 20 000 户，按经济收入高低进行分类，其中高收入居民有 4 000 户，中收入居民有 12 000 户，低收入居民有 4 000 户，要从中抽选 200 户进行购买力调查，则以各类型中应抽取的样本单位数如下。

高收入的样本单位数目：4 000/20 000×200=40（户）

中收入的样本单位数目：12 000/20 000×200=120（户）

低收入的样本单位数目：4 000/20 000×200=40（户）

确定了各层样本单位数后，即可以按简单随机抽样原则从各层中抽取预定数目的样本单位，进行调查研究，并推算出购买力的情况。

等比例分层抽样方法简便易行，计算方便，适用于各类型之间差异不大的情况，如果各类型之间差异过大，则不宜采用，而应采用分层最佳抽样。

（2）分层最佳抽样

分层最佳抽样亦称非比例抽样或分层信任度抽样，它不仅是按各层单位数目占总体单位数目的比例来分配各层样本单位数，还根据各层的样本标准差大小来调整各层的样本单位数目。

当各层单位之间差异悬殊，某些层的重要性远大于其他层时，就需要采取分层最佳抽样，即重要的层抽取的样本数多，不重要的层抽取的样本数少。该方法既考虑了各层在总体中占比的大小，又考虑了各层标准差的差异程度，有利于减小各层的差异，以提高样本的可信程度。

采用分层最佳抽样，确定各样本数目的计算公式如下。

$$n_i = n \times N_i S_i / \sum N_i S_i$$

式中：n_i——第 i 层应抽取的样本数目；

n——样本单位总数；

N_i——第 i 层的调查单位总数；

S_i——第 i 层的调查单位的标准差估计值。

在上例中，改用分层最佳抽样。设各层样本标准差高收入为 300 元，中收入为 200 元，低收入为 100 元，为了便于观察，见表 2-1。

表 2-1　　　　各层单位数与各层样本标准差乘积计算

层次	各层调查单位数 N_i	各层样本标准差 S_i	乘积 N_iS_i
高收入	4 000	300	1 200 000
中收入	12 000	200	2 400 000
低收入	4 000	100	400 000
总计	20 000		4 000 000

按照公式计算，得出应从各类型中抽选的样本单位数如下。

高收入的样本单位数目：200×1 200 000/4 000 000=60（户）

中收入的样本单位数目：200×2 400 000/4 000 000=120（户）

低收入的样本单位数目：200×400 000/4 000 000=20（户）

从上述计算可以看出，用分层最佳抽样与等比例分层抽样，抽取的样本数各层次之间不同，特别是高收入与低收入之间样本标准差相差较大，标准差反映的是各层的每一个体的值与平均值之间的差异。差异大，标准差就大，该层应抽样本单位数目就多；差异小，标准差就小，该层应抽样本单位数目就少。所以抽取的高收入样本单位数目增加 20户（60—40 户），低收入样本单位数目减少 20 户（20—40 户），中收入样本单位数目不变。购买力同家庭经济收入关系很大，因而要增加高收入的样本单位数，相应减少低收入的样本单位数，这样使所抽选的样本更具有代表性。这种以调查单位数和样本标准差两个因素为依据进行的抽样是最佳抽样。在调查实践中，标准差估计值经常根据经验或通过试调查来确定。

3. 分层抽样的优缺点及适用范围

（1）优点：①既可以利用样本进行总体指标推断，又可利用各子样本推断子总体的指标；②与简单随机抽样相比，样本结构更接近总体结构，所以一般认为层间误差为 0，抽样误差取决于层内误差；③分层抽样的抽样平均误差一般小于简单随机抽样。

（2）缺点：①要求调查人员对所调查总体的分布有相当的了解，以保证分层及各层样本单位数目的确定科学合理；②调查活动的组织难度相对较高，且调查费用较高。

（3）分层抽样适用于规模大、内部结构复杂且类别分明的总体。实践中，分层抽样广泛应用于购买力调查、企业调查和产品销售调查中。

（四）整群抽样

1. 整群抽样的概念

整群抽样又称分群随机抽样或集团抽样，是将调查总体分为若干群体，然后以简单随机抽样方法选定若干群体作为调查样本，对选定群体进行全面调查的抽样组织形式。

例如，调查某大学毕业班级学生升学或就业的意愿，毕业年级共有 100 个班，从中随机抽取 10 个班，然后对这 10 个班的学生做全面调查，这里使用的调查方式即为整群抽样。

2. 整群抽样与分层抽样的关系

二者的相同点是都先将总体划分成不同的小部分。二者的不同点主要表现在以下两个方面。

（1）总体划分原则不同。在分层抽样中，对总体进行分层的原则是各层之间有较大差异，而每层内部各单位差异小；整群抽样的原则是各群体之间差异小，每一群体内部各单位有差异。

（2）抽样方法不同。分层抽样是在每层中都要按一定数目抽取样本单位，样本单位分布在各层当中；而整群抽样是抽取总体中的若干群，抽出的这些群体内部的所有单位都是样本单位，即样本单位集中在被抽中的群。

3. 整群抽样的优缺点及适用范围

整群抽样样本单位比较集中，操作起来比较方便，因把调查单位局限在某一群内，可节省时间和费用。但因样本只能集中在被抽中的群，不能均匀地分布在总体的各个部分，用以推断总体的准确性较差。整群抽样适用于总体可以划分为各个群，这些群之间差异小，而群的内部各单位之间有差异情况下的抽样。

三、抽样误差的计算与控制

（一）抽样误差的概念及影响因素

1. 抽样误差的概念

在市场调查中产生的误差有两种：登记性误差和代表性误差。登记性误差是调查过程中调查者或被调查者的人为因素所造成的误差。代表性误差是指由于样本的结构不同于总体结构而产生的样本指标与总体指标之间的误差。

抽样误差是样本不能完全代表总体及样本的随机性而产生的样本指标与总体指标之间的误差，也叫偶然代表性误差或随机误差。抽样误差是代表性误差。这种误差不可避免，只能力求控制在一定范围内。

2. 抽样误差的影响因素

凡是抽样调查就必然存在抽样误差，在随机抽样调查中，抽样误差是可以计算的。影响抽样误差大小的因素有样本单位数 n、总体标准差 σ、抽样方法和抽样组织方式等。

（1）样本单位数 n。在其他条件不变的情况下，抽取单位数越多，抽样误差就越小；抽样单位数越少，抽样误差就越大。如抽样单位数目大到为 N（全及总体单位数）时，抽样调查变为全面调查，则抽样误差为零。

（2）总体标准差 σ。在其他条件不变的情况下，抽样误差的大小与总体标准差 σ 成正比。总体标准差 σ 越大，则抽样误差越大；总体标准差 σ 越小，抽样误差就越小。

如有两个总体数据如下。

甲组：30，40，50，60，70，$\overline{X}=50$，$\sigma=14.14$，变量值差异大。

乙组：48，49，50，51，52，$\overline{X}=50$，$\sigma=1.41$，变量值差异小。

如果从两个总体中分别抽两个数值，计算得到样本平均数，一般来说，乙组的更接近总体平均数 50，即误差更小。

（3）抽样方法。抽样方法不同，抽样误差也不同。一般说来，重复抽样的抽样误差要大于不重复抽样的抽样误差。

（4）抽样组织方式。不同的抽样组织方式有不同的抽样误差。因为抽样组织方式合理程度不同，必然会产生不同的抽样效果。一般来说，分层抽样由于对总体进行分组，同组内各单位之间的差异较小，因此它的抽样误差要比简单随机抽样和等距抽样的抽样误差小；等距抽样由于总体中被抽中的单位分布比较均匀，因此其抽样误差比简单随机抽样的小。

了解影响抽样误差的因素，对控制和分析抽样误差十分重要。在上述影响抽样误差的因素中，标志变异程度（总体标准差 σ）是客观存在的因素，是调查者无法控制的，但样本单位数 n、抽样方法和抽样组织方式是调查者能够选择和控制的。因此，在实际工作中应当根据研究的目的和具体情况，做好抽样设计和实施工作，以获得合理的抽样效果。

（二）抽样平均误差的计算与控制

在随机抽样的实际工作中，抽样误差是用抽样平均误差来衡量的。抽样平均误差是反映抽样误差一般水平的指标，其实质是抽样指标的标准差，它是可以事先计算并加以控制的。

抽样平均误差的计算与抽样方法和抽样组织方式有直接关系，采用不同的抽样方法和抽样组织方式，计算抽样平均误差的公式是不同的。在这里以简单随机抽样为例说明抽样平均误差的计算方法。

1. 样本平均数的抽样平均误差

（1）在重复抽样条件下，抽样平均数的抽样平均误差的计算公式如下。

$$\mu_{\bar{x}} = \sqrt{\frac{\sigma^2}{n}} = \frac{\sigma}{\sqrt{n}}$$

式中： $\mu_{\bar{x}}$ ——抽样平均数的抽样平均误差；

σ ——总体标准差；

n ——样本单位数。

由公式可以看出，抽样平均误差的大小与总体标准差成正比，而与样本单位数的算术平方根成反比。

（2）在不重复抽样条件下，抽样平均数的抽样平均误差的计算公式如下。

$$\mu_{\bar{x}} = \sqrt{\frac{\sigma^2}{n}\left(1-\frac{n}{N}\right)} = \frac{\sigma}{\sqrt{n}}\sqrt{\left(1-\frac{n}{N}\right)}$$

式中： $\mu_{\bar{x}}$ ——抽样平均数的抽样平均误差；

σ ——总体标准差；

n ——样本单位数；

N ——总体单位数；

$\left(1-\dfrac{n}{N}\right)$ ——修正系数。

公式中的 σ 是指总体指标的标准差。事实上，总体指标是未知的，所以通常用样本指标的标准差来代替。实践证明，用样本的标准差来代替总体的标准差，只要组织工作得当，抽样数目足够，一般都能得到满意的结果。

　　对某高校 10 000 名大学生的每月生活消费支出进行调查，随机抽取其中 1%的大学生作为样本进行调查，经计算研究获得的结果资料如下：样本单位数为 100 人，平均每人每月生活消费支出 1 000 元，生活消费的标准差为 160 元，要求计算抽样平均数的抽样平均误差。

　　已知：$n=100$，$\bar{x}=1\ 000$ 元，$\sigma=160$ 元，则抽样平均数的抽样平均误差的计算如下。

重复抽样：$\mu_{\bar{x}}=\sqrt{\dfrac{\sigma^2}{n}}=\dfrac{\sigma}{\sqrt{n}}=\dfrac{160}{\sqrt{100}}=16$（元）

不重复抽样：$\mu_{\bar{x}}=\sqrt{\dfrac{\sigma^2}{n}\left(1-\dfrac{n}{N}\right)}=\sqrt{\dfrac{160^2}{100}(1-1\%)}\approx 15.92$（元）

2. 样本成数的抽样平均误差

（1）在重复抽样条件下，抽样成数的抽样平均误差的计算公式如下。

$$\mu_p=\sqrt{\dfrac{p(1-p)}{n}}$$

式中：μ_p——抽样成数的抽样平均误差；

p——总体成数；

n——样本单位数。

（2）在不重复抽样条件下，抽样成数的抽样平均误差的计算公式如下。

$$\mu_p=\sqrt{\dfrac{p(1-p)}{n}\left(1-\dfrac{n}{N}\right)}$$

式中：μ_p——抽样成数的抽样平均误差；

p——总体成数；

n——样本单位数；

N——总体单位数；

$\left(1-\dfrac{n}{N}\right)$——修正系数。

在计算抽样成数的抽样平均误差时，由于总体成数是未知数，可用样本成数来代替。

　　某高校大三学生有 4 000 人，从中随机抽取 10%进行调查研究，发现其中挂过科的学生人数为 100 人，要求计算挂过科的学生的抽样成数的抽样平均误差。

　　根据已知资料计算得知：$n=4\ 000\times 10\%=400$，$n_1=100$，则 $P=n_1/n=100/400=25\%$。

　　挂过科的学生的抽样成数的抽样平均误差的计算如下。

重复抽样：

$$\mu_p=\sqrt{\dfrac{p(1-p)}{n}}=\sqrt{\dfrac{25\%\times 75\%}{400}}\approx 2.17\%$$

不重复抽样：

$$\mu_p = \sqrt{\frac{p(1-p)}{n}(1-\frac{n}{N})} = \sqrt{\frac{25\% \times 75\%}{400}(1-10\%)} \approx 2.05\%$$

（三）抽样极限误差的计算与控制

抽样极限误差又称允许误差，是指变动的样本指标与确定的总体指标之间产生抽样误差被允许的最大可能范围。它是根据所研究对象的变异程度和分析任务的要求来确定的可允许的误差范围。抽样极限误差用"Δ"表示，即用样本平均数（或样本成数）与总体平均数（或总体成数）之差的绝对值来表示抽样误差的可能范围。具体公式如下。

$$\left| \bar{x} - \bar{X} \right| \leq \Delta_{\bar{x}}$$
$$\left| p - P \right| \leq \Delta_p$$

式中：$\Delta_{\bar{x}}$——样本平均数抽样极限误差；

Δ_p——样本成数抽样极限误差。

由公式可得：

$$\bar{x} - \Delta_{\bar{x}} \leq \bar{X} \leq \bar{x} + \Delta_{\bar{x}}$$
$$p - \Delta_p \leq P \leq p + \Delta_p$$

由于总体平均数和总体成数是未知的，它要靠实测的抽样平均数或成数来估计，因而抽样极限误差的实际意义是希望总体平均数落在抽样平均数的范围内，总体成数落在抽样成数的范围内。

基于理论上的要求，抽样极限误差需要用抽样平均误差 $\mu_{\bar{x}}$ 或 μ_p 为标准单位来衡量，即把极限误差 $\Delta_{\bar{x}}$ 或 Δ_p 相应除以 $\mu_{\bar{x}}$ 或 μ_p，得出相对的误差程度 t，t 表示极限误差为平均误差的倍数，它是与概率有关的，t 是测量估计可靠程度的一个参数，称为抽样误差的概率度，公式如下。

$$\Delta_{\bar{x}} = t\mu_{\bar{x}}$$
$$\Delta_p = t\mu_p$$

以上公式表明，抽样平均误差一定时，抽样误差范围（即极限误差 $\Delta_{\bar{x}}$ 或 Δ_p）随着 t 值的增加而扩大，随 t 值的减小而缩小。

四、样本容量

（一）确定样本容量的必要性

样本容量就是抽样单位数目。在抽样调查中，样本容量越大，样本对总体的代表性越大，抽样误差就越小；样本容量越小，样本对总体的代表性越小，抽样误差就越大。但是，抽样单位数目太多，抽样调查的费用也就高，会浪费大量的人力、财力、物力和时间，而且还会影响抽样调查的时效性；抽样单位数目太少，抽样误差太大，无法达到具有准确性和可靠性要求的调查目的。因此，确定样本容量时，应在保证满足抽样调查数据的估计精确度和置信度（概率把握度）的前提下，合理确定必要的抽样单位数目。

（二）影响样本容量的因素

（1）总体变量值变异程度，即标准差 σ 或 p（1-p）的大小。在准确性和可靠性一定的情况下，如果总体变量值变异程度大，则需要抽取较多的样本单位；如果总体变量值变异程度小，则可抽取较少的样本单位。

（2）允许的误差范围大小，即 $\Delta_{\bar{x}}$ 或 Δ_p 值的大小。如果允许的误差范围小，即要求的精确度高，应抽取较多的样本单位；如果允许的误差范围大，即要求的精确度低，应抽取较少的样本单位。

（3）抽样推断的可靠程度，即 t 值的大小。抽样推断要求的可靠程度越高，则应抽取的样本单位越多；要求的可靠程度越低，则应抽取的样本单位越少。

（4）抽样方式方法。在准确性和可靠性一定的情况下，重复抽样的抽样误差大，可以多抽一些样本单位；不重复抽样的抽样误差相对小些，可以少抽取一些样本单位。非随机抽样、简单随机抽样和整群抽样的抽样误差较大，要多抽取一些样本单位；分层抽样、等距抽样的抽样误差相对小些，可以少抽取一些样本单位。

（5）市场调查的预算。抽样单位数目的多少还受到市场调查预算的限制，市场调查人员还应该考虑调查预算的限制，尽量科学地测算抽样调查的样本数目。

（三）样本容量的计算

抽样调查中采用的随机抽样方式不同，样本容量的具体计算公式也不同，下面主要介绍简单随机抽样下样本容量的计算，样本容量的计算公式如表 2-2 所示。

表 2-2　　　　　　　　　样本容量的计算公式

抽样方式	平均数估计	成数估计
重复抽样	$n = \dfrac{t^2\sigma^2}{\Delta_{\bar{x}}^2}$	$n = \dfrac{t^2 p(1-p)}{\Delta_p^2}$
不重复抽样	$n = \dfrac{Nt^2\sigma^2}{N\Delta_{\bar{x}}^2 + t^2\sigma^2}$	$n = \dfrac{Nt^2 p(1-p)}{N\Delta_p^2 + t^2 p(1-p)}$

📖 小练习

某高校拟采用抽样调查的方法对 10 000 名大学生月生活消费支出情况进行调查，根据已往资料，大学生月生活消费支出的方差为 2 500 元^2，若允许误差要求不超过 10 元，抽样推断的把握度为 95.45%，请问应抽取多少名学生进行调查？

已知 $\sigma^2 = 2\,500$ 元^2，$t=2$，$\Delta_{\bar{x}} = 10$ 元，$N = 10\,000$，则应抽取学生数的计算如下。

重复抽样：

$$n = \frac{t^2\sigma^2}{\Delta_{\bar{x}}^2} = \frac{2^2 \times 2\,500}{10^2} = 100 \text{（名）}$$

不重复抽样：

$$n = \frac{Nt^2\sigma^2}{N\Delta_{\bar{x}}^2 + t^2\sigma^2} = \frac{10\,000 \times 2^2 \times 2\,500}{10\,000 \times 10^2 + 2^2 \times 2\,500} \approx 99 \text{（名）}$$

某高校对大一新生身高进行调查，大一共有 5 000 名新生，根据高考前体检测得数据情况为 170cm 及以上身高占 40%，现重新抽样调查身高，要求抽样误差不超过 4%，概率保证程度为 95.45%，请问应抽取多少名学生进行调查？

已知 $p=40\%$，$\Delta_p=4\%$，$N=5\,000$，$t=2$，则样本单位数的计算如下。

重复抽样：

$$n=\frac{t^2p(1-p)}{\Delta_p^{\ 2}}=\frac{2^2\times40\%\times(1-40\%)}{4\%^2}=600\text{（名）}$$

不重复抽样：

$$n=\frac{Nt^2p(1-p)}{N\Delta_p^{\ 2}+t^2p(1-p)}=\frac{5\,000\times2^2\times40\%\times(1-40\%)}{5\,000\times4\%^2+2^2\times40\%\times(1-40\%)}\approx536\text{（名）}$$

五、抽样推断

抽样调查的主要目的在于利用样本指标来推断总体指标，即以样本平均数来估计总体平均数，以样本成数来估计总体成数。这种利用已知的样本资料对未知的总体做出估计的过程就是抽样推断。利用样本指标（即统计量）估计总体指标（即参数）有点估计和区间估计两种方法。

（一）点估计

点估计又称定值估计，是指在不考虑抽样误差的条件下，直接以样本指标的数值作为总体指标的估计值。点估计方法简便，只要样本有足够的代表性，就有可能对总体指标做出比较接近实际的估计。但由于这种估计不考虑抽样误差，因此它的把握度究竟有多大是无法回答的。

（二）区间估计

区间估计就是根据样本指标和抽样误差来推断总体指标值的最大可能范围，并同时指出估计的概率保证程度的方法。区间估计的公式如下。

$$\bar{x}-\Delta_{\bar{x}}\leqslant\bar{X}\leqslant\bar{x}+\Delta_{\bar{x}}\qquad\qquad p-\Delta_p\leqslant P\leqslant p+\Delta_p$$

式中，$\bar{x}-\Delta_{\bar{x}}$ 和 $\bar{x}+\Delta_{\bar{x}}$ 分别是总体平均数区间的下限与上限，$p-\Delta_p$ 和 $p+\Delta_p$ 分别为总体成数的下限与上限。$(\bar{x}-\Delta_{\bar{x}},\ \bar{x}+\Delta_{\bar{x}})$ 和 $(p-\Delta_p,\ p+\Delta_p)$ 为置信区间，它表达了区间估计的精确性。与置信区间相联系的一个概念是置信度，也叫概率保证程度，用 $F(t)$ 表示。概率保证程度是指在抽样调查中，通过抽取一套样本进行调查来推断总体的平均数或成数在某个范围内的可能性有多大，也就是概率有多少，概率保证程度同允许误差的范围密切相关。在其他条件不变的情况下，如果精确度要求越低（允许误差范围越大），那么概率保证程度也就越大，即把握度越高；如果精确度要求越高，那么把握度越低。

概率论和数理统计证明，概率度 t 和概率保证程度 $F(t)$ 之间存在着一定的函数关系，现将几个常用的对应数值列于表 2-3 中。

表 2-3 常用概率度与概率保证程度对照

概率度 t	0.5	1	1.28	1.5	1.64	1.96	2	3
概率保证程度 $F(t)$	0.382 9	0.682 7	0.8	0.866 4	0.9	0.95	0.954 5	0.997 3

📖 小练习

1. 总体平均数的估计

某高校对大学生月消费支出情况进行调查，随机抽取 100 个大学生，调查得出每人月平均消费支出为 1 000 元，标准差为 200 元。要求抽样极限误差不超过 40 元，试对该高校大学生月消费支出情况做出估计。

第一步，用重复抽样方法抽取样本 $n=100$，已知样本平均数 $\bar{x}=1000$ 元和标准差 $\sigma=200$ 元，可计算抽样平均误差。

$$\mu_{\bar{x}} = \frac{\sigma}{\sqrt{n}} = \frac{200}{\sqrt{100}} = 20 \text{（元）}$$

在这里总体标准差用样本标准差来代替。

第二步，根据要求的抽样极限误差不超过 40 元，计算该高校大学生月消费支出的范围。

下限 $= \bar{x} - \Delta_{\bar{x}} = 1\,000 - 40 = 960$（元）

上限 $= \bar{x} + \Delta_{\bar{x}} = 1\,000 + 40 = 1\,040$（元）

第三步，计算概率度，并查表估计出置信度。

$$t = \frac{\Delta_{\bar{x}}}{\mu_{\bar{x}}} = \frac{40}{20} = 2$$

$$F(t) = 0.954\,5$$

所以，有 95.45% 的概率保证程度，确定该高校大学生月消费支出在 960～1 040 元。

2. 总体成数的估计

对某型号的电子元件的耐用性能进行调查，随机抽取 100 件，其中有 90 件符合标准值。要求抽样极限误差不超过 3%，试对该型号的电子元件的耐用性能符合标准值的比重进行估计。

第一步，用重复抽样方法抽取样本 100 件，计算样本成数和标准差，并推算抽样平均误差。

$p = 90/100 = 90\%$

$$\sigma_p = \sqrt{p(1-p)} = \sqrt{0.9 \times 0.1} = 0.3$$

$$\mu_p = \sqrt{\frac{p(1-p)}{n}} = \sqrt{\frac{0.9 \times 0.1}{100}} = 3\%$$

第二步，根据给定的允许误差范围，计算总体成数的上下限。

下限 $= p - \Delta_p = 90\% - 3\% = 87\%$

上限 $= p + \Delta_p = 90\% + 3\% = 93\%$

第三步，计算概率度，并查表估计出置信度。

$$t = \frac{\Delta_p}{\mu_p} = \frac{3\%}{3\%} = 1$$

$F(t)=0.682\ 7$

可得出有 68.27% 的概率保证程度,估计该型号的电子元件的耐用性能符合标准值的比重在 87%～93%。

任务三　非随机抽样

任务描述: 了解非随机抽样的概念及特点,熟悉非随机抽样方式的运用。

一、非随机抽样的概念及特点

（一）非随机抽样的概念

非随机抽样又称非概率抽样,是指不按照随机原则,而按照调查者主观设定的某个标准抽取样本单位的调查方法。非随机抽样在样本抽取方法上带有主观性,会对总体推断的可靠程度产生影响,但由于操作简便易行,可及时取得所需资料,因此在市场调查中常被采用。

（二）非随机抽样的特点

1. 抽样过程的主观性

非随机抽样的样本单位按照调查者主观设定的某个标准抽取,整个过程充满主观性。样本的代表性主要取决于调查者的认识能力和判断能力。

2. 抽样误差的不可测性

非随机抽样按照调查者的主观判断抽取样本单位,并由样本资料推断总体的数量特征,由此所产生的抽样误差是无法计算的。

3. 要求已知总体分布的更多信息

在采用非随机抽样时,通常要求事先对总体情况有较多的了解或充分的预计,这样才能使非随机抽样的估计有较充分的可靠性。但在市场实践中,非随机抽样常常满足不了这一要求。

4. 简便易行

非随机抽样不像随机抽样有多项技术上的限定,因而简便易行。通常非随机抽样是在现场完成的,方便灵活,这是其在市场调查中被广泛运用的主要原因。

二、非随机抽样方式

非随机抽样方式主要有任意抽样、判断抽样、配额抽样、滚雪球抽样。

（一）任意抽样

任意抽样也称偶遇抽样或便利抽样,是指由调查者根据其工作便利而随意选取样本的方式。如在街上做访问调查,看到谁就访问谁,不受任何限制,这就是任意抽样。实行任意抽样的调查结果偏差较大。

任意抽样的优点主要表现在方便灵活、成本较低。任意抽样的缺点是抽样误差很大,结果不够可靠,不适合用于抽样估计。

一般来说，任意抽样适用于非正式的探测性市场调查，在正式的市场调查中较少采用。

（二）判断抽样

判断抽样又称主观抽样或立意抽样，它是指由调查者依据自己主观判断从总体中选择有典型代表性样本的一种非随机抽样方式。例如，调查了解某地女性的化妆品消费支出情况，根据经验判断，选择年龄在18～30岁的女性进行抽样调查。

采用判断抽样所得样本的代表性和调查结果的准确性取决于调查者对调查对象的了解程度及其判断能力。所以，判断抽样要求调查者对调查对象特征有相当的了解，这样才能较准确地进行判断。

判断抽样的样本一般有两种选取方法。一种方法是选择多数型和平均型的样本为调查单位。多数型是将在调查总体中占多数的单位作为样本；平均型是将在调查总体中代表平均水平的单位作为样本。另一种方法是利用调查总体的全面统计资料，按照一定的主观标准来选取样本。

判断抽样的优点是简便易行，符合调查目的和特殊需要，可以充分利用调查样本的已知资料，被调查者配合较好，资料回收率高。判断抽样的缺点是易出现因主观判断而产生的抽样误差；同时，在判断抽样中，各个调查单位被抽取的概率无从得知，因而无法计算抽样误差和可信度。如果调查者经验丰富、知识面广，判断能力强，抽取的样本代表性就大。因此，要发挥判断抽样的积极作用，调查者必须对总体的基本特征了解清楚，尽量选择多数型或平均型，使抽取的样本具有较强的代表性。

判断抽样多用于总体规模小，或调查时间、人力等条件有限而难以进行大规模随机抽样的情况。

（三）配额抽样

配额抽样也称定额抽样、计划抽样，它是依据调查总体中的某些属性特征，即控制特性，把总体划分为若干类，按一定比例在各类中分配样本单位数额，并按各类数额任意抽样或判断抽样，最后用所形成的样本总体来推断全及总体的数量特征的非随机抽样方式。配额抽样是非随机抽样中最常用的一种，调查者如果经验丰富、运用方法科学、分层合理，最终的调查结果的抽样误差就会比较小，从而达到满意的效果。

配额抽样的优点：应用简便，能够较快地取得调查结果；所需调查费用比随机抽样低；所需调查时间少。配额抽样的不足之处是无法估计抽样误差，而且在抽样前要掌握一些二手资料，如果这些资料不具备就无法抽样，如果这些资料不准确就会造成较大的抽样误差。

配额抽样通常适用于小型的市场调查，因为配额抽样既易行又省钱，只要抽样设计科学，调查员素质高，就能大大提高调查结果的可信度。

（四）滚雪球抽样

滚雪球抽样又称推荐抽样，具体做法是先设法找到一名符合条件的调查对象，在对其进行调查后，再请其推荐或介绍其他符合条件的人。由于具有某一特征的人之间或多或少有一些往来，因此，每名调查对象都可能再进一步推荐另一些调查对象，调查者找到其他满足条件的调查对象，对其进行调查后再进一步请其推荐更多的调查对象，一直到满足样本数量的要求为止。

例如，某研究部门在调查某市劳务市场中的保姆问题时，先访问了7名保姆，然后请他们再介绍其他保姆，调查对象逐步扩大到近百人。通过对这些保姆的调查，调查者对保姆的来源地、从事工作的性质、经济收入等状况有了较全面的掌握。

滚雪球抽样的优点是可以增加接触总体中所需群体的可能性，便于有针对性地找到调查对象，而不至于大海捞针，且能大大降低调查费用，一般抽样误差也相对较小。

滚雪球抽样的缺点是要求样本单位之间有一定的联系，并且愿意保持和提供这种联系，否则将会影响这种调查方法的执行和效果。

项目拓展

新产品的顾客意见调查

康利公司是一家食品生产企业，以其享誉我国北方数省的冰淇淋"苦咖啡"打入上海冷饮食品市场。为获得更加准确的市场信息，康利公司想开展一场市场调查活动，调查对象是上海冷饮食品经销商。但是，康利公司手头上只有少数几家上海经销商的名单，于是他们想采用滚雪球抽样来确定所有的调查对象。

第一步，康利上海分公司选择上海的老客户——家利超市公司，作为第一个调查对象。调查员张小姐与李先生在按调查提纲的规定要求提问完所有问题后，起身向家利超市公司市场部徐经理致谢。张小姐向徐经理问道："徐经理，我们对上海的情况不熟悉，不知您是否可以向我们介绍几家与贵公司相似的上海冷饮食品经销商的情况？"于是热心的徐经理向两人介绍这些对他来说烂熟于心的情况。两位调查员十分仔细地听着。

第二步，张小姐请徐经理将自己介绍给徐经理熟悉的几家上海冷饮食品经销商的有关管理人员。"徐经理，太感谢了，很冒昧地提出这样的要求：您能否把我们介绍给您在这几家公司的朋友？""当然没问题。"于是，徐经理拿起了办公桌上的电话，打通了华联与联华超市公司的朋友的电话，并将张小姐推荐给了他们。

第三步，张小姐与李先生马不停蹄地赶往华联与联华超市公司。在搜集了有关资料后又请这两家超市公司的受访者为自己介绍新的调查对象。

这样，康利公司的调查样本单位数迅速增加。

问题：

1. 康利公司为什么采用滚雪球抽样来确定调查对象？
2. 你觉得在滚雪球抽样中应注意哪些问题？
3. 滚雪球抽样有什么优点和缺点？

项目实训

【实训任务】利用抽样调查的任意一种方法，对本学院学生的月均消费水平进行抽样调查。

【实训组织】学生分组，编写一份抽样调查方案并制作成 PPT，进行课堂交流。

【实训要求】

1. 能依据调查目的科学地设计出完整的抽样调查方案。
2. 能依据所选抽样方式确定样本容量、计算抽样误差。
3. 能结合具体样本单位的调查资料对总体进行推断。

【实训成果】课堂展示。

【实训考核】要求同学进行 PPT 展示，全班讨论、交流。同学与教师评分。

项目三

市场调查与预测

学习目标 ↓

项目目标

※ 掌握集合意见法、专家会议法、德尔菲法

※ 掌握时间序列分析法、回归分析预测法

※ 明确定性预测的操作步骤并能对数据进行简单描述分析和解析分析

技能目标

※ 培养应用集合意见法、专家会议法、德尔菲法的能力

※ 能够运用简单平均法和趋势外推法进行市场发展趋势预测

素质目标

※ 培养敬业精神

※ 培养综合分析的能力

※ 培养创新能力

提交成果 ↓

※ 制作市场调查与预测报告

案例导入

瑞士再保险公司对亚洲保险市场的调研

瑞士再保险公司还没有进入亚洲市场，就对亚洲保险市场进行了细致预测。

1995 年，瑞士再保险公司发表了一份调查报告，预测亚洲一些国家的保险总额在 1995～2000 年这段时间里每年增长 10% 以上，心存羡慕的外国保险业者正热切地争取进入这些生意兴隆的市场。这份报告指出，他们要在这些亚洲国家做生意是显而易见的，因为与亚洲的情况形成对照的是，在同一时期全球保险总额年均增长率仅为 4%。

这份报告调查的是 1995 年到 2000 年这段时间，调查的国家有中国、印度、印度尼西亚、日本、韩国、马来西亚、菲律宾、泰国、越南。1995 年年初，总共有 850 家保险公司，其中包括大约 250 家外国公司活跃在这些被调查的保险市场上，然而这些外国公司中有一半以上设在

新加坡。

　　在国内保险金总额中，外国公司在非人寿保险业和人寿保险业中所占份额平均分别为 3%和 13%，可是各个国家之间的差别很大。瑞士再保险公司表示在印度和中国，保险业主要由国家保险公司经营，外国公司在人寿保险和非人寿保险中所占份额分别为 0 和 1.5%。在新加坡，外国公司在非人寿保险业中所占份额要高得多，平均为 34.1%，在印度尼西亚为 16.9%，但在日本仅为 3%，在泰国为 1.2%，在韩国仅为 0.4%。在人寿保险业中，外国公司中份额最高的是在马来西亚，为 56.4%；最低的是在韩国，为 0.4%。

　　瑞士再保险公司说，人寿保险业发展速度快，是由于居民储蓄率高，退休金不多，需要额外购买私人人寿保险来弥补。另外，中国实施的支持人们投保的税收政策，也是一个影响因素。同时，据预测 1995 年到 2000 年非人寿保险业的增长率，泰国为 18.6%，中国为 24%，印度尼西亚为 11.9%，菲律宾为 8.9%，韩国为 8.4%。

　　问题：这种前景预测为企业进入这一市场提供了极为有利的信息。那么一家企业应该获取哪些方面的市场信息呢？

任务一　定性预测

　　任务描述：本任务将引领你完成经验判断分析工作。

　　定性预测是预测市场发展趋势时的一种常用方法。该方法主要依赖于市场预测分析人员丰富的经验和知识及综合分析能力，对预测对象的发展前景做出性质和程度上的估计和推测。

　　定性预测在工程实践上被广泛使用，无论是有意还是无意的，特别适合于对预测对象的数据资料（包括历史的和现实的）掌握不充分，或影响因素复杂到难以用数字描述，或对主要影响因素难以进行数量分析等情况。

　　定性预测偏重于对市场行情的发展方向和施工中各种影响施工项目成本因素的分析，能发挥专家经验和主观能动性，比较灵活，而且简便易行，可以较快地得出预测结果。但是在进行定性预测时，也要尽可能地搜集数据，运用数学方法，其结果通常也是从数量上做出测算得到的。

　　定性预测的具体操作形式有集合意见法、专家会议法、德尔菲法等。

一、集合意见法

（一）集合意见法的概念

　　集合意见法是指企业内部经营管理人员、业务人员凭自己的经验判断，对市场未来需求趋势提出个人的预测意见，再集合大家的意见做出市场预测的方法。

　　集合意见法是短期或近期市场预测常用的方法。企业内部经营管理人员和业务人员在日常工作中，积累了丰富的经验，掌握着大量的实际资料，非常熟悉市场需求的变化情况，对他们的意见进行充分调查并加以集中，可以对市场的未来情况做出预测。

（二）集合意见法的操作步骤

1. 提出预测项目与期限

　　预测组织者根据企业经营管理的要求，向参加预测的有关人员提出预测项目和预测期限的要求，并尽可能提供有关的背景资料。

2. 预测

有关人员根据预测要求及掌握的背景资料，凭个人经验和分析判断能力，提出各自的预测方案。在此过程中，预测人员应进行必要的定性分析和定量分析。

3. 计算方案期望值

预测组织者计算有关人员预测方案的方案期望值。方案期望值等于各种可能状态主观概率与状态值乘积之和。

4. 计算期望值

预测组织者将参与预测的有关人员分类，如厂长（经理）类、管理职能科室类、业务人员类等，一般采用平均数法、加权平均数法或中位数法，计算各类人员的综合期望值。

5. 确定最后的预测值

预测组织者在各类人员的综合期望值基础上通过加权平均数法等计算出最后的预测值。

二、专家会议法

（一）专家会议法的概念

专家会议法是指邀请有关方面的专家，通过会议的形式，对市场未来发展趋势或企业某产品的需求前景做出判断，并在专家们分析判断的基础上，综合专家们的意见，进行市场分析预测的方法。

（二）专家会议法的操作步骤

1. 选择专家会议的形式

专家会议法根据会议的程序和专家交换意见的要求分为以下 3 种形式。

（1）非交锋式会议。非交锋式会议就是与会专家都可以独立地、任意地发表意见，也不带发言稿，以便充分发挥灵感，鼓励创造性思维，禁止争论、批评他人的意见。非交锋式会议法也称为头脑风暴法。

（2）交锋式会议。交锋式会议就是与会专家可以围绕预测的问题，各抒己见，直接争论，经过会议达成共识，得出较为一致的预测结论。

（3）混合式会议。混合式会议法又称为质疑头脑风暴法，混合式会议是交锋式会议与非交锋式会议的混合。

2. 选择专家

运用专家会议法预测能否取得成功，在很大程度上取决于选择的专家。专家选择应依据以下要求。

（1）专家要有丰富的经验和广博的知识。专家一般应具有较高学历，有丰富的与预测课题相关的工作经验，思维判断能力敏锐，语言表达能力强。

（2）专家要有代表性。要有各方面的专家，如市场营销专家、管理专家、财务专家、生产技术专家，不能局限于一个方面。

与会专家人数不宜太多，一般 8～12 人为宜，要尽量包括各方面的专家，专家要独立思考，不被某个权威意见所左右。

3.　组织召集专家会议

（1）做好会议准备工作。会议准备工作包括确定会议的主题，确定合适的主持人，选好会议的场所和时间，确定会议的次数，准备会议的记录分析工具。

（2）策划会议的进程。会议主持人提出预测题目，邀请专家充分发表意见，提出各种各样的方案。主持人不要谈自己有什么设想、看法或方案，以免影响专家的思路。对专家所提出的各种方案和意见，不应持否定态度，均应表示肯定和欢迎。需要强调的是，会议上不要批评他人的方案，要打开思路，畅所欲言，方案多多益善，气氛民主热烈。同时，要做好会议的记录工作。可以由主持人边提问边记录，也可以由助手记录，还可以通过录音、录像的方法记录。

（3）形成预测方案。在会议结束后，主持人再对各种方案进行比较、评价、归类，最后确定预测方案。

案例链接　　　　　　　　　**头脑风暴法的有趣例子**

有一年，美国北方格外寒冷，大雪纷飞，电线上积满冰雪，大跨度的电线常被积雪压断，严重影响通信。许多人试图解决这一问题，但都未能如愿以偿。电信公司经理应用奥斯本发明的头脑风暴法，尝试解决这一难题。他召开了座谈会，参加会议的是不同专业的技术人员，他们被要求必须遵守以下原则。

第一，自由畅想。要求与会者尽可能解放思想，无拘无束地思考问题并畅所欲言。

第二，会后评判。要求与会者在会上不要对他人的设想做评判，不要发表"这主意好极了！""这种想法太离谱了！"之类的"捧杀句"或"扼杀句"。至于对设想的评判，留在会后组织专人考虑。

第三，追求数量。鼓励与会者尽可能多而广地提出设想，以大量的设想来保证质量较高设想的出现。

第四，改进补充。鼓励与会者积极进行智力互补，在自己提出设想的同时，注意思考如何把两个或更多的设想组合成另一个更完善的设想。

按照这种会议规则，大家七嘴八舌地议论开来：有人提出设计一种专用的电线清雪机；有人想到用电热来化解冰雪；有人建议用振荡技术来清除积雪；有人提出带上几把大扫帚，乘直升机去扫电线上的积雪。对"坐飞机扫雪"的想法，一些人心里尽管觉得滑稽可笑，但会议上无人提出批评。相反，有一位工程师在百思不得其解时，听到用飞机扫雪的想法后，突然受到启发，一个简单可行且高效率的清雪方法冒了出来。他想，每当大雪过后，出动直升机沿积雪严重的电线飞行，调整旋转的螺旋桨即可将电线上的积雪迅速扇落。他马上提出"用直升机扇雪"的新设想，顿时又引起其他与会者的联想，有关用飞机除雪的主意一下子又多了七八条。不到一小时，与会的10名技术人员共提出90多条新设想。

会后，公司组织专家对设想进行分类论证。专家们认为设计专用清雪机，采用电热或电磁振荡等方法清除电线上的积雪，在技术上虽然可行，但研制费用高、周期长，一时难以见效。那些因"坐飞机扫雪"激发出来的设想倒是大胆的新方案，如果可行，将是既简单又高效的好办法。经过现场试验，发现用直升机扇雪真能奏效，一个久悬未决的难题终于依靠头脑风暴法巧妙解决。随着发明创造活动的复杂化和课题涉及技术的多元化，单枪匹马式的冥思苦想将变得无力，而并肩作战式的发明创造战术则显示出攻无不克的威力。

> **问题：**
>
> 1. 案例中的头脑风暴会议遵循了哪些原则？隐含原则是什么？
>
> 2. 案例只是简要介绍了这次头脑风暴会议的概况，如果你是组织者，你会怎样召开这次针对"扫电线上积雪"的头脑风暴会议？
>
> **分析：**
>
> 1. 4个原则：自由畅想、会后评判、追求数量、改进补充。隐含原则是一律平等。
>
> 2. 在遵循头脑风暴会议实施原则的基础上，按照头脑风暴法的实施步骤，召开这次头脑风暴会议。

三、德尔菲法

（一）德尔菲法的概念

德尔菲法是根据有专门知识的人的直接经验，对研究的问题进行判断、预测的一种方法，也称专家调查法。美国兰德公司于1964年首先将德尔菲法用于预测领域。

德尔菲法具有反馈性、匿名性和统计性，选择合适的专家是使用德尔菲法实施预测的关键环节。

（二）德尔菲法的适用情形

德尔菲法适合在以下情形下使用。

1. 缺乏足够的资料

企业在市场预测中，由于没有历史资料或历史资料不完备，难以进行量化分析时，采用此法。

2. 为长远规划或大趋势预测

预测长远规划或大趋势时，因为时间久，不可控的变量太多，进行具体的量化非常困难，也不准确，这时采用德尔菲法是一个不错的选择。

3. 影响预测事件的因素太多

预测事件的变化总是会受到很多大大小小的因素的影响，假如某事件影响因素过多，就比较适合采用德尔菲法。

4. 主观因素对预测事件影响比较大

预测事件的变化主要不是受技术、收入等客观因素的影响，而是受政策、方针、主观、个人意志等主观因素影响时，宜采用德尔菲法。

（三）德尔菲法的操作步骤

1. 确定预测题目，选定专家小组

确定预测题目即明确预测的目的和对象，选定专家小组则是决定向谁做有关的调查。二者是有机地联系在一起的，即被选定的专家必须是对确定的预测对象有足够了解的人，既包括理论方面的专家，又包括具有丰富实际工作经验的专家，这样组成的专家小组才能对预测对象提出可信的预测值。专家人数一般为10～20人。

2. 制定征询表，准备有关资料

预测组织者要将预测对象的调查项目按次序排列绘制成征询表，准备向有关专家发送。同

时还应将填写要求、说明一并设计好，使各专家能够按统一要求得出预测值。制定征询表时应当注意以下几点。

（1）征询的问题要简洁明确，使人容易回答。

（2）问题数量不宜过多。

（3）问题要尽量接近专家熟悉的领域，以便充分利用专家的经验。

（4）征询表中还要提供较详细的背景资料，供专家判断时参考。

3．采用匿名方式进行多轮函询

第一轮：预测组织者要将预测题目、征询表和背景资料邮寄给每位专家，要求专家一一作答，提出个人的初步预测意见。

第二轮：预测组织者将第一轮汇总整理的意见、预测组的要求和补充的背景资料，反馈给各位专家，进行第二轮意见征询。

第三轮：预测组织者将第二轮汇总整理的意见、补充资料和预测组的要求反馈给各位专家，进行第三轮意见征询。要求每位专家根据收到的资料，再发表第三轮的预测意见。专家们将第三轮意见（修改的或不修改的）再次按期寄回。这样，经过几次反馈后，各位专家对预测问题的意见会逐渐趋于一致。

4．运用数学统计分析法

运用数学统计分析法对专家最后一轮预测意见加以处理，得出最后的预测结论。

用德尔菲法征询专家意见一般要求在三轮以上，只有经过多次的征询，专家们的看法才能更加成熟、全面，并使预测意见趋于集中。用数学统计分析法处理专家们的预测意见，得出最终预测值，一般采用平均数法和中位数法。

任务二　定量预测

任务描述：本任务将引领你完成时间序列分析工作及数据资料的回归分析工作。通常情况下，事物的发展变化呈现一定趋势，这种趋势还可能进一步延伸。在调查中，根据调查对象的时间序列数据，通过分析或建立数学模型，并进行延伸，就可以预测市场的发展趋势。对调查对象和影响因素的资料进行整理和分析后，找出它们之间的变化规律，用数学模型将变化规律表示出来，并利用数学模型进行市场发展趋势预测。

一、时间序列分析法

（一）时间序列分析法的概念

时间序列分析法是将历史资料和数据按时间顺序排列成一个序列，根据时间序列所反映的经济现象的发展过程、方向和趋势，运用一定的数学方法使其向外延伸，预测其未来发展变化趋势和经济现象未来可能达到的水平。

（二）时间序列分析法的形式

时间序列分析法的形式主要有简单平均法、移动平均法、指数平滑法、趋势外推法和季节指数法等。

1. 简单平均法

简单平均法就是将一定观察期内预测目标值的算数平均数作为下一期预测值的简便的预测方法，具体又可分为简单算数平均法、加权算数平均法和几何平均法。

2. 移动平均法

移动平均法是将观察期内的数据由远及近按一定跨越期进行平均的预测方法，随着观察期的逐渐推移，观察期内的数据也随之向前移动，每向前移动一期，就去掉最前一期的数据，而新增原来观察期之后的数据，保证跨越期不变，然后逐个求出其算数平均数并将离预测期最近的那一个平均值作为预测值。

常用的移动平均法有一次移动平均法和二次移动平均法。一次移动平均法又可分为简单移动平均法和加权移动平均法两种。

3. 指数平滑法

指数平滑法是用预测目标历史数据的加权平均数作为预测值的预测方法，是加权平均法的一种特殊情形。

4. 趋势外推法

趋势外推法又称为数学模型法，就是通过建立一定的数学模型，对时间序列给出恰当的趋势线，将其外推或延伸，用来预测未来可能达到的水平。趋势外推法又可分为直线趋势外推法和曲线趋势外推法。

5. 季节指数法

在市场活动中，某些经济变量随季节的不同而呈现出周期性变化，在一定的时间间隔内出现相似的周期曲线。有些经济变量反映的季节变动较强，而另一些经济变量表现的季节变动相对较弱。因此，在进行市场预测时，应该考虑到经济变量的季节性变化。

季节指数法就是描述时间序列的季节变动规律，并以此为依据预测未来市场的商品供应量、需求量及价格变动趋势。利用季节指数法的关键是计算时间序列的季节指数，最常用的是按月（季）平均法。

二、回归分析预测法

（一）回归分析预测法的概念

回归分析预测法是指通过对预测对象和影响因素的统计整理和分析，找出它们之间的变化规律，用数学模型将变化规律表示出来，并用数学模型进行预测的分析方法。

因此，建立变量之间的有效回归方程，是运用回归分析预测法的主要工作，主要对市场现象未来发展状况和水平进行预测，如果能将影响预测对象的主要因素找到，并取得其数据资料，就可以采用回归分析预测法进行预测。它是一种具体的、相对有效的、使用价值很高的常用市场预测方法。

（二）回归分析预测法的类型

回归分析预测法有多种类型，常见的主要有以下几类。

1. 根据自变量的个数分

（1）一元线性回归预测法

一元线性回归预测法是分析只有一个自变量（自变量 x 和因变量 Y）线性相关关系的方法。

一个经济指标的数值往往受许多因素影响，若其中只有一个因素是起决定性作用的，则可用一元线性回归预测法进行预测分析。

一般地，一元线性回归方程的表达式如下。

$$Y=a+bx$$

式中：Y 为因变量，x 为自变量，a、b 为参数，b 又称回归系数，用以说明 x 每增加一个单位所引起的增加值。

例如，假设某城市调查居民月收入与月消费支出数据，用回归预测法建立数学模型：$Y=180+0.5x$。

式中：Y 为月消费支出，x 为月收入。

那么当该城市居民月收入为 500 元时，月消费支出为 430 元。

（2）多元线性回归预测法

影响因变量的因素有两个或者两个以上，且自变量与因变量的分布呈线性趋势的回归，用这种回归分析进行预测的方法就是多元线性回归预测法。例如，影响商品销售额的因素除广告费外，有价格、销售网点和居民收入等，这时就需要建立多元线性回归预测模型。

多元线性回归方程的一般表达式如下。

$$Y=a+b_1x_1+b_2x_2+\cdots+b_nx_n$$

式中：x_1、x_2、$\cdots$、x_n 为 n 个影响 Y 的自变量；a、b_1、b_2、$\cdots$、b_n 为回归参数。

2. 根据自变量和因变量之间是否存在变量关系来分

（1）线性回归预测法

线性回归预测法是寻找变量之间的因果关系，并将这种关系用数学模型表示出来，通过历史资料计算这两种变量的相关程度，从而预测未来情况的一种方法，其变量之间关系表现为直线型。

（2）非线性回归预测法

在现实经济生活中，变量间的关系很多呈非线性关系。对非线性回归变量的分析，可以采取一些曲线方程来反映变量间的关系。非线性回归预测下，用于预测的回归方程是非线性的。但非线性回归方程从求解方法的角度来说是比较困难的，将非线性的关系进行线性化处理可以使研究的问题简化。

项目拓展

某市关于城市发展问题的预测

为了给城市发展提供决策参考，某市进行了一次小规模的"关于城市发展问题的预测"的决策征询，调查对象为有关专家和政府机关领导，调查对象人数为 45 人，调查的内容是预测本市未来几年内急需解决的十大问题。调查过程中主要应用邮件、打电话等通信方式与调查对象联系，要求调查对象按照轻重缓急的顺序进行填写。第一轮征询结束后，归纳整理出 107 个需要解决的问题，且问题很分散。于是调查小组从中选择了 20 个意见比较集中的问题进行了第二轮征询，要求调查对象从这 20 个问题中选出 10 个。经过第二轮的征询后，意见就比较统一了，有 10 个问题的预测者超过半数。这次针对城市发展问题的征询活动为今后该市的发展决策提供了重要的参考。

问题：

1. 请问案例中某市的征询方法属于预测方法中的哪一种？

2. 它是对哪一种预测方法的改进和发展？

项目实训

【实训任务】市场预测分析。某公司某月的广告费用与销售额如表 3-1 所示，请学生以小组为单位，利用几种定量分析预测方法对公司下一期的销售额进行预测，假设下一期的广告费用为 30 万元。

表 3-1　　　　　　　　　　　某公司某月的广告费用与销售额

期数	1	2	3	4	5	6	7	8	9	10	11	12
广告费 X/万元	20	30	40	25	40	20	50	35	25	40	30	50
销售额 Y/万元	370	416	440	395	450	380	510	430	396	470	420	495

【实训组织】学生分组（4～6 人一组）讨论并预测该公司下一期的销售额。

【实训要求】可以采用其他方法，看能否解决问题。

【实训成果】学生得出最终结果。

【实训考核】学生是否能够运用平均数法、中位数法和线性回归预测法等方法计算出该公司下一期销售额的预测值。

实务篇

项目四
调查员培训

项目目标

※ 了解调查员应具备的基本素质和能力

※ 了解调查员应遵循的基本礼仪

※ 掌握调查员在拦截、开场、访谈、个人信息收集、小礼品发放等方面应具备的技能

技能目标

※ 培养调查员应具备的基本素质和能力

※ 能顺利完成各种调查任务

※ 具备运用市场调查相关理论知识的能力

※ 能够按照调查员的技能要求顺利开展调查活动

素质目标

※ 培养平易近人的职业性格

※ 培养热情的工作态度及强烈的责任心

※ 培养人际沟通能力和反应能力

提交成果 ↓

※ 制作一份调查员业务能力考核表

※ 以调查员的专业形象完成市场调查活动

案例导入

市场调研部的麦子

麦子在一家房地产公司做调查员。上班一个月后，在一个周一的早上，麦子带着调查任务来到了目的地，只见她披散着长发，面部妆容看上去很粗糙，口红和指甲油都很鲜艳，戴着夸张的耳环，衣服上有很多褶皱，脚上穿着厚重的皮鞋，嘴里还嚼着口香糖，肩上斜挎着包，懒洋洋地左顾右盼。

正在这个时候，一名着装得体、气质成熟的男士走了过来。麦子赶紧迎上前去，对这位男士大声地说："先生您好，能耽误您几分钟吗？"男士见到麦子的装束，惊讶地退后了一步，然后有些尴尬地说道："我有急事，不好意思！"随后便急匆匆地离开了。

看到男士似乎对她有所戒备，麦子疑惑地皱着眉头，不明缘由。

问题：麦子为什么没有成功地接近这位客户？

任务一　调查员的基本素质和能力

任务描述：市场调查人员，也称为调查员，是指在市场调查过程中执行入户询问与记录的调查员。在决定整个市场调查报告质量的诸多因素中调查员的表现无疑是极为重要的。如要确保调查员的工作质量，他们的素质培养是整个调查过程中非常关键的一环。

一、调查员应具备的基本素质

访问是市场研究中采集数据、收集信息的过程，是最基础、最关键的环节，它的成败直接影响一个甚至一连串项目结果，因此调查员担负着十分重要的责任，需要具备相应的素质。调查员的基本素质决定着调查工作的质量。

（一）思想品德素质

思想品德素质是决定调查员成长方向的关键性因素，也是影响市场调查效果的重要因素。一个具有良好思想品德素质的调查员，应能够做到以下几点。

（1）熟悉并遵守有关法律、法规，具有强烈的社会责任感和事业心。

（2）具有较高的职业道德修养，工作中能实事求是、公正无私。在调查中经常会触及许多十分棘手和敏感的问题，会涉及不少单位和个人的切身利益，调查员要做到客观公正，绝不能为完成任务而敷衍了事，也不能迫于某种压力，屈从或迎合某些单位和个人的意志，先定出结果，之后再补充资料。

（3）具有创新精神。市场调查活动不是简单的某些问题和情况的搜集、记录和整理，而是一项具有较强探索性的工作。调查员面对的是一系列错综复杂、瞬息万变的市场问题，需要随时对市场中出现的新情况、新问题进行调查。调查员应通过详细的调查，在获得大量初级和次级资料的基础上，反复思考和深入分析，提出有创造性的建议。这些都要求调查员具备开拓、创新意识，善于解决问题和创造性地运用调查技术。

（4）谦虚谨慎、平易近人。调查员最主要的工作是与人打交道。在调查过程中，调查员作风的好坏、言谈举止的雅俗，不应只被看作是调查员自身的事情，而应作为影响调查质量的重要因素。在调查实践中，那些谦逊平和、时刻为对方着想的调查员容易得到受访者的配合；反之，那些盛气凌人、处处考虑自己的调查员，容易被拒绝，难以得到具体、详细的资料。

（二）业务素质

1. 较广泛的理论知识

市场调查是一项涉及面广、综合程度高的工作，除要求调查员具有一定的文化水平外，还需要他们具有多方面的知识，包括统计学、市场学、心理学、社会学、计算机信息处理等方面的知识，以及灵活运用各种调查手段来完成调查任务。

2. 热爱访问工作

热爱是做好任何一项工作的前提，只有热爱某项工作才能做到敬业。调查员经常同市场、商品、品牌打交道，如果对这些不感兴趣，就会觉得这项工作非常枯燥、辛苦。

3. 具有强烈的责任心、严谨的工作作风

调查员应把责任心放在第一位。一个项目交到手上，调查员应按时、按量、按质完成，这是调查员需具备的基本素质。

4. 擅长与人沟通

调查员需要具备较强的沟通能力。对调查员来说，要让根本不认识你的受访者理解你的工作，接受你的访问，并使其对你所问的问题产生兴趣，毫无保留地回答你的问题，是一件非常困难的事情，若没有相当强的沟通能力很难做到。

（三）良好的生理素质和心理素质

做访问工作要东奔西跑，要消耗大量的体力，因此要求调查员身体健康、吃苦耐劳。

自信是做好访问工作的必备心理素质，调查员要相信自己的能力，相信能取得访问的成功。自信就意味着访问工作成功了一半。许多调查员说"我做怕了"。怕什么？怕拒访，在敲门之前，自己心里没底，抱着这种心态的调查员肯定做不好工作。人随时都有可能遇到挫折，这是非常正常的，正确对待挫折是关键。一遇挫折就退缩是心理素质差的表现。只有充满自信的人，在访问时才能落落大方，谈吐适当，才容易被受访者接受。

二、调查员应具备的业务能力

1. 收集、分析和整理信息的能力

调查员应积极参加各种会议，从中挖掘有价值的信息，阅读各种关于市场信息的报纸、杂志等资料。高级调查员还应具有一定的翻译能力，以便及时掌握国内外市场情况和发展动向。

除此之外，调查员还需具备对信息加以分析、鉴别、整理的能力，即要能够识别各种资料的真伪，鉴别各种信息对本项调查的价值，综合各种信息资料，形成对决策有一定价值的意见。

2. 文字表达能力

文字表达能力是对调查员的基本要求。调查研究成果最终要形成文字报告，调查报告在内容上要做到有观点、有创意、有深度和有说服力，这就要求调查员具备一定的写作能力。在文字表达能力方面，调查员不仅要将听到的、看到的、想到的、感觉到的东西准确地写出来，而且要对已经获得的资料通过严谨的逻辑思维和理论抽象，进行去粗取精、去伪存真、由此及彼、由表及里的加工，不仅要叙事清楚、说理透彻、观点正确，而且要在找准问题的基础上提出解决问题的具体途径和方法。

3. 适应环境的能力

市场调查环境常是复杂多变的，要求调查员能迅速适应环境，特别是面谈调查，一般采取

对话形式，就更要求调查员思维敏捷，善于发现问题和解决问题。对于一些不能或不宜当场记录的情况，调查员还要有较强的记忆力，便于事后追记。

4．倾听和观察能力

调查工作的主要对象是人和事，因此，倾听和观察的能力就成为调查员最基本的工作能力。敏锐的观察力是进行创造性工作的前提。只有不断使自己的观察由表及里、由现象到本质、由特殊到一般，使之不断呈现社会性、敏锐性、透彻性、准确性、系统性、历史性、广泛性和发展性，调查员的倾听、观察能力才会完美结合。

5．思维能力

在调查活动当中，运用理论思维和逻辑思维对已知情况进行归纳、提炼和总结，形成具有针对性的意见和建议，是调查活动的关键和核心。提高调查员的思维能力应当着重从提高理论思维能力、归纳演绎能力、分析综合能力、判断能力和预见能力入手，通过提高调查员这些方面的能力，达到运用调查成果指导实践、推动工作的目的。

6．语言表达能力

调查员应当练就过硬的语言表达能力，无论在访问时，还是在对调查结果进行介绍、说明时，都需要有较强的语言表达能力。在语言表达上，调查员不但要做到口齿清晰、表达准确、条理分明、观点鲜明、重点突出，而且应当做到坚持原则、端正态度、准确得体、朴实自然、深入浅出、生动活泼、逻辑性强。

任务二　调查员的礼仪

任务描述：据相关资料统计，调查员的失败多半是因为留给受访者的第一印象不好。也就是说，很多时候，在你开口说明来意之前，受访者就已经决定不与你进一步沟通了。给受访者留下的第一印象如此重要，那么调查员应该如何给受访者留下良好的第一印象呢？

一、调查员形象礼仪

（一）衣着打扮得体

仪表主要体现为服饰，调查员在访问过程中，服饰是否得当对访问是否成功有很大的影响。弗兰克·贝德格曾说过：“初次见面给人印象的90%产生于服装。”因此调查员务必对着装上上心。另外，女士在着装之外，还需要注意妆容、发型和饰品的搭配，整体上以干净清爽、干练利索为宜，应给受访者留下专业的形象。要想成为一流的调查员，必须从仪表修饰做起。

俗话说，佛靠金装，人靠衣装。从某种程度上说，衣着打扮得体对调查员的作用就相当于贴上了赏心悦目的标签。一名专业的调查员必须根据本行业的特点选择合适的衣着。在选择服饰时，调查员应该注意一点，那就是不论任何一种服饰，都必须是整洁、干练的，而且服饰的搭配必须和谐，千万不要为了追求新奇而打扮得不伦不类。

（二）举止大方，态度沉稳

如果说得体的衣着打扮体现了调查员的外在美，那么大方的举止和沉稳的态度体现出的就是调查员的内在素质了。调查员的一举一动都会在受访者心目中留下印象，这种印象最终会影响受访者对调查员本人及其所在公司整体形象的看法。

古人云："站如松，坐如钟，行如风。"调查员的仪态包括站姿、坐姿以及行姿 3 个方面。站姿与坐姿都需要放松又不失态，既优雅又不呆板严肃。

1. 站姿的要求

站姿的要点就是要向上提升，脸与颈要放正，下颚微收，双肩展开，不可耸肩，双手自然下垂，挺胸、收腹、提臀。

（1）女士站姿

脚掌分开呈 V 型，脚跟靠拢，两膝并严，双手相握轻轻垂放在小腹前。

（2）男士站姿

双脚稍稍分开，双脚张开幅度不超过肩宽，双手自然垂放于身体两侧或两手相握（一手握拳，另一只手握住拳头上方的手腕处）放于腹前。

（3）错误的站姿

忌过于随意、懒散的站姿，如探脖、塌腰、耸肩、抖腿等。忌在正式场合双手抱胸或双手插入口袋。

2. 坐姿的要求

对调查员来说，坐也是有礼仪的，尤其是在受访者对面坐下时，务必要采用正确的坐姿，以免给人留下不好的印象。

（1）入座的要求：应至少坐满椅子的 2/3，宽座沙发则至少坐 1/2；落座后不要靠椅背；要在受访者入座之后入座；尽量避免受访者面对窗、门等容易干扰注意力的位置就座；要坐在受访者的左侧；从座位左侧就座；安静就座；女子入座时，若着裙装，应用手将裙子稍稍拢一下，不要坐下后再拉拽衣裙。

（2）离座的要求：先有表示；缓慢起身；站好再走；从座位左侧离开。

（3）坐姿的体位要求。

- 上身体位的要求：头部端正；躯干挺直；手臂摆放合理。
- 下身体位的要求：女士一般采用双腿叠放式、双腿斜放式；男士一般采用前伸后屈式，也可两膝分开一拳左右的距离，脚态可取小八字步或稍分开以显自然洒脱。

（4）错误的坐姿。

- 错误坐姿中的腿：双腿分开过大；架腿方式欠妥；双腿直出去；将腿放上桌椅；腿部抖动。
- 错误坐姿中的脚：脚尖指向受访者；脚尖高高跷起；以脚蹬踏他物；以脚自脱鞋袜。
- 错误坐姿中的手：以手触摸脚部；手部置于桌下；手部支于桌上；双手抱在腿上；将手夹在腿间。
- 错误坐姿中的上身和头部：上身向前趴伏；头部靠于椅背。

3. 行姿的要求

看似简单的走路要想优雅也需要下功夫，姿态优雅稳重便会让他人赏心悦目，也能体现自身素质。

（1）方向明确：保持明确的前进方向，尽可能使自己走直线，给人稳重之感。

（2）步幅适度：男性步幅以一脚半为宜，女性步幅以一脚为宜，步幅保持一致。

（3）速度均匀：一般情况下，每分钟内走 60～100 步都是合适的。

（4）重心放准：身体的重心随着脚的移动不断向前，不要让身体的重心停在后脚上，那样走出来的姿势会不太雅观。

（5）身体协调：膝盖在脚部落地时应伸直，双臂自然舞动。

（6）造型优美：面向前方，两眼平视、挺胸收腹，直起腰、背，伸直腿部，使全身从正面看上去犹如一棵松树。

二、访问中的动态礼仪

1．敬语和雅语

在交谈中应以礼待人，这样既能显示出自身的文化修养，又表达出对对方的尊重。所以，在交谈中要随时随地有意识地使用敬语，这是表达敬人之心的有效方式。敬语的使用频率实际上很高，如日常使用的"请"字，第二人称中的"您"字，代词"阁下""尊夫人""贵方"等。

雅语是指一些比较文雅的词语。多使用雅语能体现出一个人的文化素养以及对他人的尊重。在待人接物中，要是你正在招待客人，在端茶时，你应该说"请用茶"。只要你的言谈举止得当，人们就会对你的印象很好。调查员注意使用雅语，必然会对调查工作成功率的提高有所帮助。

2．语调

语调也就是说话的语气、声调、语速和声音等，它的主要作用在于辅助感情表达。语调的抑扬顿挫、缓急张弛往往比语言本身更能传情达意。调查员的语言应该使受访者听起来舒服、愉快，语调温和，言辞通情达理，这样能使人乐于倾听，倍感温暖。因此，在谈话中调查员应注意语调的运用，控制讲话的速度，以便控制整个谈话过程，使自己处于主动地位。即便遭到拒绝，也不要使用易引起争吵的语气。

3．眼神

眼神是调查员在交谈中调节与受访者心理距离的手段。在与受访者交谈的过程中，恳切、坦然、友好、坚定、宽容的眼神会给人亲近、信任、受尊敬的感觉，而轻佻、游离、茫然、阴沉、轻蔑的眼神会使人感到失望，有不受重视的感觉。

有研究表明，谈话中双方的对视一般只持续一秒左右。调查员切忌盯住对方不放，也不要东张西望、左顾右盼。一般情况下，在谈话中，如果调查员与受访者相距较远，那就可以用注视的办法拉近距离；如果受访者是一位年轻而又陌生的异性，调查员应经常转移视线，以避免引起对方的不自在和尴尬。

4．位置和距离

调查员与受访者在交谈中所处的位置和距离如何，对调查结果也有影响。因此调查员应注意交谈时位置的安排，若位置安排恰当，就有利于谈话的进行。

调查员与受访者同处一室，应把上座让给受访者。什么位置是上座呢？有两个扶手的沙发（或椅子）是上座，长沙发（或椅子）是下座；靠墙壁的一方是上座，这在咖啡馆谈生意时尤其要注意。

调查员与受访者进行交谈时，还面临着空间距离的把握问题。人们所处的空间可以分为 3 个层次。

- 亲密空间：15～46cm，适用于特别亲近的人之间，如父母、恋人、爱人。
- 个人空间：0.46（不含）～1.2m，适用于亲朋好友之间，彼此间促膝谈心，话家常。

- 社交空间：1.2（不含）～3.6m，适用于社交场合、上下级之间，出于保持距离的需要，会产生威严感、庄重感。

显然，调查员与受访者进行交谈时，最适宜的空间距离应该在 1.2（不含）～3.6m，当然这一空间距离并不是硬性规定，具体的空间距离还得视调查员与受访者关系的密切程度而定。

5. 微笑

调查员首要具备的条件是亲和的笑容及对工作、受访者的热诚。诚挚热情是打动受访者的良方，礼貌亲切的笑容会迅速拉近与受访者的距离。笑容能给工作带来方便，给家庭带来幸福。在恰当的时间、恰当的场合，一个简单的微笑可以拉近彼此。

- 和别人分享你乐观的思想，微笑是会传递的。当你笑的时候，人们会认为你感觉很好，也会快乐。
- 微笑布满整张脸，可以点燃他人的自信心，获得他人的信赖。
- 微笑时眉头是舒展的，整个人看上去开朗、快乐。
- 运用你的幽默感，这不是指讲低俗的笑话或搞恶作剧，而是指讲好的、真正有趣的故事。

三、访问时的入户礼仪

（一）交换名片

名片像一个人的履历表，递送名片的同时，也是在告诉对方自己的姓名、职务、地址、联络方式。调查员应了解交换名片时的注意事项。

1. 接收名片

名片的交换是非常有讲究的，当受访者主动给你递名片时你要面带微笑双手接过名片并感谢对方。接过名片后扫视名片上的公司名称、姓名及职务。看完后将名片放在上衣口袋，如果衣服没有口袋，则将名片放在随身携带的笔记本或资料夹里，千万不能掉在地上，切记不要将对方的名片拿在手里捏来捏去。

2. 递名片

平时随身携带名片夹，不要临时去办公室或前台拿。要主动给受访者递名片，不要等受访者主动向你索要。在将名片递给对方时，应面带微笑地说："您好！这是我的名片，请多多指教。"

双手拿着名片两角，正面朝上，文字正对着受访者，这样可以让受访者快速浏览名片，从而第一时间认识你。

（二）敲门及应答

敲门时注意要有礼貌，门铃只需按一次，不要反复按门铃。

情景 1：受访者隔门应答。

问：谁啊？（门里面有人问话）

答：我是一名调查员，我们正在进行一项关于××产品的市场调查，耽误您几分钟可以吗？谢谢您！

情景 2：受访者对调查员所说的话表示疑问。

问：你是哪个公司的？

答：我是××公司的调查员，是专门做市场调查的，耽误您一会儿，请教您几个简单的问题，好吗？

问：你怎么不去问别人？

答：我们的访问对象是根据计算机抽样选取出来的，而您家正好是我们选中的访问对象。

（三）入户时的注意事项

1．访问前

（1）敲门前注意检查自己的所有证件及访问工具是否齐备，如身份证、学生证、胸卡、介绍信、问卷、提示卡、文件夹、笔及其他访问工具等。尽量避免进入受访者家中坐下后再找访问所需用的物品。

（2）注意个人安全。

调查员可以结伴而行，女调查员在条件允许下可邀请男性同事协助完成入户调查。

2．访问中

（1）注意访问位置。

进入受访者家中后，调查员应环视周围环境，遵守受访者要求（如换鞋、穿鞋套等），在得到对方许可后尽量迅速找到一个能与受访者面对面的位置坐下，准备访问。

若受访者家里比较乱，找不到一处可以写字或坐的地方，调查员可礼貌询问："请问我可以坐在哪里？我需要对您的意见做记录。"

在访问中，调查员应与受访者相对而坐，让受访者在看不到问卷内容的情况下回答问题。

（2）注意甄别。

甄别后发现受访者不符合受访条件终止访问时，调查员应经必要解释后有礼貌地退出。例如："对不起，先生（女士），您不太符合这次的受访条件，是我们工作的疏忽，下次有机会再请您接受访问。谢谢您的支持。"

（3）注意访问环境。

当受访者家里环境不利于访问时，调查员可有礼貌地向受访者提出调整要求。例如："您可以把灯打开吗？""您可以将电视的音量关小一点吗？"

若受访者家里人热心地帮受访者回答问题，调查员应适当提醒："现在主要征求她/他的意见，如果您有想法，我们一会儿再谈，好吗？"

若访问进行到一半，受访者家中来客人，调查员应征询受访者的意见："您看您是否能完成访问，要是不行的话，那您什么时候有空，我再来打扰您？"

3．访问后

（1）审卷：审阅已完成的问卷是否填写完整，确保无漏问；确保正确地圈出答案，若发现答案前后不一致，应写下解释；审查是否有需要向受访者确认的答案，若有，及时向受访者确认，在问卷上的相关处进行书面注释。

（2）送礼品：访问结束后，调查员应向受访者赠送小礼品以感谢他们的配合。

（3）将问卷交回公司：在将问卷交回公司前，调查员应再审查一遍问卷，整理地址表并做好统计，最后交到调查督导那里。

任务三　掌握调查技能

任务描述：在市场调查活动中，一位合格的调查员在和调查对象打交道的过程中，是否需要掌握什么技能呢？答案是肯定的。下面将从拦截、开场、访谈、个人信息收集、小礼品发放等方面来介绍调查员应具备的技能。

一、拦截技能

拦截访问是指在固定场所拦截访问对象，经过初期甄别后，对符合条件的对象进行面对面的访问。拦截访问的优点是访问效率高、费时较短，缺点是容易被拒绝。那么，如何提高拦截访问的效率呢？第一，环顾四周，找出可能接受访问的目标；第二，对于行走中的访问目标，要注意观察对方的表情和行为，如果神情紧张、凝重，步履匆忙，或者手中提有较重的物品，最好不要选择其作为调查对象；第三，当第一位调查员遭到拒绝后，第二位调查员可以观察 5 分钟再上前进行询问，如果依然遭到对方拒绝，则不要进行第三次询问。

在选定调查对象以后，上前拦截也是非常有讲究的，应缓步从侧面迎上，目光柔和地看向对方。注意：正面或大步走向调查对象是非常不礼貌的。在决定开口询问时，应在调查对象左前方或者右前方一步处停下。但如果对方不愿停下脚步，调查员则需要跟随对方的脚步，用话语引起对方的兴趣，切不可直截了当地让对方停下，若跟随了对方十几米，对方仍不停下脚步，调查员则应当放弃。

经验之谈　　　市场调查——定点拦截访问

1．定点拦截场地选择与租用

（1）定点拦截访问多数时候选择在商业中心区执行，但实际选择的地点需根据项目特点和要求而定。例如，如果调查项目是油漆产品，则应该在家具市场寻找拦截对象；同样，如果调查项目是保健产品，则应在药房寻找拦截对象；而非商业中心区。

（2）租用的访问室并不一定限定在课室，调查督导应开阔思路，根据项目及所选区域的实际情况考虑可以租用的访问室（如附近的餐厅、咖啡厅等）。

（3）普通的定点拦截访问一般每个访问点租用一个访问室；但产品测试项目则需要考虑单独的产品房。如果确实无法使用单独的产品房，访问点之间应有屏风隔开。

2．所租用的访问室应符合的条件

（1）离拦截点不会太远（5 分钟路程以内），从拦截点到访问点路径不应偏僻或复杂，否则容易造成被访者的困扰从而令拒访率过高。

（2）环境清静、独立，没有无关人士围观。

（3）有可供访问使用的桌椅或允许摆放桌椅。

（4）执行成本不会太高。

3．定点拦截访问的优势

（1）访问效率高。

（2）费用较低、费时较短。

（3）调查员容易与被访者建立信任和合作的关系。

（4）调查员可以在询问过程中观察被访者的表情、姿态等非语言行为。

（5）降低被访者因不理解题目而随意作答的可能性。

二、开场技能

就如同人和人交往的第一要诀是真诚，调查员面对陌生的被访者，要使对方放下戒备，首先要在态度上做到真诚和礼貌，这样才能事半功倍，顺利开展调查。调查员开口的第一句话非常重要，需要有准确的称呼、自我介绍和目的说明，例如："先生，您好，我是来自××公司的调查员，能打扰您几分钟做一个关于汽车保养的调查吗？"如果对方拒绝，调查员要确定拒绝的原因并明确是否为对方的借口，如果对方正在忙，调查员应追问："那我半小时后过来找您可以吗？"调查员可以先提出一个小要求，再让对方接受一个更大的请求。例如在电话访谈中，第一次访谈可以提几个简单且能激发对方兴趣的问题，在彼此建立一定的信任后，第二次访谈再请求对方完成一份长的正式问卷。

案例链接　　　　　　　　**市场调查开场话术**

调查员：您好，先生（女士），我们在做一个市场调查，您方便接听电话吗？

客户：没时间。（无意向）

客户：你是哪个公司的？（可继续）

调查员：我是光大银行合作单位的工作人员，请问您对金融理财有什么看法？

客户：不太懂。（可继续）

客户：现在市场有点乱。（可继续）

调查员：那您对哪种理财产品更满意呢？是储蓄、债券，还是基金、信托？

客户：没钱。（无意向）

客户：不太懂。（可继续）

调查员：如果您想要资产保值增值，我可以给您介绍产品细节。

客户：不需要。（无意向）

客户：有哪些产品？（可继续）

调查员：有两款收益年化12%～15%的产品，可以发点资料给您看下。

客户：不感兴趣。（无意向）

客户：好，发到我邮箱。（可继续）

调查员：今天或者明天您哪天有空到南京西路××广场××楼公司里来看看吧。

客户：没时间。（无意向）

客户：那就明天吧，详细地点在哪里？（可继续）

调查员：等一下我把详细地点发到您手机上，您明天上午10点或下午3点哪个时间来方便呢？

客户：那明天下午3点吧。

调查员：好的，那明天见。再见！

三、访谈技能

对于一些比较复杂的问卷，调查员切不可把问卷不负责任地交给调查对象单独填写，避免因为漏填或者误填造成问卷报废率高。正确的做法是由调查员把每一个问题和选项念给调查对象听，并提醒是单选还是多选，然后再让调查对象选择，选择完后由调查员亲自填写，这样能保证问卷的有效率。在此过程中，如果调查对象对某个问题或选项有疑问，调查员要耐心细致地解释，并做好相应的记录。

较长的问卷对调查对象的耐心是极大的考验。在访谈过程中，调查对象很可能会不耐烦、不配合、不愿意继续，这时调查员可以明确告诉对方时间，如"访谈还有5分钟就结束"。从心理学的角度来说，调查对象明确时间比不明确时间的心理压力要小很多。调查员也可以适当提醒，如"结束后将有一份精美的小礼品相赠"，让对方抱有一份期待。

经验之谈

1. 访谈的原则

（1）有明确的主题：明确此次访谈的目的。

（2）结构合理，且逻辑性强：访谈问题的提出应有一定的逻辑顺序，符合被访者的思维，一般是先易后难、先简后繁、先具体后抽象。

（3）通俗易懂：要让被访者了解问题，语气要亲切，考虑被访者的理解能力和认识能力，避免使用太过专业的术语。

（4）控制访谈时长：电话访问通常应控制在20分钟以内，流动街访控制在15分钟以内，定点街访和问卷访谈的时间可长一些，但需事先和被访者说明。

这些原则中第（1）点是最为重要的，一定要在访谈之前确定访谈目的，根据目的编排访谈大纲或问卷。毫无目的的沟通会让被访者觉得调查员不够重视访谈、不够专业，会导致被访者在访谈过程中随意回答，甚至有可能让被访者产生抵触心理，导致访谈被迫中断。

2. 访谈的技巧

（1）事实性问题在后。事实性问题又称为分类性问题，例如与被访者的职业、收入、家庭状况、居住环境、受教育程度等有关的敏感性话题。通常这些问题放在访谈的最后，以免被访者在回答有关个人的问题时有所顾忌，影响后续的作答。

如果是进行抽样调查，那么部分分类性问题应置于访谈之首，以确定被访者符合样本条件。

（2）意见性问题封闭提问。意见性问题即有关意见或态度的问题，例如：请问您是否喜欢田园式风格的园林景观？通常而言，被访者会受到提问所用字眼和次序的影响，答案有所不同。这种问题通常选择性提问，答案只用百分比表示，即列出有多少被访者同意某一看法等。

（3）困窘性问题逆向提问。困窘性问题是指被访者不愿正面作答的某些问题。例如私人问题，或不为一般社会道德所接纳的行为、态度，或有碍声誉的问题。为了避免被访者不真实回答，一般可采用以下方法。

① 间接问题法——不直接询问被访者对某事项的观点，而改问他对其他事项的看法。

② 断定性问题法——先假定被访者已有该种态度或行为。

③ 假设性问题法——先假定一种情况，然后询问被访者在该情况下会采取什么行动。

四、个人信息收集技能

不少的调查问卷把调查对象的基本信息放在开篇，例如，姓名、电话、家庭住址等信息。每个调查对象都怕自己的信息被泄露，如果在调查一开始就询问对方这类信息，很容易遭到拒绝，导致调查终止。所以，建议把个人信息放在最后询问，在双方建立了一定的信任之后，再询问个人信息更容易一些。如果调查对象还是不愿意告知个人信息，请注意给对方一个合情合理的理由，打消对方的顾虑，如："我保证不会泄露您的个人信息。我们收集个人信息的目的只是用于回访，这是考核调查员是否真实参与调查的一项重要指标。"

五、小礼品发放技能

如果备有礼品，在访谈开始时，调查员可以暗示："希望得到您的配合，届时会送您小礼品以示谢意。"但不可过分强调礼品，以免让调查对象误会调查员认为其贪小便宜，反而拒绝接受访问；或者导致调查对象为了获取礼品而迎合访问，尽说好话，从而影响访问的实际效果。

另外，礼品一开始不要让调查对象看到，以免调查对象不喜欢而不愿意配合调查。保持一点神秘色彩，也能让对方在调查过程中多一些期待，这样有助于调查顺利进行。

项目拓展

世界杯来了，如何精准拦截啤酒消费者？

2018 年 6 月 14 日俄罗斯世界杯开赛，带来了一夏的激情与活力。大家都沉浸在这项重大赛事的热烈氛围中，备好夜宵与啤酒，准备和全世界球迷一起"嗨"起来。各大啤酒品牌也摩拳擦掌，这正是寻找啤酒消费者开展调查的最佳出击时机。让我们选择几个不同的消费场景，看看如何精准拦截不同的调查对象吧。

场景 1：家中独自看球。

主要人群：上班族球迷。

分析：这是比较多球迷的看球场景。由于这届世界杯的比赛在北京时间深夜，而大部分球迷白天要上班，因此在自己家中轻松看球成为主要方式，球迷会选择就近购买啤酒、零食等。

拦截场所：社区便利店。

场景 2：酒吧集体看球。

主要人群：喜欢讨论球技和战术的超级球迷。

分析：这类人群对球星、球队、球技有一定研究，喜欢集体加油助威，对足球超级热爱，会选择边看球，边在酒吧开怀畅饮。

拦截场所：酒吧。

场景 3：大排档集中看球。

主要人群：大学生球迷。

分析：高校周边的大排档、夜市是大学生青睐的消费场所，也是大学生球迷看球的主要据点。三五好友一边畅饮，一边呐喊。世界杯正是大家共同的话题。

拦截场所：大排档、夜市。

问题：世界杯期间，除了以上场景，还有哪些场景可以精准地拦截啤酒消费者并开展调查呢？

项目实训

【**实训任务**】李俊是某公司的调查员，通过预约，今天去拜访大客户张经理。请你模拟李俊进入张经理办公室进行拜访时应该有的言谈举止。

【**实训组织**】采取分组的办法，两人一组。

【**实训要求**】请3组同学面向全班进行模拟表演。

【**实训成果**】情景剧表演。

【**实训考核**】全班展开讨论，看看哪一组做得最好，并说出理由。

项目五
文案调查法

学习目标 ↓

🔍 项目目标

※ 理解并掌握文案调查法的含义、特点、作用和基本要求

※ 掌握文案调查法实施的具体方式、基本步骤

🔍 技能目标

※ 培养文案调查法应用技能

※ 能运用所学的文案调查法知识进行信息、情报资料的收集

🔍 素质目标

※ 培养自主学习的能力

※ 在收集资料的过程中运用辩证唯物主义思想和科学精神

提交成果 ↓

※ 调查成果展示

※ 提交一篇调查报告

👤 案例导入

2021 青年咖啡消费洞察

第一财经商业数据中心（CBNData）联合有数青年观察局发布《2021 青年咖啡生活消费趋势洞察》（简称 CBNData《报告》），揭示高速发展的国内咖啡消费市场业态，着重从线上、线下两个维度，对当代青年的咖啡消费行为进行洞察和解析，描摹国内咖啡文化的新图景。

CBNData《报告》显示，我国的咖啡消费市场前景明朗。宏观来看，国内咖啡消费规模逐年扩大，近年来同比增速在 30% 左右，且消费者集中于一、二线城市。在具有咖啡消费行为的人中，超六成消费者每周会饮用 3 杯及以上咖啡。从人均咖啡消费量来看，北上广深这样的一线城市已经和日本、美国等成熟咖啡市场旗鼓相当。

快咖啡品质化：咖啡液受偏爱，燕麦奶成新"伴侣"。在过去，速溶咖啡因价格低廉、冲泡简单而占据咖啡消费市场的半壁江山。新消费需求升级下，速溶咖啡开始被品质咖啡所取代，其中品质快咖啡的增速尤其明显。

在品质快咖啡的形态升级之路上，以永璞为代表的新锐品牌不断探索新技术和产品形态，迅速捕获了大量年轻消费者。此外，品质快咖啡的价格升级也从侧面反映了消费者对高品质咖啡支付意愿的升级。

从消费人群画像来看，在主流的咖啡液和增长较快的冻干及胶囊咖啡中，超七成消费由女性贡献。

咖啡消费的品质化、精细化还体现在"咖啡伴侣"的升级上。CBNData《报告》显示，奶精消费占比逐年下降，消费者对奶的品质出现了多元化、健康化的诉求，如开始区分全脂和脱脂牛奶，或选择添加植物奶。高购买力的年轻消费者尤其青睐燕麦奶，快咖啡＋燕麦奶的组合成为年轻人的新选择。

喝咖啡的青年们都在哪儿？你可以在咖啡馆、办公室、快餐店、便利店找到他们，线下咖啡消费的场景正在变得多元化。最经典的咖啡馆场景也延伸出了多样化的体验模式。例如主打性价比的连锁品牌让人倍感亲切，独立咖啡店能带来更多个性化体验，烘焙工坊则打造了咖啡文化的沉浸式体验。线下咖啡消费勾勒出了一种注重品质感的当代生活方式，但这群无处不在的咖啡"瘾者"究竟是何人？CBNData《报告》中将这群青年概括为三大人群：精致"搬砖"人、潮流文艺咖、品质探索家。

（1）精致"搬砖"人：近六成每周喝超3杯咖啡，醒脑、燃脂是刚需。"搬砖"人占据了线下咖啡消费人群的七成有余。CBNData《报告》显示，精致"搬砖"人喝咖啡较频繁，近六成人每周饮用3杯及以上，超七成表示主要在工作日喝咖啡。早上、中午和下午都是他们喝咖啡的时间段。

（2）潮流文艺咖：潮流文艺咖看重的是咖啡的娱乐社交属性，他们光顾线下咖啡店主要是为了"打卡"潮流店铺或潮流单品。CBNData《报告》显示，这类人选择咖啡店时，对门店的装修风格、咖啡和食物的精致包装最在意。相较于整体咖啡消费人群，潮流文艺咖更愿意购买咖啡品牌代言人同款或周边产品，追赶潮流和支持代言人是他们购买咖啡品牌衍生品的重要原因。

（3）品质探索家：CBNData《报告》显示，品质探索家们最常购买的咖啡类型是现磨咖啡，他们对品质快咖啡的喜爱程度较高，在购买现磨咖啡时，尤其讲究咖啡豆的产地和烘焙方式。同时，超六成的品质探索家表示，他们在线下消费咖啡的目的是探索更高品质的咖啡，他们对连锁精品咖啡店和独立精品咖啡店偏爱有加。咖啡的宇宙大有乾坤，无论是线下还是线上，"品质化升级"都是目前国内青年咖啡消费趋势的基调。

问题：

1. 根据2021年咖啡消费市场现状，咖啡经营企业针对目标消费人群应该做什么样的决策？
2. 案例中采用了哪些市场调查方法？资料来源是什么？

任务一　认识文案调查法

任务描述： 本任务将引领你学会将文案调查法应用在市场调查活动中，学会二手资料的收集方法。在市场调查中，调查人员一般先考虑收集二手资料，二手资料可以以较快的速度、较低的费用得到。虽然实地调查法有利于企业获得客观性、准确性较高的资料，但其周期往往较长，花费往往较多。因此二手资料调查一般是市场调查中必不可少的基础和前道工序。只有当文案调查法不能充分满足资料需要时，才考虑实施实地调查法。那么如何进行二手资料的收集呢？

一、文案调查法概述

企业在开展正式调查之前，可以通过查找报纸或其他文献资料，初步了解调查对象的性质、范围和调查重点，为正式调查创造条件。企业在生产经营活动中，收集各种统计资料，通过分析，也可以为企业经营决策提供信息支持。许多调查，原始资料往往需要与二手资料结合，才能更好地辅助研究问题。

（一）文案调查法的含义

文案调查法又称间接调查法、资料查询法和二手资料调查法，是指通过查阅、收集企业内部和外部历史的和现实的各种信息、情报资料，并经过甄别，对调查内容进行分析研究的调查方法。运用文案调查法时主要收集的是二手资料。

文案调查法的对象是各种历史和现实的资料。当人们对某个市场做出某种情况的分析时，若这个市场已经有一些可靠的资料，文案调查法此时是一种比较有效的调查方法。当需要更深入地了解和分析这一市场的情况时，就需要进行实地调查。应该说文案调查法和实地调查法是相互依存、相互补充的两种市场调查方法。而网络调查不仅扩展了文案调查的资料来源，还为实地调查提供了更节省、更有效的手段和工具。

（二）文案调查法的特点

由于文案调查法收集的是二手资料（在采集资料的过程中更容易获得），与实地调查法相比，文案调查法具有以下几个特点。

（1）文案调查法是收集已经加工过的次级资料，而不是收集原始资料。

（2）文案调查法以收集文献性信息为主，文献性信息具体表现为各种文献资料。

（3）文案调查法所收集的资料包括动态和静态两个方面，偏重于动态方面。

（三）文案调查法的优点和缺点

根据调查的实践经验，文案调查法经常是首选的调查方式。通常情况下真实、可靠的文献资料可以为发现问题和解决问题提供重要的参考。

1．主要优点

（1）快速获得。文献资料收集过程比较简易，组织工作简便，文献资料比较容易得到，相对来说能以较低的费用、较快的速度获取。

（2）成本较低。文献资料收集过程能够节省人力、调查经费和时间。

（3）灵活性强。文案调查法具有较强的灵活性，能够较快地获取所需的二手资料，以满足市场调查的需要。

2．主要缺点

（1）相关性差。文献资料不是专门为需要解决的问题而收集的，它是为其他目的而收集的，这就不可避免造成二手资料与项目要求的资料在很多方面不一致，不一定能满足调查者研究特定市场问题的资料需求。

（2）时效性差。文献资料是在当前的研究项目之前已经存在的资料，主要是历史资料和相关资料，往往缺乏当前的数据和情况，因此在反映当前市场、消费者以及环境等信息方面存在不足。

（3）可靠性低。文献资料存在不真实的情况，即便是官方统计数据也存在一定程度的误差。所以，二手资料并不全是有价值的和正确的。每次收集到一些资料后，在依据这些资料做出决策前，一定要对二手资料的可信度进行评估。

二、如何利用大数据开展文案调查

（一）什么是大数据

大数据又称巨量资料，是指所涉及的资料量规模巨大到无法通过目前主流软件工具，在合理时间内达到撷取、管理、处理并整理成为帮助企业经营决策的资讯。在维克托·迈尔-舍恩伯格编写的《大数据时代》一书中，大数据指不用随机分析（如抽样调查）这样的捷径，而采用所有数据的方法。大数据的特点是大量（Volume）、高速（Velocity）、多样（Variety）、真实（Veracity）。大数据需要特殊的技术来处理，包括大规模并行处理数据库、数据挖掘电网、分布式文件系统、分布式数据库、云计算平台、互联网和可扩展的存储系统等。

（二）大数据应用

大数据被广泛应用以后，凭借着海量的历史数据样本，对于调查问题，调查人员可以借助多种公开的大数据工具进行预分析处理，之后再进行人工选择性介入处理，将二者进行比对，进行多轮测试，最终发现问题的答案。

1. 设置调查问题

调查的第一个环节是设置调查问题，调查人员根据调查的目的界定问题：有些属于探测性研究，这类调查的目的在于找出问题的真相，提出可能的答案或新的创意；有些属于描述性研究，这类调查重在描述项目内容的某些数量特征；还有一些是因果性研究，这种调查的目的是检测现象之间是否存在因果关系。

2. 根据调查问题，进行大数据预分析处理

大数据采集的不是样本数据，而是全部数据。例如，美团推出美团打车业务，得益于现代社交网络的发达程度，企业可以对微博、微信等社交媒体上关于新推出服务的讨论进行统计分析，从而提供更好的服务。

3. 人工介入，对调查问题进行针对性处理

根据大数据分析结果，人工介入调查问题，进行有针对性的调查处理，这时候可以采用传统的调查方法。但是与以往不同的是，在采用这些调查方法时，无须再耗费大量成本进行种种调查。人工介入的目的是更真实地感受调查过程，参与调查问题的处理。

将大数据分析得到的结果同调查人员实际调查得出的结果进行比对，从而将数据和信息转换成发现和建议。

三、文案调查法的作用

1. 通过文案调查，调查人员可以发现问题并找到市场研究的重要参考依据

（1）市场供求趋势分析。通过收集各种市场动态资料并加以分析对比，以观察市场发展方向。

（2）相关和回归分析。利用一系列相互联系的现有资料进行回归分析，以研究现象之间相互影响的方向和程度，并可在此基础上进行预测。

（3）市场占有率分析。根据各方面的资料，计算出本企业某种商品的市场销售量占该市场同种商品总销售量的份额，以了解市场需求及本企业所处的市场地位。

（4）市场覆盖率分析。用本企业某种商品的投放点与全国该种商品市场销售点总数进行比较，反映企业商品销售的广度和宽度。

2. 文案调查可为实地调查创造条件

（1）通过文案调查，调查人员可以初步了解调查对象的性质、范围、内容和重点等，并能得到实地调查无法或难以取得的市场环境等宏观资料，便于进一步开展和组织实地调查，取得良好的效果。

（2）文案调查所收集的资料可用来证实各种调查假设，即将文案调查资料与实地调查资料进行对比，鉴别和证明实地调查结果的准确性和可靠性。

（3）利用文案调查资料并经适当的实地调查，调查人员可以推算所需掌握的资料。

（4）文案调查资料可以用来帮助探讨现象发生的各种原因并进行说明。

3. 文案调查可用于有关部门和企业进行经常性的市场调查

实地调查与文案调查相比更费时、费力，组织起来也比较困难，故不能或不宜经常进行；而文案调查如果经调查人员精心策划，尤其是在已经建立企业及外部文案市场调查体系的情况下，具有较强的灵活性，随时能根据企业经营管理的需要，收集、整理和分析各种市场信息，定期为决策者提供有关市场调查报告。

4. 文案调查突破时空限制

从时间上看，调查人员借助文案调查不仅可以掌握现实资料，还可获得实地调查所无法取得的历史资料。从空间上看，调查人员借助文案调查不仅能对企业内部资料进行收集，还可掌握大量的有关市场外部环境方面的资料。

四、文案调查法的基本要求

由于文案调查法具有一定的局限性，因此，在应用中需要注意收集的二手资料的广泛性、完整性、针对性、时效性和准确性。

（1）广泛性。调查人员对现有资料的收集必须周详，要通过各种信息渠道，利用各种机会，采取各种方式大量收集各方面有价值的资料。一般说来，既要收集宏观资料，又要收集微观资料；既要收集历史资料，又要收集现实资料；既要收集综合资料，又要收集典型资料。

（2）完整性。完整性是指收集的资料要力求全面系统地反映市场行情，所获取的同类数据在时间上是连续的，形成一定的序列，能够反映各时期情况及其发展趋势。

（3）针对性。大部分二手资料收集最初都是针对原有目标展开的，所以调查人员需要根据调查目的，有针对性地收集和整理与调查主题相关的二手资料。

（4）时效性。二手资料由于是过去针对特定目的而搜集整理的，往往反映过去某一段时间的市场信息。如果二手资料反映的情况已经发生变化，二手资料就失去了利用价值。因此，在进行文案调查时，要十分注意所选取二手资料的时效性，尽量搜集最新、最全的二手资料，并及时进行数据分析、更新和整理。

（5）准确性。由于二手资料大部分是为其他目的而收集整理的，因此，调查人员需要科学地选择契合自己调查目的的资料。

五、文案调查法的资料来源

文案调查法的资料来源主要有企业内部和企业外部。企业内部资料主要是企业各个部门提供的各种业务、统计、财务及其他与经营有关的资料。企业外部资料主要是企业外部的各类机构、国际互联网、在线数据库等所持有的可与用户共享的各种资料。

（一）企业内部资料的收集

（1）业务资料包括与企业业务经济活动有关的各种资料，如订货单、进货单、发货单、合同文本、发票、销售记录、业务员访问报告等。

（2）统计资料主要包括各类统计报表，如企业生产、销售、库存等各种数据资料，各类统计分析资料。

（3）财务资料反映企业活劳动和物化劳动占用和消耗情况及所取得的经济效益。其中，企业活劳动是指人们直接投入生产过程中的劳动，也就是人们通过自己的体力和智力直接参与生产中的劳动。物化劳动是指人们通过劳动将自己的劳动力转化为物质形式的劳动。企业通过对这些资料进行研究，可以预测自身的发展前景。

（4）企业积累的其他资料，如简报、调查报告、经验总结、顾客意见和建议、同业卷宗及有关照片和录像等。例如，根据顾客对企业经营商品质量和售后服务的意见，企业可以对如何改进加以研究。

（二）企业外部资料的收集

（1）统计部门与各级各类政府部门公布的有关资料。

（2）各种经济信息中心、专业信息咨询机构、各行业协会和联合会提供的市场信息和有关行业情报。

（3）国内外有关的书籍、报纸、杂志等公开出版物所提供的文献资料。

（4）有关生产和经营机构提供的商品目录、广告说明书、专利资料及商品价目表等。

（5）新闻媒体提供的二手资料。

（6）各种国际组织、外国使馆、商会提供的国际市场信息。

（7）国内外各种博览会、展销会、交易会、订货会等促销会议以及专业性、学术性经验交流会议上所发放的文件和资料。

（8）各类研究机构的各种调查报告、研究论文集；各类专业组织的调查报告、统计报告以及相关资料。

任务二 文案调查法实施

任务描述：学生分组接受企业的委托或教师发布的任务，按照调查小组设计的调查计划，有针对性地收集资料，在实施中更好地利用大数据，为进一步的实地调查积累资料。

一、收集信息的方式

在文案调查法中，内部资料的收集相对比较容易，费用低。因此，一般来说，调查人员应尽量收集内部资料。对于外部资料的收集，调查人员可以依据不同情况采取不同的方式。

1．无偿取得和有偿方式获得

具有宣传广告性质的许多资料，如产品目录、使用说明书、图册、会议资料等，可以无偿取得；需要采取经济手段获得的资料，只能通过有偿方式获得。采取有偿方式取得资料会产生较高的调查成本，因此，要对其可能产生的各种效益加以考虑。

2．直接获得和间接获得

公开出版发行的资料一般可通过订购、邮购、交换、索取等方式直接获得，对使用对象有一定限制或具有保密性质的资料则需要通过间接的方式获取。

3．参考文献查找法

参考文献查找法是利用有关著作、论文的末尾所列的参考文献目录，或文中所提到的某些文献资料，以此为线索追踪、查找有关文献资料的方法。采用这种方法可以提高查找效率。

4．检索工具查找法

检索工具查找法是利用已有的检索工具查找文献资料的方法。依检索工具不同，检索方法主要有手工检索和计算机检索两种。

（1）手工检索。进行手工检索的前提是要有检索工具。因收录范围不同、著录形式不同、出版形式不同而有多种多样的检索工具。以著录形式来分类的主要检查工具有三种：一是目录，它是根据信息资料的题名进行编制的，常见的目录有产品目录、企业目录、行业目录等；二是索引，它是将信息资料的内容特征和表象特征录出，标明出处，按一定的排检方法组织排列的，如按人名、地名、符号等特征进行排列；三是文摘，它是对资料主要内容所做的一种简要介绍，能使人们用较少的时间获得较多的信息。

（2）计算机检索。与手工检索相比，计算机检索不仅具有检索速度快、效率高、内容新、范围广、数量大等优点，还可打破获取信息资料的地理障碍和时间约束，能向各类用户提供完善的、可靠的信息。

二、文案调查法的应用

文案调查法在市场调查中具有重要的地位和作用。虽然文案调查法所收集的资料具有一定的局限性，但是二手资料仍然是市场调查资料的重要来源。在实际工作中文案调查法主要应用在以下4个方面。

1．进行市场探测性研究

文案调查法有利于调查人员及时发现问题以及明确需要研究的问题，从而为进一步的研究确定方向，为市场研究提供重要参考依据。

2．配合其他调查方法展开更全面和科学的研究

文案调查法主要是对二手动态资料的搜集和整理。很多市场调查工作要求一定的深度和广度，需要原始资料与二手资料配合，需要动态资料和静态资料配合，才能很好地完成问题研究，

为企业解决实际问题。

3. 进行经常性的市场研究

一方面，文案调查法有利于全面系统地收集各种业务资料、统计资料、以及财务资料，具有较强的灵活性，调查人员可以随时根据企业经营管理的需要收集、整理、分析各种市场信息，定期和不定期为企业经营决策者提供有关市场的调查报告。另一方面，文案调查法不受时间的限制，调查人员既可以获得实地调查所无法取得的历史资料，又可以掌握有关市场环境方面的大量资料，从而为进行经常性的市场研究积累资料。

4. 为调查方案提供数据支持和帮助

通过文案调查法的实施，调查人员不仅可以初步了解调查对象的性质、范围、内容和重点，还可以通过分析历史信息，探究市场现象发生的各种原因并进行说明。

三、文案调查法的基本步骤

实施文案调查法一般包括以下 6 个步骤：确定需求信息、确定资料收集的范围和内容、确定资料的来源和渠道、确定收集资料的方法、收集与分析评价资料、整理资料。

四、文案调查法的局限性

文案调查法的局限性主要表现在几个方面。

（1）文案调查法依据的主要是历史资料，过时资料比较多，现实中正在发展变化的新情况、新问题难以得到及时反映。

（2）利用文案调查法收集、整理的资料和调查目的往往不能很好地吻合，数据对解决问题不能完全适用，收集资料时易有遗漏。例如，调查所需的是分月商品销售额资料，而调查人员掌握的是全年商品销售额资料，尽管可计算平均月销售额，但精确度会受到影响。

（3）文案调查要求调查人员有较广的理论知识、较深厚的专业知识，否则调查将难以开展。

（4）调查所收集的次级资料的准确度较难把握：有些资料是由专业水平较高的人员采用科学的方法收集和加工的，准确度较高；而有的资料只是估算和推测出来的，准确度较低。

五、运用文案调查法评估资料

在运用文案调查法对资料进行分析研究时，调查人员需要根据调查目的对繁杂的资料进行辨别，找到符合特定目的需要的资料。评估资料主要从以下几个方面进行。

（1）内容评估，收集的资料是否可靠、全面和精确地符合问题研究的要求。

（2）水平评估，收集的资料的专业性是否符合研究要求。

（3）重点评估，收集的资料是否针对与研究课题有关的各个方面。

（4）时间评估，收集的资料所涉及的时期是否适当，有没有过时。

（5）准确评估，收集的资料是否可信，与一手资料的接近程度如何。

（6）方便评估，资料能否既迅速又低成本地获得。

项目拓展

四大趋势重塑我国零售市场，行业深度拥抱数字化转型

2022 年全球咨询管理公司麦肯锡与中国连锁经营协会共同发布《2022 年中国零售数字化白皮书》（以下简称《白皮书》），其中对我国零售业数字化转型现状进行了深度分析，指出重塑我国零售市场的四大主要趋势，并从中提炼出对零售企业的关键启示。过去十年，我国零售业发生了翻天覆地的变化，其行业格局正在以前所未有的速度被颠覆、被重塑，新的技术、业态和商业模式层出不穷。

1. 我国零售业数字化转型现状

麦肯锡深入访谈了 20 多家零售企业，并对 30 多位首席惊喜官（简称 CXO，电子商务领域新兴职业）进行调研，将零售企业数字化进程划分为四大阶段。

（1）数字化 1.0：信息化。IT 基础设施升级改造，业务流程系统化、信息化。

（2）数字化 2.0：线上化。布局线上渠道，实现全渠道运营，数据洞察辅助部分经营决策。

（3）数字化 3.0：数智化。全面应用基于大数据分析的经营决策，实现自动化和智能化，大规模降本增效。

（4）数字化 4.0：平台化/生态化。行业或价值链整合，生态圈构建，数据科技驱动新兴业务、赋能产业和行业。

当前，我国零售业数字化转型正面临以下现状，转型旅程依然"道阻且长"。

（1）零售企业数字化转型整体处于探索线上化（数字化 2.0）并向数智化（数字化 3.0）迈进的阶段。

（2）多数零售企业的数字化建设仍聚焦于前端渠道和流量运营，而价值链中上游、改造难度更高的领域仍是数字化短板。

（3）零售企业普遍将数字化转型作为企业未来发展的关键战略方向，大力投入数字化建设，但投入产出比仍不明朗。

（4）为驱动数字化转型成功落地，零售企业积极拥抱组织、人才方面的变革，但现实推进困难重重。

2. 重塑零售业的四大主要趋势及其启示

纵览不同的区域和业态，四大主要趋势正在重塑我国零售市场，《白皮书》从中提炼出对零售企业的四大关键启示。

（1）随着零售业增速放缓、利润下滑，数字化不再只关乎渠道拓展，而更需要驱动门店、商品、供应链的精益运营，实现降本增效。

（2）无论是线上还是线下，零售业依靠"流量红利"的时代已经过去，之前"补贴换增长"的模式不可持续。全渠道、精细化的流量及用户运营基本功是零售企业实现流量价值最大化的必备能力。

（3）消费诉求更趋理性和个性化，零售企业应回归商品运营本质，把好货放到用户面前。

（4）门店从商品购买渠道拓展为用户体验场所、用户运营阵地、即时配送履约中心等多元角色；零售企业亟待通过数字化转型推动门店和一线人员运营升级。

《白皮书》对商超、便利店、专卖店等各零售业态数字化转型的发展阶段、面临的独特挑战，以及应通过哪些数字化能力建设实现破局等主题进行了详细探讨。此外，在与领先零售企业 CXO 的访谈中，发现零售企业不约而同地认为"夯实中台和底层基础"是转型进程中最重要、最具挑战的部分。其具体体现为中台能力建设。零售中台包括业务中台、数据中台和技术中台，它将可共享的业务能力、数据、技术进行沉淀，打造有服务意识的经营实体。

3. 数据分析和零售科技

推动零售数字化转型从前端"建渠道、构触点"转向中后端"精运营、提效率"，要求企业修炼数据、科技、系统等方面的内功。本次调研发现，45%的领先零售企业 CXO 认为当前"大数据和高级分析"能力尚不足以支撑数字化转型，且是能力成熟度最低的环节。

4. 数字化组织

企业的数字化转型需要多个领域的步调一致，包括数字化战略举措规划，业务运作模式及流程、组织架构与权责调整，人才与技术投资，以及文化与绩效管理。组织的转型和升级尤为重要，这是数字化转型成功的必备条件，往往也是转型进程迟缓、推进困难的瓶颈所在。

问题：

1. 麦肯锡与中国连锁经营协会在资料收集过程中实施了哪些市场调查方法？
2. 麦肯锡与中国连锁经营协会采用的市场调查方法是否合适？

项目实训

实训一

【实训任务】根据小组项目设计文案调查方案一份。

【实训组织】学生团队（4～6 人一组）讨论并设计文案调查方案。

【实训要求】按照要求设计文案调查方案。

【实训成果】文案调查方案展示。

【实训考核】要求小组同学展示文案调查方案，全班讨论、交流，同学与教师评分。

实训二

【实训任务】根据小组项目设计文案调查方案实施计划。

【实训组织】学生分组（4～6 人一组）到图书馆或从网上查找项目资料。

【实训要求】通过各种文案调查方法收集有价值的资料，为实地调查提供帮助。

【实训成果】文案调查结果展示。

【实训考核】要求小组同学展示文案调查结果，全班讨论、交流，同学与教师评分。

项目六

市场调查问卷

学习目标 ↓

项目目标

※ 理解问卷调查的概念

※ 掌握调查问卷内容设计的技术

※ 了解调查问卷的编排方法

技能目标

※ 能够全面思考问题，善于把握问题本质，具备设计和编排问卷的能力

※ 能够运用问卷设计知识独立完成调查问卷设计

素质目标

※ 在工作中培养求真务实、精益求精的职业素养

※ 在问卷设计中培养踏实严谨的工作精神

提交成果 ↓

※ 根据调查主题设计一份合格的调查问卷

案例导入

尊敬的女士/先生：

您好！

为了提高少林景区旅游工作水平，满足游客的需求，我们拟定了旨在改进旅游管理与提高旅游服务质量，促进少林景区健康发展的调查问卷，希望能听取您对××区旅游发展现状的建议和意见，衷心感谢您的支持和合作！祝您和您的家人生活美满，健康快乐！问卷内容如下，请您在选定处打"√"。

1. 您的性别？

□男　　　　　□女

2. 您的年龄？

□18 岁以下　　□18～25 岁　　□26～40 岁　　□41～60 岁　　□60 岁以上

3. 您的文化程度？

□高中以下　　□高中　　□大专　　□本科　　□本科以上

4. 您的居住区域？

□城区　　□郊区　　□乡镇　　□农村

5. 您的职业？

□事业单位/政府工作人员　　□公司职员　　□自由职业者（如作家/艺术家/摄影师/导游等）

□工人（如工厂工人/建筑工人/环卫工人等）　　□农民/牧民/渔民　　□个体户

□无业/失业　　□其他

6. 您最近一次旅游是什么时候？

□3个月内　　□半年内　　□一年内　　□超过一年

7. 您是以什么形式到少林景区旅游的？

□旅行社团队　　□自驾游　　□散客游　　□其他

8. 您决定到少林景区旅游时主要考虑的因素有哪些？（多选）

□景区特色　　□交通　　□安全　　□价格　　□服务　　□其他

9. 您认为少林景区景点建设如何？

□有特色　　□一般　　□特色不强

10. 您觉得一日游路线设计如何？

□很不错，搭配合理，劳逸结合

□还好，有点辛苦/内容不够

□不太好，景色雷同，配套服务跟不上

□很不好，景点太多/太少，服务很差

11. 请您将下列旅游吸引物按照喜欢到不喜欢的程度排列。＿＿＿＿＿＿＿＿＿＿＿＿

A. 自然景观　　　　B. 历史建筑　　　C. 娱乐休闲场所

D. 餐饮、购物场所　　E. 特色节目

12. 请您对少林景区的各种定价打分。（用5分制表示，5分表示太贵了，4分表示有点贵，3分表示适中，2分表示便宜，1分表示非常便宜）

门票价格	□5	□4	□3	□2	□1
游览车价格	□5	□4	□3	□2	□1
餐饮价格	□5	□4	□3	□2	□1
旅游纪念品价格	□5	□4	□3	□2	□1

13. 您是从哪种渠道获得少林景区的旅游资讯的？

□旅行社或者旅游代理商　　□同学、同事、朋友等的介绍　　□旅游手册、宣传画

□电视、报纸、杂志的广告和报道与介绍　　　　　　　　　□旅游博览会

□互联网的广告和报道与介绍　　　　　　　　　　　　　　□其他

14. 您到少林景区旅游的主要目的是？

□休闲/度假　　□学习/体验　　□观光/购物　　□访亲/交友　　□亲近自然

□寻求刺激　　□其他

15. 您在结束旅游后是否达到了主要目的？

□是　　□否

16. 请您对少林景区旅游服务质量打分。（用 5 分制表示，5 分表示最好，4 分表示很好，3 分表示一般，2 分表示不好，1 分表示最差）

景点	□5	□4	□3	□2	□1
导游服务	□5	□4	□3	□2	□1
餐饮	□5	□4	□3	□2	□1
交通	□5	□4	□3	□2	□1
娱乐	□5	□4	□3	□2	□1
购物	□5	□4	□3	□2	□1

17. 您认为少林景区工作人员工作状态如何？

　　□好　　　　　□不好

18. 如果您认为工作人员工作不佳，不佳主要表现在哪些方面？

　　□履行岗位职责不到位　　　□服务态度冷淡　　　□服务质量低　　　□素质低

19. 您认为少林景区内的各种标志如何？

　　□很好，标志很清楚，找景点很容易

　　□还行，标志清楚，基本能找到景点，但一些景点容易错过

　　□不太好，标志不清楚，很多景点容易错过

　　□很不方便，标志复杂，很不清楚

20. 如果有机会，您下次还会来少林景区游玩吗？

　　□会

　　□有可能，但只会在有兴趣的地方多留一会儿

　　□不太可能，除非服务水平提高或增加景点

　　□再也不会来了

21. 您认为少林景区在哪些方面需改进？

　　□旅游交通　　□住宿设施　　□景区设施　　□餐饮　　□接待服务质量　　□其他

22. 您认为少林景区目前面临的主要问题有哪些？

　　□开发不够

　　□基础设施落后

　　□监管力度不够

　　□恶性竞争，相互削价

23. 您此次在少林景区停留了多久？

　　□一天　　　　□半天　　　　□一小时

24. 您这次旅游是和谁同行的？

　　□家人　　　□朋友　　　□同学　　　□同事　　　□恋人　　　□独自

25. 您在少林景区的总消费（元/人）是？

　　□100 元/人及以下　　　　　□100（不含）～250 元/人

　　□250（不含）～500 元/人　　□500 元/人以上

再次感谢您能填写此调查问卷，我们将认真仔细地记录您所填写的信息。祝您生活愉快！

　　　　　　　　　　　　　　　　　　　　　　　　调查员：×××

　　　　　　　　　　　　　　　　　　　　　　　　日期：

问题：

1. 此次市场调查采用了什么调查方法？
2. 一份完整的调查问卷的结构是什么？

任务一　调查问卷设计的准备阶段

任务描述： 问卷调查是市场调查中最有效也是被经常使用的一种方法。它是针对某一社会事实，通过所设计的调查问卷，直接对单位或个人进行调查的一种方法。在调查问卷设计的准备阶段，应明确问卷调查的概念、确定问卷种类以及掌握问卷的基本结构。

一、问卷调查法的概念

问卷调查法也称问卷法，最早出现在 1882 年，英国人类学家高尔顿在伦敦设立的人类学测试实验室将需要调查的问题印成问卷寄发出去，通过回收问卷来收集相关资料。问卷调查法是研究者依照标准化的程序，把设计的问卷以任意可行的途径交给与研究主题相关的人员，然后对问卷结果进行整理和统计分析的调查方法。

二、确定问卷种类

问卷可以从不同角度进行划分，如按问题答案划分、按问卷填答者划分、按问卷用途划分等。

（一）按问题答案划分

按问题答案划分，问卷可分为结构式问卷、开放式问卷和半结构式问卷。

1. 结构式问卷

结构式问卷通常也称为封闭式问卷或闭口式问卷，是指不仅设计了各种问题，还事先设计出一系列可能的答案，让被调查者按照要求从中进行选择的问卷。这种问卷适用于规模较大、内容较多的调查。

2. 开放式问卷

开放式问卷也称为开口式问卷或无结构式问卷，是指只设计了问题，不设置固定的答案，让被调查者可以自由地回答的问卷。开放式问卷多用于小规模的深层访谈、试验性调查，它给被调查者较多的创造和发挥的余地，可获得较深层次或调查者意想不到的信息，适用于定性研究。但答案非标准化，难以统计分析，耗时较长，易被拒答。

3. 半结构式问卷

半结构式问卷介于结构式问卷和开放式问卷之间，问题的答案有固定的、标准的，也有让被调查者自由发挥的，吸取了两者的长处。这类问卷在实际调查中的运用还是比较广泛的。

（二）按问卷填答者划分

按问卷填答者划分，问卷可分为自填式问卷和代填式问卷。

1. 自填式问卷

自填式问卷是指向被调查者发放，由被调查者自己填答的问卷。在这种情况下，被调查者可以不受其他影响，如实表达自己的意见，尤其是敏感性问题的调查，自填式问卷往往可以得到较为可靠的资料。同时，这种问卷使用了标准化词语，每个被调查者所面临的都是完全相同的问题，因而不存在调查者对问卷的主观随意解释和诱导，避免了调查者的偏见。但这类问卷存在不足：如果被调查者填写的答案含混不清，或对某些问题拒绝回答，是难以补救的；无法知道被调查者是否独立完成回答及其回答问题的环境，以致影响对问卷质量的判断。这种问卷适用于面谈调查、网络调查及媒体主导的问卷调查。

2. 代填式问卷

代填式问卷是指向被调查者询问，由调查者根据被调查者的回答代为填写答案的问卷。这种问卷适用于面谈调查、座谈会调查及电话调查。

（三）按问卷用途划分

按问卷用途划分，问卷可分为甄别问卷、调查问卷和回访问卷。

1. 甄别问卷

甄别问卷是为了保证被调查者确实是调查产品的目标消费者而设计的问卷。它一般包括对个体自然状态变量的排除问题、对产品适用性的排除问题、对产品使用频率的排除问题、对产品评价有特殊影响的排除问题和对调查拒绝的排除问题。

2. 调查问卷

调查问卷是最基本的问卷，也是研究的主体形式。任何调查可以没有甄别问卷，也可以没有复核问卷，但是必须有调查问卷，它是分析的基础。

3. 回访问卷

回访问卷又称复核问卷，是指为了检查调查者是否按照调查要求进行调查而设计的一种监督形式问卷。

三、问卷的基本结构

调查问卷的设计是整个调查过程中的关键环节，一份完整的调查问卷包括标题、前言、正文和结束语4个部分。

（一）标题

标题是调查问卷的着眼点，是对调查主题的高度概括，能使被调查者对所要回答的问题有大致的了解。问卷的标题要简明扼要，力求精练、醒目，用词准确，同时要点明调查对象或调查主题。如问卷的标题为"学生宿舍卫生间热水供应现状的调查"，如果简单采用"热水问题问卷调查"或者"问卷调查"这样的标题，就会使被调查者无法了解明确的调查主题，妨碍其接下去回答问题的思路。

标题中可以包含的要素有调查主体、调查内容、调查对象、调查目的等。如果调查主体比较有公信力、感召力，可能会引起被调查者的重视，提高被调查者配合调查的可能性。标题包含调查内容可以起到与被调查者迅速建立联系的效果。例如"重庆财经职业学院毕业生就业情况调查"，可以让被调查者迅速知道调查的内容是什么，是否与自己有关，自己是否有兴趣回答。标题可以包括调查对象，例如"青少年网络使用习惯调查"，可以让被调查者快速判断自己是不是目标调查对象。标题有时可以以简洁的语言包含调查目的，尤其是与调查者息息相关的调查目的，例如"提高读者满意度图书馆应用情况调查"。标题也可以包括以上全部要素。

标题可以是单标题或双标题，可以是文章式标题，也可以是专业式标题。在选用双标题时一定要注意副标题与主标题的递进关系，两个标题不能完全不相干，否则会给被调查者带来疑惑，也会使调查主题不明确。

（二）前言

前言主要包括卷首语、填表指导、问卷编号等内容，不同的问卷所包括的前言内容有一定的差别。

1. 卷首语

大量的经验表明被调查者几乎全是在接触调查问卷的前几秒就表示愿不愿意参加调查的，由此可见，卷首语的好坏甚至可以直接影响问卷调查的效果。

调查问卷的卷首语通常都是致被调查者的问候语。首先，要选用适当的称谓、问候语（如"某某先生/女士，您好"，或者"尊敬的用户，您好"等），以表达对被调查者的尊重。具体怎么称呼，则根据调查对象来确定。其次，要写清楚调查方的说明，以及本次调查的结果对调查方或者被调查者的重要性和必要性。再次，要说明调查的内容、时间及地点，以及答题方法。例如："为了更好地了解我院停课不停学的实施情况，不断完善线上教学的有效性，我们真诚地倾听您的看法和意见，请在您的选项中打√（只能选一项），感谢您的参与和合作！"。重要的一点是，一定要在调查问卷的卷首语中说明本次调查对被调查者不会有负面的影响，承诺保密，不会将被调查者的信息外泄。如果有必要可以采取匿名填写的方式，以消除被调查者的紧张和顾虑。如果是通过电子邮件或邮局来发放和回收问卷，还应该在卷首语结尾处标明回收问卷的方式和联系方法，以便被调查者及时、准确地返回问卷。

下面举个实例加以说明。

尊敬的同学（称呼）：

您好（问候）！我们是工商管理学院的学生（自我介绍），为了及时了解和掌握我院学生的思想动态，了解同学们普遍关注的热点问题，增强思想教育和开展活动的针对性（调查目的、意义），我们受工商管理学院教学委员会的委托，对我院大学生进行思想动态状况调查。本问卷只有单选题（答题要求），您可根据自身实际状况在适当的选项序号上面打"√"（答题方法）。本次调查以匿名的形式进行，您的回答将处于完全保密状态（保密承诺），请您放心填写。能倾听您的想法，我们感到非常荣幸。在此表示衷心的感谢（表示感谢)!

我们的电子邮箱地址为××××（回收问卷的方式）。

为了表示对被调查者的尊重和营造良好的调查氛围，鼓励大家积极配合完成调查问卷，除内容要完整之外，语气也要委婉一些，一定要谦虚诚恳，并且要表示出真诚的谢意，必要时可以说明会有礼品相送。最后，调查问卷的卷首语内容不能冗长，否则会让被调查者失去耐心。

2. 填表指导

对于需要被调查者自己填写的问卷，问卷中应告诉被调查者如何填写问卷。

填表指导一般可以写在问卷说明中，也可单独列出，其优点是要求更加清楚，更能引起被调查者的重视。（若个别问题答案选项特殊，也可以标注在题目的后面。）

例如：问卷答案没有对错之分，只需根据自己的实际情况填写。问卷的所有内容需您个人独立填写，如有疑问，请咨询您身边的工作人员。您的答案对我们改进工作非常重要，希望您能真实填写。

又如：凡符合您的情况和想法的项目，请在相应的括号中打√；凡是需要具体说明的项目，请在横线上填写文字。

3. 问卷编号

问卷编号主要用于识别问卷、调查者以及被调查者的姓名和地址等，以便于校对检查、更正错误。如进行全国范围的市场调查，对问卷可进行 10 位数的顺序号编码，前 6 位数代表省、县、乡，后 4 位代表问卷的顺序号。

（三）正文

1. 甄别部分

甄别部分也称过滤部分，主要目的是在对被调查者进行正式的、完整的问卷调查之前，筛掉非目标调查对象。它是问卷调查中十分重要的一步。如果没有经过甄别而直接开始问卷调查，很有可能得出的结果是毫无意义的。

例如，一家广告公司在网上对一种高档日用品进行市场调查时，为避免出现潜在的利益冲突或者偏见，需排除同行，所以甄别部分设计了如下问题。

请问您或您的家人有没有在下列行业中工作?

A. 市场研究公司

B. 广告公司

C. 营销策划/咨询公司

D. 家用日化产品的生产或零售单位

F. 以上均无

如果选择 A、B、C、D 中任何一个答案，网页中就会出现类似"对不起，您不符合本次调研条件，感谢您的参与"的话语，选择 F 则可继续。

2. 主体部分

主体部分包括所要调查的全部内容，是调查问卷的主要部分。通过参考主体部分，调查者可以得出准确的数据或者评估结论，帮助企业掌握发展方向。主体部分由一系列问题和相应的备选答案组成，问题覆盖课题研究的全部范围。主体部分的好坏直接影响调查价值的高低。

3. 编码

问卷编码是问卷资料数码化，即将问卷中的调查项目转换成便于整理分析和计算机识别的数字、字符的过程，也是指对问卷中的问题和答案用数字所表示的代码。编码可以在设计问卷时就设计好，也可以在调查结束后再设计，分别称为置前编码（Precoding）和置后编码（Postcoding）。在实际调查中多采用置前编码，即在设计问卷时，确定每一个调查项目的编号。通常都是用数字代号系统在每一个调查项目的最左边按顺序编号，与询问问题同步编制。

（四）结束语

结束语旨在告诉被调查者问卷结束，调查完毕。结束语一般采用以下 3 种表达方式。

（1）对调查者再次表示感谢。在问卷最后可以加上"对于您所提供的协助，我们表示诚挚的感谢！""十分感谢您的参与！""谢谢您的支持！"等。

（2）在结尾提出本次调查中的一个重要问题，以开放式问题来了解被调查者在标准问题上无法表达的想法。如："您对专业课融入素质教育有何建议？"

（3）征询被调查者对本次调查的形式与内容的感受或意见。如："您填完问卷后对这次调查有什么感想？"（可用封闭式问题，也可用开放式问题）

此外，在调查问卷的最后，常需附上作业证明记载，包括调查者的姓名、调查日期、调查的起止日期等，以利于对问卷质量进行控制。如有必要还可以写上被调查者的基本情况（姓名、单位或家庭地址、电话等），以便于审核和进一步追踪调查，但必须征得被调查者同意。对于一些涉及被调查者隐私的问卷，上述内容则不宜列入。

在调查实践中，调查目的、方式不同，对问卷设计的要求也不一样，不存在普遍适用的问卷结构形式。如电话调查一般不需要过长，问卷结果必须简单明了。邮寄问卷的前言除了说明调查意义、目的，激发被调查者的兴趣外，还要详细说明回收问卷的时间、回寄的地址、邮政编码、收件人名称等。为了鼓励被调查者认真回答问卷，提高回收率，前言中还要写清楚有关的奖励办法等。因此，调查问卷的结构可以适当变通。

任务二　调查问卷内容设计

任务描述：一次成功的问卷调查必定少不了一份高质量的调查问卷，有了一份详尽有效的问卷，那么此次问卷调查也就离成功不远了。在问卷调查中，调查问卷内容设计是非常重要的一个环节，甚至决定着调查的成败。掌握调查问卷内容设计的技术是调查者的基本功。

一、设计问卷问题

问卷问题可以按照问题的形式、问题的内容结构及所要收集资料的性质等方面分类。

1. 按照问题的形式分

从问题的形式看，问卷问题可分为开放式问题、封闭式问题和混合式问题。

（1）开放式问题是指并不列出所有可能的答案，而是由被调查者自由答题的问题。

例如：您对语文教学有何意见或建议？

开放式问题的优点：被调查者可以充分自由地按自己的想法和方式回答问题和发表意见，不受限制，有利于发挥被调查者的主动性和想象力。因此，开放式问题的回答往往比较生动、具体、信息量大，特别适用于询问那些潜在答案很多，或者答案比较复杂，或者尚未弄清楚各种可能答案的问题。尤其是想了解被调查者的真实态度，探求其建设性的意见时，或者调查报告中必须引用被调查者原话时，可采用开放式问题。

开放式问题的缺点：由于被调查者提供答案的想法和角度不同，标准化程度低，因此在对答案分类时，往往会出现困难，无法深入进行定量整理和分析；开放式问题要求被调查者有一定的文字表达能力，否则无法正常进行调查；由于时间关系或缺乏心理准备，被调查者往往放弃回答或答非所问，使问卷的回收率和有效率降低。因此，开放式问题不宜过多。

（2）封闭式问题是指已事先设计了各种可能的答案的问题，被调查者只需要或只能从中选定一个或几个现成答案。

例如：您认为素质教育在以下哪个方面对您影响最大？

A. 有助于自身形成正确的世界观、人生观、价值观，增强综合素质

B. 有助于培养职业道德和职业素养

C. 有助于增强自身的社会责任感

D. 其他

封闭式问题由于答案标准化，回答方便，易于统计处理和分析，利于提高问卷的回收率和有效率，适用于大规模的问卷调查。其缺点是：被调查者只能在规定的范围内回答，调查者难以取得丰富、生动的资料；封闭式问题的设计比较困难，调查者必须花费大量的时间斟酌一系列可能的答案，一旦设计有缺陷，被调查者就可能无法正确回答问题，从而影响调查质量。鉴于封闭式问题和开放式问题各自的优缺点，设计的问卷一般应以封闭式问题为主，辅之以开放式问题。

（3）混合式问题是指综合了封闭式问题与开放式问题的问题，它实质上是半封闭、半开放的问题。这种问题综合了开放式问题和封闭式问题的优点，同时避免了两者的缺点，具有非常广泛的用途。

例如：您希望专业课教师在讲解素质教育课程时，以哪种方式呈现？

A. 能与专业理论知识结合，润物细无声

B. 引入企业优秀员工的事迹

C. 以短视频、课件等形式

D. 其他（请注明）_____

2. 按照问题的内容结构分

按照内容结构不同，问卷问题分为直接性问题、间接性问题和假设性问题。

（1）直接性问题是指在问卷中能够通过直接提问方式得到答案的问题。直接性问题通常给被调查者一个明确的范围，询问的是个人基本情况或意见，例如："您所学专业是？""您的手机是什么牌子的？"这些都可获得明确的答案。这种问题便于统计分析，但遇到一些令人窘迫的调查内容时，采用这种问题可能无法得到所需要的答案。

（2）间接性问题是指不宜直接回答而采用间接的提问方式得到所需答案的问题。对于敏感性问题，通常采用间接的提问方式。如直接提问"您考试作弊吗？"，会因引起被调查者心理防卫而遭拒答。间接性问题将被调查者的视线转移到其他人身上，可以削弱其心理防卫从而提高答案的准确率。如："一些同学会在考试中作弊，您知道都有什么原因吗？"

（3）假设性问题是指通过假设某个情境或现象而向被调查者询问在该种情况下他会采取什么行动。如："假如有一份福利待遇较好，可是与您的兴趣、专业无关的工作放在您的面前，您会如何选择？""如果××牛奶更换包装，您是否还会持续购买？"

3. 按照所要收集资料的性质分

按照所要收集资料的性质不同，问卷问题可分为事实性问题、意见性问题和动机性问题。

（1）事实性问题主要是要求被调查者回答一些有关事实的问题，目的在于获取事实资料。例如："您使用的是哪家通信公司的产品？"

市场调查中，许多问题属于事实性问题，例如询问被调查者个人的姓名、性别、年龄、受教育程度等。这些问题又称为分类性问题，从中可以了解不同性别、不同年龄阶段、不同文化程度的个体对待被调查事物的态度差异。在问卷中，事实性问题通常放在后边，以免被调查者

在回答有关个人的问题时有所顾忌，因而影响后续的回答。如果抽样方式是配额抽样，则分类性问题应置于问卷之首，否则无法筛掉不符合样本条件的调查对象。

（2）意见性问题即态度问题。在问卷中，往往会询问被调查者一些有关意见或态度的问题。既然是态度题，那么态度强度亦有不同。同时被调查者会受到问题所用字眼和问题次序的影响，因而答案也有所不同。因此在选项的处理上要有态度强弱之分。一种方法是设置"非此即彼"问题，另一种方法是用分数来代表态度强弱。例如："您对素质教育的教学效果是否满意？"

（3）动机性问题是为了解被调查者行为的原因或动机的问题。例如："有的老师讲课对学生缺乏吸引力，您认为最主要的原因是什么？""您为什么选择购买××手机？"在提动机性问题时应注意的是，人们行为产生的原因可以是有意识动机，也可以是半意识动机或无意识动机。对于前者，被调查者有时会因种种原因不愿真实回答；对于后两者，被调查者因对自己的动机不十分清楚，也会难以回答。

事实性问题所收集的资料属于"是什么"，询问的是"××是什么"；意见性问题所收集的资料属于"怎么样"，询问的是"意见怎么样"；动机性问题所收集的资料属于"为什么"，询问的是"理由或动机为什么这样"。

二、问题设计的原则

1. 必要性原则

明确调查目的、选准调查对象、确定好调查内容是设计调查问卷的基础。调查问卷的问题应直接为调查目的服务，紧紧围绕主题提出，层层递进，环环相扣。问题不能过多，题目量限定在 20～30 道（控制在 20 分钟内答完）。每个问题都必须和调查目的紧密联系，与此无关的问题均不应列出。如："大学生对教学的认识调查问卷"，在卷首语中写有"我是××大学市场营销专业的学生，现针对在校大学生对素质教育教学的认识进行调查，以帮助大学生塑造正确的世界观、人生观、价值观，希望同学们给予支持"这样一句话，已清楚地表明调查对象是在校大学生，可是此份问卷的第一个问题如下。

你是大学生吗？（　　　）

A. 是

B. 不是，若选 B，终止调查

该问卷设计的这个问题就属于不必要的问题，被调查者一看标题就知道自己是否属于调查对象，此问题并没有起到筛选的作用，反而画蛇添足。

2. 通俗性原则

问卷的语言要符合被调查者的表达习惯和思维习惯，应考虑被调查者的文化程度、年龄、职业、地区等因素，注意使用适合被调查者身份、学识水平的词句或用语，尽量做到通俗易懂，慎用被调查者不熟悉的俗语、缩写或专业术语。问卷应多使用生活化、口语化的语句，以便于被调查者准确理解。若不顾被调查者的具体情况，用复杂的、书面化的语句，很可能导致被调查者理解困难，拒绝答题或无效答题，从而影响资料采集。

例如："你认为云电视的画面质量如何？"这个问题中的"云电视"是比较模糊的概念，"云电视"没有行业认同的明确定义，一般公众不了解什么是云电视。如果把这个问题改为"你认为某品牌某型号的电视机画面是否清晰？"被调查者就容易理解了。

3. 明确性原则

在问题中尽量明确什么人、什么时间、什么地点、做什么、为什么做、如何做六要素。含糊的问题往往会引起歧义。因此在设计问题或检查问题时，可以参照这六要素进行。例如："你每月的伙食支出是多少？"在这个题干中有一点让人感到无所适从，即"每月的伙食支出"，每个月的伙食支出有可能是不一样的，但此题干并未排除该类情况，导致被调查者无法准确作答，如果改为"平均每月伙食支出"就好得多。

4. 客观性原则

问卷作为一种用于科学研究的测量工具，应该具有客观性，即问题的表述要中性，避免使用引导性问题或带有暗示性或倾向性的问题。提问不能有任何暗示，措辞要恰当，应创造自由回答的气氛。被调查者在有外界影响的情况下往往会选择符合调查者偏好的答案，而不表达他自己真正的意思。例如："您抽烟吗？"和"您不抽烟，是吗？"就有所不同，前者是人们日常生活中习惯的问法，而后者则带有一种希望被调查者回答"是的，我不抽烟"的倾向。

5. 清晰性原则

在题目设计中，要避免使用含糊的形容词、副词，特别是在描述时间、数量、频率时，避免使用"有时、经常、偶尔、很少、很多、几乎"之类的词，避免因不同的人对同一个概念产生不同的理解导致题目失去意义。如在题目中出现"偶尔""经常"的选项时，被调查者会因为没有一个"偶尔"与"经常"的区分点而被迫猜测究竟什么样的频率是"偶尔""经常"，只能根据自己的主观判断猜测一个标准，然后依照这个标准回答这个问题。这样得出的结论是非常不可靠的，甚至可能让运用调查报告的决策者因数据的误导而做出错误的决策。因此这些含糊的词应该用定量词来代替。下面的例子中，②显然比①精确得多。

① 学校是否经常开设素质教育类专题讲座？

A. 是　　　　　B. 不是

② 学校每学期开设素质教育类专题讲座多少次？

A. 少于 1 次　　　B. 1 到 2 次　　　C. 3 到 4 次　　　D. 超过 4 次

6. 单一性原则

在一个题目当中只调查一个问题，避免出现复合问题。如果在一个问题中同时询问几件不同的事情，不仅会使被调查者难以作答，而且其结果的统计也很不方便。

例如："你和你的同学是否理解劳模精神和工匠精神的内涵？"问题涉及"你和你的同学"多个主体，以及"劳模精神"和"工匠精神"两个客体。实际生活中，有的被调查者可能觉得他本人理解劳模精神和工匠精神的内涵，而其他同学不理解，或者某些同学不理解；有的被调查者可能觉得自己对劳模精神的内涵比较了解但对工匠精神不太理解，导致无法作答。

防止出现这类问题的最好方法就是使用分离语句，使得一个语句只问一个问题。

7. 间接性原则

避免直接问敏感性问题。敏感性问题就是所调查内容涉及被调查者隐私因而其不愿或不便于公开表态或陈述的问题，如不为一般社会道德所接纳的行为或态度，以及有碍声誉的问题。这类问题涉及被调查者隐私，若直接询问易引起被调查者警惕和反感，被调查者通常会拒绝回答，或采取敷衍、虚假回答的方式，这使得调查者无法得到真实数据，给决策造成偏差。对于敏感性问题，采用非直接、联想式提问，可以在一定程度上削弱被调查者的心理防卫。

8. 非否定性原则

在问卷中避免使用否定性题目或双重否定性题目。日常生活中，人们习惯于直接表述陈述性肯定句式，而不是书面或辩论中的否定句式。一方面，否定式提问会影响被调查者的思维，许多人容易漏掉问题中的"不"字，并在这种理解的基础上来进行回答，容易造成相反意愿的回答或选择；另一方面，在统计数据时需要转换数值（反向数据），增加工作量且容易出错。例如："下列教学方法你不喜欢哪一种？""学生没有一个不喜欢打游戏，是吗？"分别可以改为"下列教学方法你喜欢哪几种？""学生对打游戏的喜好程度是？"。

9. 简单性原则

为了获得必要的信息，题目越简单越好。问题越复杂，就越容易含混不清，回答者的理解就可能越不一致。而问题越简单，含糊不清的可能性就越小。例如，"在你的观念中，你觉得学校英语课程设置中的哪个部分对学生的总体发展来说是最重要的？"完全可以简化为"学校英文课程中的哪个部分是最重要的？"。如需要更多的信息，可以将长问题拆分成几个短问题。

三、设计问卷答案

在问卷调查实践中，无论选择哪种问题类型，都要进行答案设计，尤其是封闭式问题的答案，必须进行全面、系统、详尽的设计，才能将调查内容准确地传递给被调查者，取得对方的充分合作，使其不带偏见地回答问题。

（一）二项选择法

二项选择法又称是否法或真伪法，是指提出的问题仅有两种答案可以选择。如："你是否有驾照？"答案只能为"有"或"无"，这两种答案是对立的、排斥的，被调查者的回答非此即彼，不能有更多的选择。

二项选择法在被调查者的态度与意见不明确时，可以求得明确的判断；在短暂的时间内，求得回答；使中立意见者偏向一方，便于统计处理、分析。但被调查者在回答时不能讲原因，因此该方法一般用于询问一些比较简单的问题，并且两项选择必须是客观存在的，不能是凭空臆造的。需要注意的是，其答案确实属于非此即彼型，否则在分析研究时会导致主观偏差。但大部分问题的答案不能简单设计成"是"或"不是"，此类非此即彼的答案选项忽视了事实上存在的中间状态。

（二）多项选择法

多项选择法是指对所提出的问题预先列两个以上的答案，让被调查者从中任选一项或几项。

这个方法的优点是比二项选择法的强制选择有所缓和，答案也有一定的范围，便于答案的分类整理。但由于被调查者的意见并不一定包含在拟定的答案中，因此答案有可能没有反映其真实意思。因此，可以添加一个灵活选项，如"其他"来避免。同时要注意答案的排列顺序。有些被调查者常常喜欢选择第一个答案，从而使调查结果发生偏差。此外，若答案较多，会使被调查者无从选择，或产生厌烦。一般答案应控制在 8 个以内，当样本量有限时，多项选择易使结果分散，缺乏说服力。

（三）顺位法

顺位法又称序列式，是在多项选择式问句的基础上，列出若干项目，具体顺序则由被调查者根据自己喜欢事物和认识事物的程度等进行排列。被调查者可以按接触的频率，由高至低排列；按印象，由浅至深排列；按信任的程度，由高到低排列。顺位法主要有两种。

一种是对全部答案排序。

例如：请按照您的实际情况，对以下 3 项进行重要程度排序（在□中注上号码 1、2、3）。

□民宿周边的环境氛围　　　□民宿的设施　　　□民宿的服务

另一种是只对其中的某些答案排序。

例如：下面各项中，请您选出重要的 3 项，并按重要的次序注上号码。

□生命　　　　□自由　　　　□爱情　　　　□尊严　　　　□金钱

顺位法便于被调查者对意见、动机、感觉等做衡量和比较，也便于调查者对调查结果加以统计。但调查项目不宜过多，一般少于 10 个，过多则结果容易分散，导致调查者难以分辨被调查者对各项目偏好程度的差别，同时答案的排列顺序也可能对被调查者产生某种暗示。

（四）比较法

比较法是采用对比的提问方式，把一系列可比较的事物整理成两两对比的形式，要求被调查者进行比较并做出肯定回答的方法。

例如：下列是 6 组奶粉的品牌，请选择每一组中您认为奶粉更好喝的那一个品牌。（每一组只选一个，在□中打√）

A. 惠氏□　　雀巢□　　B. 雀巢□　　飞鹤□　　C. 飞鹤□　　美赞臣□

D. 惠氏□　　雅培□　　E. 雅培□　　飞鹤□　　F. 合生元□　　雅培□

比较法适用于对质量和效用等问题做出评价的调查。这种方法采用了两两对比方式，具有一定的强制性，使被调查者易于表达自己的态度。但在实际应用时要考虑被调查者对所要回答问题中的项目是否相当熟悉，否则将会产生空项，再者比较项目不宜过多，以免被调查者产生厌烦心理而影响回答的质量。

（五）矩阵式

矩阵式是将若干同类问题及几组答案集中在一起排列成一个矩阵，由被调查者按照题目要求选择答案。矩阵式可以采取表格式矩阵形式，也可以采取非表格式矩阵形式。

矩阵式可以有效利用空间，减少问卷篇幅，对于如何填答矩阵问题，只需在开头说明一次，对于多问题且有相同多答案的问题，矩阵式是最节省空间的形式。此外，由于问题集中排列，回答方式相同，有利于缩短被调查者阅读、思考和回答问题的时间。但这种集中排列方式较复杂，容易使被调查者产生厌烦心理。

（六）等级式

等级式即列出不同等级的答案，由被调查者根据自己的意见或感受选择答案。

例如：游戏中交易便利性的重要程度如何？

A. 完全不重要　　B. 不重要　　　C. 一般

D. 重要　　　　　E. 非常重要

又如：你喜欢自己所处的学习环境吗？

A. 很不喜欢　　　B. 不太喜欢　　C. 一般

D. 比较喜欢　　　E. 很喜欢

类似的还有同不同意、赞不赞成、满不满意、好不好等。它是将两个反义词按不同等级排列，设中性层次（中间层次），左右两端的层次数最好相等。最常用的等级式是利克特量表。注意：选项不超过 5 个等级，否则被调查者可能会难以做出选择。

此外，还可以用数字、线段等来表示等级。

数字式，即用数字来表示程度。

非常赞成 □ □ □ □ □ 非常不赞成

          2 1 0 -1 -2

或者   5 4 3 2 1

其中，"2"表示非常赞成，"1"表示一般赞成，"0"表示，不知道或不适用，"-1"表示不赞成，"-2"表示坚决不赞成；或者以"5""4""3""2""1"表示。填答者只需在适合的方格内打√。

线段式，即用可见的线段表示程度。

你希望学校安排课外阅读时间吗？

非常希望   ├──┼──┼──┼──┼──┼──┤   非常不希望

该线段从左到右各点依次表示：非常希望、较希望、有点希望、无所谓、有点不希望、较不希望、非常不希望。调查对象在该线段相应的位置圈一个点以表示自己的看法。

四、设计答案时应注意的事项

（一）答案要与题目具有相关性

相关性即所设计出的答案必须与所提出的问题具有相关关系，不要出现文不对题的现象。

例：您每个星期去逛几次街？

A．没有   B．偶尔   C．经常

本题显然出现了文不对题的现象。

（二）答案要穷尽

穷尽是指所列出的答案要包括所有可能的情况，不能有遗漏，这样才能使每个被调查者都有答案可选，不至于无法回答。

例如：您的文化程度是？

A．小学   B．中学   C．大学

本题显然忽略了未上过学和研究生的情况，会导致部分被调查者因找不到合适的答案而放弃回答。

答案可以这样改：

A．小学及以下   B．中等教育   C．大专及以上

当答案过多时，可以只设计几种主要答案，然后加一个"其他"，这样就达到了穷尽的要求。需注意的是，若一项调查结果，选择"其他"的比例较高，说明答案设计不恰当，有些重要的普遍的类别没有列出，难以达到调查目的，应重新设计答案。

（三）答案须互斥

从逻辑上讲，互斥是指两个概念之间不能出现交叉和包容的现象。在设计答案时，同一问

题所列出的若干个答案之间必须是相互排斥的，不能重叠、交叉、包含，否则就会导致被调查者在问卷中同时发现几个答案都符合自己的情况。

例如：您的专业技术职称是什么？

A．初级   B．中级   C．副高   D．高级

本题中"副高"与"高级"，对某些人员来讲，就可能存在交叉问题，若被调查者为副高，其可能会在 C 和 D 两项中犹豫，不知如何作答。

因此答案可以这样设计：

A．初级   B．中级   C．高级

又如：您的年龄是？

A．15 岁以下   B．15 至 30 岁   C．30 至 45 岁

D．45 至 60 岁   E．60 岁或以上

如果某个被调查者为 30 岁，其就难以在 B、C 两项中选择。

（四）答案要对称

在提供带有对比性的选项时，要全面考虑，避免片面化，否则设计出的问卷无法客观反映被调查者的观点、态度。特别是有对比意义的选项，数目要对称，避免产生误导。

例如：您认为高校教师的工资水平如何？

A．工资偏低，应当大幅度提高

B．工资偏低，应当小幅度增加

C．虽然工资偏低，但为了学校建设，可以暂时不增加

D．和劳动生产率相比，工资不算低，不应该增加

本题提供的 4 个选项明显重心偏移，A、B、C 3 个选项约含有"工资偏低"之意，含有"工资合理"之意的仅一项，容易给被调查者选择与"工资偏低"相关选项的暗示。

此外答案的设计要有利于数据处理。一些评估性问题的答案应依等级顺序排列，如很喜欢、喜欢、一般、不喜欢、很讨厌。

（五）答案要通俗

答案中不要出现陌生的、过于专业化的术语，以及模棱两可、含混不清或易产生歧义的词语或概念。

例如：您的性格属于？

A．胆汁质   B．多血质   C．黏液质   D．抑郁质

本题中涉及的 4 个选项是心理学专用术语，很多被调查者可能因不懂其含义而无法回答。有必要换另外同义的通俗说法，或对这 4 个选项加以说明。

（六）答案要有梯度

对问卷中涉及渐进性的问题，答案中应该设计若干具有梯度的选项，而且选项跨度不能太大。

例如：您上周阅读长篇小说多少部？

A．0 部   B．1～10 部   C．11～20 部   D．20 部以上

对本题而言，由于选项之间跨度太大，绝大多数被调查者可能选择前两项，使本题无多大实际统计意义。所以，答案中的选项应该缩小跨度。另外，在一周时间内看 10 多部甚至 20 多

部长篇小说也不符合客观实际。可以考虑这样修改答案选项：

A. 未读或不足 1 部　　B. 1～2 部　　C. 3～4 部　　D. 4 部以上

（七）答案要有相同层次

设计的答案必须具有相同层次的关系，不存在包含关系。

例如：您父母的职业是？

A. 医生　　　B. 教师　　　C. 职场人士　　　D. 其他

其中 C 包含了 A 和 B。

📖 小练习　　　　　大学生华为手机消费调查问卷

我是××大学市场营销专业的学生，现针对在校大学生的华为手机消费情况做一个调查，希望同学们给予支持，谢谢。

1. 你是大学生吗？

　A. 是

　B. 不是，若选 B，终止调查

2. 你的月消费是多少？

　A. 400 元　　　　　B. 500 元　　　　　C. 600 元　　　　　D. 800 元

3. 你目前拥有华为手机吗？

　A. 有　　　　　　　B. 没有

4. 你不使用华为手机的原因是什么？

　A. 没钱购买　　　B. 已经有其他手机　　C. 不喜欢华为手机　　D. 其他

5. 你最近更换过几次手机？

　A. 1 次　　　　　　B. 2 次　　　　　　C. 3 次　　　　　　D. 其他

6. 你过去一年的手机话费是多少？

　A. 300～600 元　　B. 600～800 元　　C. 800～1 000 元　　D. 1 000 元以上

7. 你购买手机首先会考虑哪些方面？

　A. 中央处理器（CPU）性能　　　　　　B. 只读存储器（ROM）大小

　C. 屏幕的色彩度　　　　　　　　　　　D. 电池的耐用程度

　E. 其他

8. 你对华为 Mate 20 价格和便利性的满意程度是？

　A. 一般满意　　　B. 满意　　　　　C. 很满意　　　　D. 很不满意

9. 很多人说华为 Mate 20 在夜拍方面细节还原比 iPhone XS 更胜一筹，你是否也这样认为？

　A. 是　　　　　　B. 否

问题：

1. 问卷初稿设计是否符合调查的目标？

2. 可否用其他问题来了解大学生的态度和购买意向？

3. 问卷中有哪些地方需要修改？

任务三　调查问卷编排

任务描述：当设计好调查问卷的问题和答案后，接下来就要进行问卷的问题顺序编排、完善以及预测试，最终形成一份可用的调查问卷。

一、问题顺序编排

（一）问题顺序编排不当可能造成的误差

心理学研究表明，问题排列的前后顺序有可能影响被调查者的情绪。在大型问卷调查中，同样的一组问题用不同的顺序来提问，得到的结果往往是不一样的。若问题顺序编排不当，则可能造成误差，甚至影响调查的结果。

（1）造成无回答或中途终止访问。问卷结构混乱，问题编排杂乱无章，会导致被调查者在回答问题时思维来回跳跃，产生心理上的反感和厌烦；有些问卷一开始就问敏感性问题或比较复杂的问题，造成被调查者的紧张和抵触心理，直接影响回答的质量。

（2）造成被调查者回答错误。问卷的排列顺序混乱，问卷结构模糊，容易造成被调查者回答错误。

问题排序不当造成对被调查者的诱导。例如，对某品牌的产品进行市场调查，一开始先询问被调查者对该品牌的看法，之后才询问其喜欢的产品品牌，被调查者因为思维惯性，多数会选择该品牌。这导致调查结果可能存在被调查者对该品牌的喜欢程度比实际偏高等问题。

（二）问题顺序编排的技巧

在设计问卷时，问题的安排要具有逻辑性，符合被调查者的思维习惯。问卷中的问题一般可按下列顺序排列。

（1）先运用过滤性问题甄别合格的被调查者。如果某些问题不与所有被调查者相关，可使用过滤性问题，以引导被调查者跳过一些问题。

例如："最近您购买过××牌啤酒吗？"在得到肯定的答复后，则紧接着询问具体情况，"您认为××牌啤酒的口味如何？"如果被调查者回答"否"，则提示其跳过不相关的问题或终止作答。在许多情况下也可能会提供"过滤性问卷"。

（2）先易后难，先简后繁。容易回答的问题放在前面，难以回答的问题放在后面；简单的问题放在前面，复杂的问题放在后面。问卷的前几道题目容易作答能够提高被调查者的积极性，有利于其把问卷答完。

（3）一般性问题在前，敏感性问题在后。在安排问题顺序时，可将虽涉及对方情况，但又不属于机密或敏感性的问题置于前面，这样可以营造一种轻松、随和、融洽的氛围，以便深入调查。较为敏感的问题一般放在靠后位置，这些问题包括：①涉及被调查者的基本信息，如年龄、职业、文化水平、家庭状况等的问题；②涉及被调查者公司内部机密问题，如公司的营业额、利润水平、购销渠道、具体进货价格、营销策略、发展规划等；③较难回答的问题，如类似测试智商的问题、涉及个人政治态度以及难度较大的开放式问题等。

（4）封闭式问题在前，开放式问题在后。这是因为封闭式问题已列出备选的全部答案，较易回答，而开放式问题需要被调查者花费一些时间考虑，放在前面易使被调查者产生畏难情绪，其可能一开始就拒绝作答。

（5）总括性问题在前，特定性问题在后。总括性问题指对某个事物总体特征的提问。例如①"在选择冰箱时，哪些因素会影响你的选择？"就是一个总括性问题。特定性问题指对事物某个要素或某个方面的提问。例如②"你在选择冰箱时，耗电量的重要程度是？"就是一个特定性问题。总括性问题应置于特定性问题之前，否则会影响被调查者对总括性问题的回答。如把②放在①的前面，则①的答案中"耗电量"选择会偏多。

（6）按问题的时间先后顺序排列次序。有些问题具有时间上的逻辑联系，对于这部分的问题，可以考虑先问当前的情况，再问过去的情况。最近发生的事情容易回想，便于作答，因此放在问卷前面；过去发生的事情，由于记忆容易受到干扰，不容易回想，因此放在问卷后面。

例如，可先问"你现在使用的是什么牌子的洗发水？"，然后再问"在使用这个牌子的洗发水之前你使用过什么品牌？"。不宜远近交错、前后跳跃，否则容易打乱被调查者的思路，因为人们总习惯按照一定的时间顺序进行思考。

（7）相同性质或同类问题尽量集中排列。问卷中出现的相同性质或同类问题应尽量安排在一起，这样被调查者作答时思路不至于经常被不同性质的问题打断，也不至于频繁地在不同内容之间跳跃，从而避免被调查者的疲劳和厌烦，提高问卷的回收率和有效率。

二、问卷的完善

（一）问卷的评价

一旦问卷草稿设计好后，问卷设计人员应再回过来进行批评性评估。在问卷评估过程中，下面一些事项应当考虑。

（1）问题是否必要。

（2）问卷是否太长。在街上拦截或电话调查的问卷如果作答时长超过 20 分钟，就应当删减。如果有比较有吸引力的刺激物，问卷可稍微长一些。入户调查问卷的作答时长最好不要超过 45 分钟。

（3）问卷是否包含调查目的所需的信息。

（4）邮寄及自填问卷的外观设计是否美观。

（5）开放式问题是否留足作答空间。

（6）问卷说明是否用了明显字体。

（二）确定问卷的版面格式

问卷的排版装订也是问卷设计的重要内容。排版应做到简洁明快、便于阅读，问卷四边留出足够的空间，装订应整齐、雅观，便于携带，便于保存。具体来说，问卷的排版装订可以参照以下几点。

（1）调查问卷的设计整体上要简练，排版不能过紧、过密，字间距、行间距要适当。

（2）多项选择题的选项，尤其答案字数过多的，应采用竖排形式。竖排虽占用一定的空间，但能使版面简洁明快，便于阅读和理解。

（3）问卷的问题按信息的性质可分为几个部分，每个部分以标题隔开或加一段过渡说明（衔接语）。这样可以使整张问卷条理更为清楚，同时也便于后期的数据整理与统计。

（4）字体和字号要有机组合，可适当通过变换字体和字号来美化版面，也可以通过使用不同的颜色来引发被调查者的兴趣。

（5）同一个问题应排在同一页，避免翻页对照的麻烦和漏答。

（6）开放式问题一定要留足空间供被调查者填写。如果空间太小，将导致被调查者不重视，只给出很少的信息。一般来讲，一个开放式问题应留出 3～5 行的作答空间。

（7）调查问卷用纸应尽量精良，页数较多时应装订成册。劣质的纸张、粗糙的印刷和混乱的装订会引起负效用。

三、问卷的预测试

问卷草稿完成后，应该分发到有权管理这一项目的部门及委托方，问卷获得各方认可是很有必要的。当问卷已经获得委托方的最终认可后，还必须预先在小范围内进行测试。通过试调查寻找问卷中存在的错误解释、不连贯的地方、不正确的跳跃模式。经过修改，并同时与委托方讨论再修改后，才可定下正式问卷。如果预测试导致问卷产生较大的改动，应进行第二次测试。测试人数为 20～100 人，样本数不宜太多，也不要太少。

试调查也可起到训练没有经验的调查者的作用，使调查者对实际调查工作有一个初步的认识。

任务四　在线调查问卷

任务描述：由于传统问卷调查需要消耗大量的人力、时间和经费，所以现在大家都比较偏向于选择效率高、费用少且方便分析的在线问卷调查。在目前市场上，问卷网、腾讯问卷和问卷星这 3 个是较为常见的专业的问卷平台。本书以问卷星为例讲解如何使用在线问卷系统完成问卷调查及对收集到的数据进行分析。

一、设计在线问卷

问卷星是一个专业的在线问卷调查、考试、测评、投票平台，专注于为用户提供功能强大、人性化的在线设计问卷、采集数据、自定义报表、分析调查结果等系列服务。

（一）创建问卷

（1）进入问卷星官网，注册完成后登录，单击"免费使用"按钮，如图 6-1 所示。

图 6-1　登录页面

（2）单击左侧"创建问卷"按钮，随即出现类型选择页面。问卷星 PC 端提供 8 种创建类型：调查、考试、投票、表单流程、360 度评估、测评、接龙和民主测评，基于需求选择创建类型即可。对大多数人来说，最常用的是前 4 种，每种类型的主要功能摘要下面都有简要说明。大多数生活、学习、研究类问卷调查适合选择排在最前的"调查"类型，如图 6-2 所示。

图 6-2　类型选择页面

（3）输入调查标题，单击"立即创建"按钮，如图 6-3 所示。

图 6-3　创建问卷页面

（二）设计问卷

1. 添加问卷主体

进入问卷题型设计页面（见图 6-4）后，可以在右侧问卷标题下面添加问卷说明。设置题目的方法比较简单，先选择题目编辑区左边对应的题型，再在右边的题目编辑区进行题干、选项等具体设置即可。单击选项右侧的"⊕"或下方的"添加选项"即可以添加选项，单击右侧的"⊖"可删除或者减少选项。也可单击右侧图标上传图片作为答案选项，让被调查者从中选择；单击"允许填空"即显示填空下画线。完成后单击下方的"完成编辑"按钮即可。

图 6-4 问卷题型设计页面

与线下问卷相比，在线问卷更容易被用户放弃。因此，建议问卷内容不要太多。除非问卷本身很有价值，或者其自身的品牌影响力足够，否则不建议使用填空题来占用用户的时间。

调查问卷的题目是有顺序的，相关性强或前后有逻辑关系的问题要按顺序排列。添加每道题目之后，都可以在题目编辑区底部进行逻辑设置。逻辑设置分为 5 种：题目关联、跳题逻辑、选项关联、隐藏题目、计算公式。

2. 问卷修改

将光标移至完成的题目上，会出现一行灰色按钮，可随时对题目进行编辑、复制、删除以及调整顺序等操作。此外可单击"批量添加题目"按钮，如图 6-5 所示，选择从题库添加之前做的模板。

图 6-5 问卷修改

在编辑过程中可以随时单击"预览"，查看调查问卷设计效果，确定之后单击"关闭预览"。如果问卷完成，则需单击页面上方的"完成编辑"完成问卷编辑工作。

3．问卷外观设计

单击"问卷外观"选项，选中"手机预览"或"计算机预览"选项。用户可以使用问卷星提供的预定义背景，企业版及以上版本的用户除了可以自己上传一张图片作为背景外，还可以在页眉位置添加自己的 Logo 图片。图 6-6 所示为问卷外观设计页面。

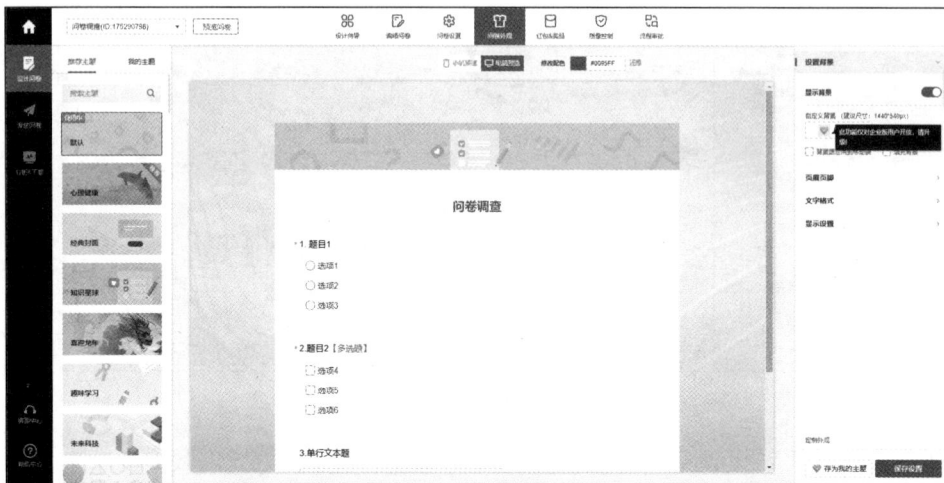

图 6-6　问卷外观设计页面

用户可以在页脚添加版权信息或企业信息，居中显示。在"文字格式"下可以设置标题按钮颜色、题干文字颜色以及问卷的字体大小。问卷格式设计如图 6-7 所示。

图 6-7　问卷格式设计

4．问卷限制设计

单击"问卷设置"选项，用户可以设置作答次数限制（如作答设备控制、IP 地址限制、微信作答控制）、跳转（跳转到指定页面等）、时间控制等，如图 6-8 所示。企业版及以上版本的用户若只想让指定的人群填写问卷，还可以使用问卷密码保护。

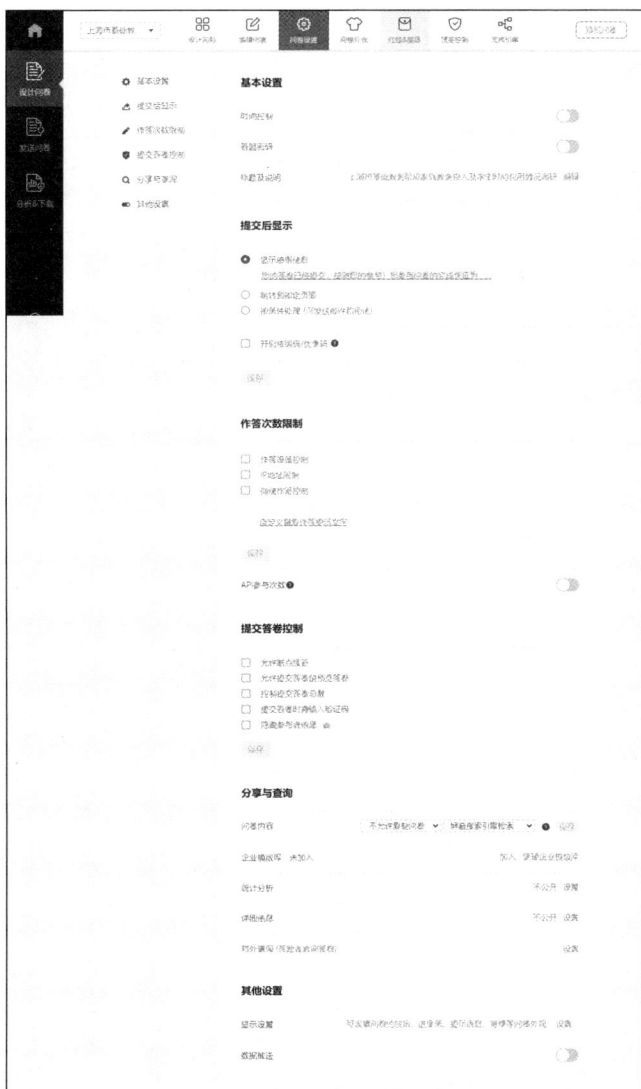

图 6-8 问卷限制设计

（三）发送问卷

在向其他人发送问卷之前，需要先发布问卷，因此问卷外观和问卷限制设计等设置完后，选择页面上方的"设计向导"选项，此时页面有一句提示：此问卷处于草稿状态，如果您的问卷准备就绪，您可以发布此问卷。单击"发布此问卷"按钮进行发布问卷的操作，如图 6-9 所示。

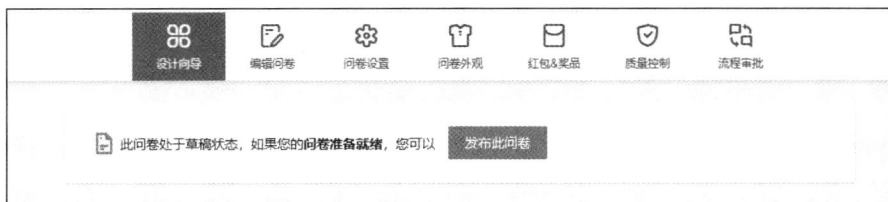

图 6-9 单击"发布此问卷"按钮

用户如果没有进行实名认证，单击"发布此问卷"按钮时，页面会出现一个二维码，用户需要扫描二维码进行实名认证。

单击"发布此问卷"按钮，生成问卷链接与二维码。此时，可以直接复制问卷链接或二维码转发至微信、QQ、微博等社交媒体，还可单击链接下方的"制作海报"按钮，生成二维码海报。

在自定义来源中，可以根据不同人群自定义问卷链接，例如，为教师和学生设置两个问卷链接，使其分开作答。

此外，还可以通过复制问卷代码的方式将问卷嵌入自己的网站中。图 6-10 所示为"发送问卷"页面。

图 6-10 "发送问卷"页面

二、问卷统计分析

一旦有人填写问卷，问卷星会自动对结果进行统计分析，并实时更新结果信息，用户可以随时查看或下载问卷结果。

（一）进入分析页面

成功登录之后系统会自动跳转到问卷星的个人页面，单击"我的问卷"，然后找到想要查看结果的问卷，单击该问卷对应的"分析&下载"，然后单击下拉列表里的"统计&分析"，如图 6-11 所示。

图 6-11　统计结果处理

（二）数据统计分析

统计分析分为默认报告、分类统计、交叉分析、自定义查询和在线 SPSS 分析 5 类。

1. 默认报告

默认报告是按题目顺序呈现的，按选项列出了每道题的填写份数及比例。除表格外，还可根据需要选择饼状图、圆环图、柱状图、条形图等呈现方式；也可以选择隐藏零数据，只呈现有效数据。默认报告数据呈现如图 6-12 所示。

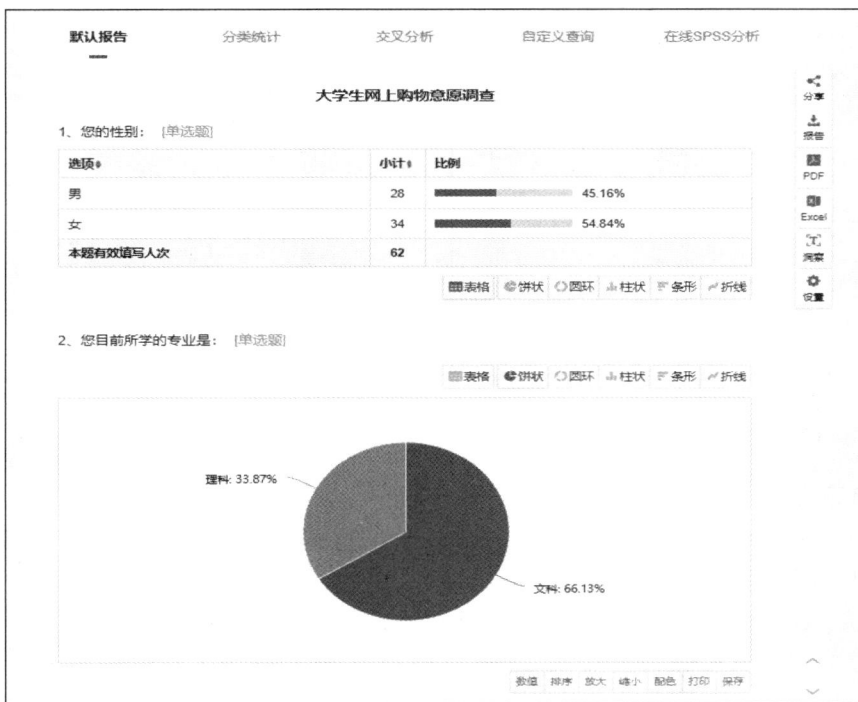

图 6-12　默认报告数据呈现

2. 分类统计

分类统计功能可以以问卷中任何一道或多道选择题的选项、填写者 IP 所在省份或城市、答卷来源为依据进行分类，从而得到每一类答卷的统计报告。分类统计最多只允许 2 个筛选条件。如需组合更多条件，可使用自定义查询功能。在选择 2 个题目后，选项进行交叉叠加，叠加结果显示在筛选条件下面。选择需要的筛选条件后，按选择的筛选条件呈现问卷结果。例如，选择男性每月网上购物 1～3 次的筛选条件后显示 12 条数据结果，如图 6-13 所示。

3. 交叉分析

使用交叉分析，用户可以设定一个或多个自变量、因变量，从而得到在自变量不同水平上因变量数据的差异，并以数据表格或折线图、柱状图等方式呈现。用于交叉分析的自变量最多只能添加两个，因变量可以添加多个，可以把不作为自变量的题目都添加上。添加完毕后，单击"交叉分析"按钮，数据结果按照筛选条件显示，如图 6-14 所示。

图 6-13　分类统计结果呈现

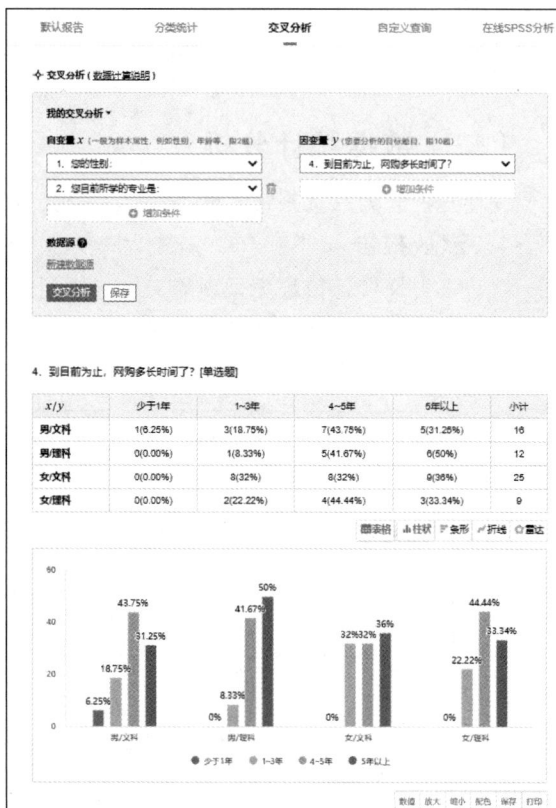

图 6-14　交叉分析结果呈现

4. 自定义查询

使用自定义查询功能可以灵活设置一个或多个筛选条件，从而查询到所需要的答卷数据。以下是一些典型的示例。

（1）以填写日期为条件进行自定义查询可以得到某日的答卷。

（2）以 IP 地址为条件进行自定义查询可以得到 IP 地址为××××××的答卷。

（3）使用自定义查询还可以合并多个选项的数据，例如以每月网上购物次数为条件将次数为 1～3 次与 4～6 次的答卷合并，然后单击"查询"按钮可以得到每月网上购物次数为 1～6 次的报表，如图 6-15 所示。

在不购买企业版的情况下，自定义查询最多只允许两个查询条件。

5. 在线 SPSS 分析

使用在线 SPSS 分析功能可以进行信度分析、效度分析、相关分析、回归分析及方差分析。

单击"新增分析"按钮，选择合适的分析方法；此外，还可以同步答卷数据至 SPSSAU 平台进行在线分析，如图 6-16 所示。

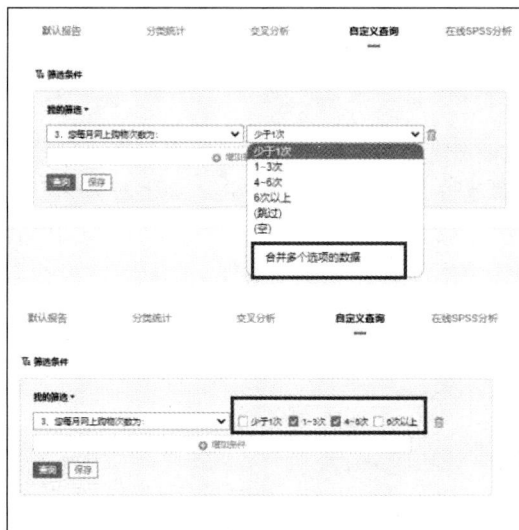

图 6-15　自定义查询

图 6-16　在线 SPSS 分析

数据分析结果报告可以分享、下载、导出为 Excel 表格，均为免费。PC 端和移动端都能进行问卷编辑和结果查看，非常方便。

当然，调查问卷的最终设计取决于调查者的需求和目的，工具并不能做到完美，更多技巧还需在实践中总结和发现。

项目拓展

祥瑞酒店

随着我国经济的快速发展，酒店的数量不断增多，消费者对酒店餐饮服务也逐渐有了更多、更高的要求。祥瑞酒店新上任的王经理为了进一步提高酒店管理水平，特意邀请了两家他比较信任的调查公司来设计消费者对酒店满意程度的调查。

这两家公司均采用了问卷调查的方法，但在问卷发放形式上有所不同。第一家公司建议采用电话调查的方式，拟抽取 600 名酒店消费者进行电话调查。经计算，该抽样方式所提供的消费者满意程度评估的结果有 95% 的把握度，误差不超过 5%。第二家公司建议采用邮寄调查的方式，从全市的家庭中进行抽样。理由有两条：一是邮寄调查成本低、质量高，电话调查的成本约为 7 800 元，而邮寄调查的成本约为 5 600 元；二是消费者自填问卷时比接受电话调查时更坦率。初步计算：邮寄调查的回收率为 25%，即 75% 的人不回信，如果回信人的观点截然不同，那么调查结果就有偏差，不能真实代表消费者的意见。电话调查的回答率估计为 70%。尽管电话调查仍存在很高的不回答率，但潜在的不回答者要少得多。另外，电话调查更快捷，大约两周就可完成，邮寄调查则需六周时间。

问题：

1. 如果你是王经理，你会采用什么方法？请说明理由。

2. 如果王经理采用邮寄调查的方式，能否采用某种激励方式提高回收率？

3. 还可以采用其他方法发放问卷吗？请加以说明。

项目实训

【实训任务】随着智能手机的迅速普及与 5G 的飞速发展，当下大学生的娱乐方式也发生了巨大的变化。目前，手机游戏已经成了大学生们喜爱的一种休闲娱乐方式。为了解大学生手机游戏消费现状，从中找出大学生手机游戏消费规律，委托你在问卷星上设计一份调查问卷并进行发放，你需要对问卷调查结果进行分析，以此对在校大学生正确安排课余时间、在游戏方面合理消费提出可行性建议。

【实训组织】5 人一组，以小组为单位进行实训，注册问卷星账号。

【实训要求】

（1）问卷的结构要完整、内容要科学。

（2）问卷的提问紧扣调查主题。

（3）问卷的答案设置科学，用词准确。

【实训成果】

（1）进行 PPT 展示。

（2）将问卷发放给全班同学填写，并下载数据分析报告。

【实训考核】全班讨论、交流，同学与教师评分。

项目七

访谈法

学习目标 ↓

项目目标

※ 了解访谈法的概念、特点和访谈的分类

※ 理解访谈提纲设计的原则和步骤

※ 掌握访谈实施的过程

技能目标

※ 会撰写访谈方案

※ 会设计访谈提纲

※ 能够实施访谈

※ 会整理访谈资料

素质目标

※ 培养在工作中的科学精神和创新精神

※ 培养在资料收集中的责任意识

提交成果 ↓

※ 访谈方案展示

※ 访谈提纲展示

※ 访谈报告（访谈资料整理成果）展示

案例导入

《改变世界·中国杰出企业家管理思想访谈录》是第一财经联合复旦大学管理学奖励基金会、复旦大学东方管理研究院等合作开展的项目。该项目旨在将我国优秀企业家具有特色的管理思想和卓有成效的管理实践归纳总结成中国特色的管理理论，以记录式电视专题片形式传递东方管理智慧。2021 年 10 月 26 日《改变世界·中国杰出企业家管理思想访谈录》项目组访谈福耀集团董事长曹德旺先生。访谈中，苏勇教授与曹德旺董事长紧紧围绕"敬天爱人，止于至善"这个主题，在产品研发、质量管理、与合作者的关系维护、国际市场开拓、慈善事业开展等方面展开了热烈的交流，还就中国制造业面临的挑战和未来发展、企业家自律等问题进行了讨论。

问题：

1. 如何设计访谈方案？
2. 如何设计访谈提纲？
3. 如何实施访谈？

任务一　认识访谈法

任务描述： 通过学习访谈法和访谈分类的内容，学会撰写访谈方案。

一、访谈法的概念和特点

（一）访谈法的概念

访谈法又称询问调查法，是指由调查者直接或间接向被调查者提出问题，通过被调查者口头回答或填写调查表等形式来收集市场信息资料的一种方法。访谈法是最常用、最基本的市场调查方法。

（二）访谈法的特点

（1）问答性。调查者按事先拟定好的调查项目或调查问卷，向被调查者直接或间接提问，由被调查者一一回答，调查者收取调查资料。

（2）多样性。调查方式可为口头形式，也可为书面、问卷和电话等形式，调查同一个问题时，调查者可以根据被调查者的情况，从多方面进行了解，多角度灵活提问，收集被调查者的意见。

（3）简明性。调查者提问应简明扼要、直截了当，不能烦琐、含混不清，否则将影响访谈质量。

二、访谈的分类

（一）按访问方式分类

按访问方式，访谈可以分为直接访谈和间接访谈。

1. 直接访谈

直接访谈就是调查者通过与受访者使用同一种语言进行面对面交谈而获取信息的调查方法。直接访谈所获取的信息往往更真实、完整，但同时成本往往也较高。

2. 间接访谈

间接访谈是调查者借助通信工具对受访者进行非面对面的交谈，或者通过翻译进行不同语言的交谈从而获取信息的调查方法，如电话访谈、网络聊天等。其中，电话访谈是应用最广泛的间接访谈。间接访谈可以使访谈更加方便、快捷，并降低成本，但常常要损失一些信息，并且对访谈质量的控制较差。

（二）按访问内容分类

按访问内容，访谈可以分为标准化访谈和非标准化访谈。

1. 标准化访谈

标准化访谈是调查者根据设计好的访谈问卷向受访者提出问题，然后将其回答填写在问卷上的方法。这是一种高度控制的访谈方法。标准化访谈的特点是对在访谈中涉及的所有问题，如选择访谈对象的标准和方法、访谈中提出的问题、提问的方式和顺序、受访者回答的记录方式、访谈时间和地点等都有统一规定。在访谈过程中，调查者不能随意更改访谈的程序和内容。

2. 非标准化访谈

非标准化访谈是指事先不制定统一的问卷，只是根据拟定的访谈提纲或某一题目，由调查者与受访者进行自由交谈从而获取资料的方法。与标准化访谈相比，这种访谈几乎无限制，调查者可随时调整访谈的内容、深度和广度。非标准化访谈又分为重点访谈和深度访谈。

（1）重点访谈。重点访谈是根据事先确定的题目和假设，重点就某一个方面的问题进行有针对性的访谈。重点访谈的关键是课题的选择和题目的拟定。例如，研究教师在课堂上对学生行为控制的问题，可以把有关事件的录像放给受访者看，让他们谈对事件的评价、感受和意见，从而寻找出最佳行为控制模式。

（2）深度访谈。深度访谈又称临床式访谈、个人案史访谈，是为了取得某种特定行为及行为动机的主观资料所做的访谈，经常用于对特殊人群的个案调查。例如，研究一名学生交友中的性别社会化和性别认同发展问题，通过对其生活史访谈，如他对父母的感情、与兄弟姐妹的关系等问题，再加上其他方面的深入研究，就可以加深对该名学生交友问题的研究。

（三）根据访谈内容和过程有无统一要求和统一结构分类

根据访谈内容和过程有无统一要求和统一结构，访谈可分为结构式访谈、半结构式访谈和非结构式访谈。

1. 结构式访谈

结构式访谈也叫标准化访谈，是按照统一设计的有一定结构的问卷所进行的访谈。它的特点是：对每个受访者来说，访谈中提出的问题、提问的方式和顺序以及回答的格式和记录方式等都是相同的，有时甚至连访谈的时间、地点、周围环境等外部条件也基本一致。结构式访谈的最大好处是，访谈结果在形式上比较统一，便于进行量化的统计分析。但是，结构式访谈获取的资料比较固定，难以获取问卷之外的信息。

2. 半结构式访谈

半结构式访谈指按照粗略的访谈提纲而进行的非正式的访谈，对受访者的条件、所要询问的问题等只有粗略的基本要求。调查者可以根据访谈时的实际情况灵活地做出必要的调整，至于提问的方式和顺序、受访者回答的方式、访谈的记录方式和访谈的时间、地点等没有具体的要求，由调查者根据情况灵活处理。

3. 非结构式访谈

非结构式访谈也叫开放式访谈或非标准化访谈，是指不对访谈的方式和内容预设严格的限制，而只按照一个大致的访谈提纲而围绕某一主题所进行的访谈。这种访谈对提问的方式和顺序、受访者的回答及其记录、访谈时的外部环境等都不做统一的规定和要求，而由调查者根据具体情况灵活处理。非结构式访谈的最大特点是弹性大，有利于充分发挥调查者和受访者的主动性和创造性。但这种方法比较费时，访谈结果难以定量分析，对调查者的要求也更高，调查者的态度、素质、经验等对访谈结果有决定性的影响。

（四）按访谈内容传递方式分类

按访谈内容传递方式，访谈可以分为面谈调查、电话调查、邮寄调查和留置调查等。

1. 面谈调查

面谈调查是调查者根据调查提纲直接访问被调查者，当面询问有关问题，可以是个别面谈，主要通过口头询问；也可以是群体面谈，可通过座谈会等形式。面谈调查具体可分为入户访问、拦截访问等。

（1）入户访问。入户访问是调查者按照抽样方案中的要求，到抽中的家庭或单位中，按事先规定的方法选取适当的受访者，再依照问卷或调查提纲，进行面对面的直接访问。入户访问适用于小规模、需要深入的调查。例如：要得到顾客对某个产品的构想或对某个广告样本的想法。入户访问还适用于样本选择与居住地点、工作地点密切相关的调查。例如：某便利店针对周边住户的购买行为进行的调查、某餐饮店的选址调查。

（2）拦截访问。拦截访问又称街头调查，是一种比较常用的任意抽样，通常被用于定量问卷调查，约占个人访问总量的三分之一。这种调查方法相对简单，在超市、写字楼、街面、车站、停车场等公共场所均可以进行这样的访问。

2. 电话调查

电话调查指通过电话向受访者询问，以获取信息资料的一种调查方法。受访者以装配固定电话和无线通信工具的对象为主。这种访谈方式的特点是搜集资料的速度快、费用低，可节省大量的调查时间和调查经费；资料搜集覆盖面广，可以对任何有电话的地区、单位和个人直接进行电话调查。

3. 邮寄调查

邮寄调查是将调查问卷通过邮局寄给受访者，由受访者根据调查问卷的填写要求填好后寄回的一种调查方法。采用此法的关键是选好邮寄调查的对象。采用这种调查方式，调查区域较广，调查成本低，而且不需要专门对调查者进行培训和管理。

4. 留置调查

留置调查是指将调查问卷当面交给受访者，说明调查意图和填写的要求，并留下问卷，让受访者自行填写，之后再按约定日期收回问卷的一种调查方法。此方法在一定程度上综合了面谈调查和邮寄调查的优点，弥补了二者的不足。

（五）按一次被访谈的人数分类

按一次被访谈的人数，访谈可以分为个别访谈和小组访谈。

1. 个别访谈

个别访谈是由调查者和一个受访者所构成的访谈，它常用于深入了解特定个体的情况，尤其是用于了解带有个人性、隐私性和隐蔽性的问题。

2. 小组访谈

小组访谈有时又称为座谈、集体访谈，是由调查者同时对多名受访者进行的访谈。小组访谈的最大特点是可以在多名受访者之间形成对问题的讨论，通过他们之间的横向交流而拓展思路，引起对所讨论问题更广阔的、更深入的思考，从而使调查者获得更多的信息。在社会研究中，调查者常常邀请同类群体就某一问题进行小组访谈，这种方法被称为焦点小组法。

任务二　访谈提纲设计

任务描述：熟悉访谈提纲内容，设计一份访谈提纲。

一、访谈提纲设计的原则

（1）访谈题目既要精练，又要表达清楚问题；既要有学术性，又不能太学术化。也就是说，访谈题目不能因为精练而语焉不详；也不能因为学术性而使得语言晦涩难懂。

（2）访谈各题目之间具有并列关系和递进关系，不能是重叠或重复和相互包含的关系；各访谈题目构成总主题的各个方面。换言之，总题目是各分题目的逻辑总和。

（3）访谈题目不宜太多、太细，一定要有针对性；问题应该是开放性的，不能是封闭性的，避免出现简单的是否题，同时也要避免出现诱导性题目。一般而言，访谈题目以 6～8 个为宜，不要超过 10 个。

（4）访谈提纲要简明、全面，把各要点罗列清楚，切忌过分繁复。提纲就是指纲目，而不是指过分繁复的内容。

二、访谈提纲设计的步骤

（一）确定访谈目的与变量

设计访谈提纲的第一步就是明确访谈目的，并将其进一步具体化为各种访谈研究变量。首先需要将一个笼统的、大的研究目的和问题，变为一个具体、限定的研究目的与问题，并提出对研究问题的各种具体假设，然后根据这一具体问题，详细列出研究所涉及各类变量的类别与名称，最好列出一个变量简表。

（二）访谈问题形式的设计

1. 访谈问题具体形式的选择

确定访谈目的与变量后，就需要根据具体研究目的、访谈对象具体情况、访谈人员的有关经验考虑访谈问题具体形式，以便编制具体访谈问题。访谈问题有两种具体形式：开放式问题与封闭式问题。

（1）开放式问题。开放式问题又称非限定性问题，要求访谈对象根据自己的想法，用自己的语言回答，如"请您谈谈自己工作中做得最满意的三件事"。

开放式问题的优点是有利于访谈对象充分表达自己的思想和情感，有利于获取额外信息，有利于对不明确的问题进行追问；缺点是计分困难，带有很强的主观性。

（2）封闭式问题。封闭式问题又称固定选择性问题，要求访谈对象在事先确定的几个答案中选择一个自己认为最合适的答案，如"您对目前工作的满意程度如何？A. 满意　B. 谈不上满意与否　C. 不满意"。

封闭式问题的优点是易于计分，能保证结果的标准化和客观性；缺点是答案有时不能反映访谈对象的有关情况，难以列出所有答案，缺乏灵活性。

2. 访谈问题顺序的编排

访谈问题顺序的编排一般遵循"漏斗顺序"原则，即先由一般、开放式问题逐步到具体、封闭式问题，由较大问题到较小问题。问题过渡要自然平稳，逐步推进，前后问题要有逻辑性。另外，开始时不宜问一些直截了当的问题，如描述对方家庭关系等，应该询问一些事实性问题，逐渐过渡到询问具体研究的问题。

（三）具体访谈问题的编制

1. 问题的反应方式

（1）填空式：如"您的职业是（　　　）"。

（2）量表式：多采用利克特量表，如"我是一个健谈的人。

A. 非常不符合　B. 比较不符合　C. 不确定　D. 比较符合　E. 非常符合"

（3）等级排列式：如对同伴的喜欢程度进行排序。

（4）对错式：如您认为我的观点是对的还是错的？

2. 选择问题反应方式应注意的问题

（1）所研究变量的性质：命名变量、等级变量、连续变量。

（2）统计处理需要的数据类型。

（3）反应灵活性：填空式最灵活，对错式灵活程度最低。

（4）完成访谈所需时间多少：等级排列式和量表式比较费时，对错式省时间。

（5）计分难易程度：填空式计分难，其他方式计分容易。

任务三　访谈实施

任务描述：通过学习访谈实施过程中的 3 个阶段，完成一次访谈。

一、访谈实施准备阶段

（一）访谈实施准备步骤

（1）确定访谈主要内容，紧扣选题确定访谈内容。

（2）选择适当的访谈方法。根据研究目的选择适当的访谈方法，例如直接访谈还是间接访谈、标准化访谈还是非标准化访谈、个别访谈还是小组访谈等。

（3）制作访谈提纲和所需表格。

（4）确定合适的访谈对象。访谈对象的选择皆服务于访谈目的。

（5）了解受访者的基本情况。根据受访者的性别、职业、年龄、文化程度、兴趣、经历等设计多种联络、提问和问题过渡的方式。

（6）拟定实施程序表（包含时间、地点等）。拟定访谈时间时需注意以下几点：最佳访谈时间是受访者工作、家务不太繁忙而且心情舒畅的时候，一般要求尽量照顾受访者的工作、学习和娱乐的方便，以免使受访者产生厌倦心理。每次访谈的时间不应过长，对单个受访者的访谈次数也不宜过多，否则受访者可能会厌烦。访谈地点尽量安排在受访者的住所或工作地点附近，以有利于受访者准确回答问题和畅所欲言。

（7）备齐访谈工具（包括文具、介绍信、录音机、照相机、摄像机等）。

（二）访谈人员的选择与培训

1. 访谈人员的选择

（1）访谈人员选择的标准主要包括：对工作认真负责；对访谈有兴趣；具有一定的知识和技能；吃苦耐劳；有一定交际能力。

（2）访谈人员一般有3类：研究人员或工作人员，高年级大学生或研究生，中小学教师。尽量选用研究生或高年级大学生，必要时选用中小学教师。

2. 访谈人员的培训

（1）培训内容。

① 访谈的目的、意义、时间安排和具体要求。

② 必要的知识准备。

③ 访谈方法和技巧的训练。

（2）培训的步骤与方法。

① 访谈简介与说明，包括目的、要求、内容、方法、具体时间、地点、人数等。

② 阅读访谈问卷与重点讲解：解释每个问题的含义，鼓励提问并加以解答，对措辞或问题解释到什么程度做出统一规定。

③ 示范与模拟：现场扮演，进行体验和学习。

④ 现场实习访谈：对真正的访谈对象进行访谈，分析实习访谈结果。

二、访谈实施阶段

（一）初步接触受访者

1. 接近受访者的过程

首先应考虑称呼问题，接下来自我介绍。自我介绍应该不卑不亢、简单明了，必要时出示证件。之后，应说明访谈的目的、意义、内容、完成时间等。

（1）获准进入。获准进入常用两种方式：一是通过正式渠道，获得组织和单位的介绍信，自上而下地进入；二是启用亲友关系网络，即通过熟人介绍的路径进入。

（2）建立信任。"准入"意味着受访者接受了访谈人员。双方落座后，建立信任紧接着就成了访谈人员要做的事情。解决这个问题的关键不在于技巧而在于态度。这就要求访谈人员悬置社会研究的态度，与受访者一同参与到对话过程中，并通过对日常生活的提问，掌握一些双方得以共同对话的基本知识。

2. 接近受访者应注意的问题

（1）衣着打扮要得体、大方、干净整洁。

（2）介绍自己和访谈内容时应该沉着自信，不能盛气凌人。

（3）用正面肯定的语气邀请对方参与研究。

（4）强调访谈内容保密，使对方放心。

（5）注意观察对方的衣着打扮、外貌特点和言行举止，并以此确定接近对方的方式。

3. 应对受访者拒绝技巧

（1）如果对方对访谈人员的身份不放心，访谈人员应该出示证件。

（2）如果对方对访谈不感兴趣或认为访谈没有意义，访谈人员应更详细地说明意义。

（3）如果对方对访谈内容的保密性不放心，访谈人员就应说明结果处理与呈现方式。

（4）如果对方确实很忙，访谈人员就应该另约时间。

（5）如果感觉双方差别确实很大，访谈人员就应该有礼貌告退，另找合适的受访者。

（二）正式访谈

尽管"顺利进门是成功的一半"，但访谈毕竟不是为了交际，而是要收集研究资料，所以访谈人员和受访者如何交谈才是最重要的。在影响访谈能否成功的诸多因素中，访谈技巧最难掌握，也最重要，因为它直接影响访谈人员从受访者处获得的信息量。访谈的实质是，有备而来的访谈人员要通过一连串提问，让受访者（知情人）打开心扉将其知晓的信息一点一点吐露出来。

1. 提问技巧

（1）所提问题的类型

所提问题分为研究问题和非研究问题，后者可以使访谈连贯、过渡自然。一般来说，访谈人员开始应该提一些非研究问题，从询问对方的一般工作、学习情况等入手，以营造友好的访谈气氛。等双方关系融洽后，就可以提研究问题。

（2）提问应注意的事项

① 严格按照问卷上问题编排顺序提问。

② 严格按照原题提问。

③ 避免对对方进行引导。

④ 尽可能在轻松、愉快、友好的氛围中访谈。

⑤ 注意保持同对方的交流，认真倾听，并做出必要反应。

⑥ 善于用有礼貌的方式把控整个访谈过程，紧扣主题，或终止冗长而不得要领的话。

⑦ 如发现遗漏内容，请对方补充回答。

⑧ 不断鼓励对方，以保持其积极性。

⑨ 注意言语信息和非言语信息，注意观察对方的动作、姿态和表情。

2. 追问技巧

（1）追问的意义

受访者的回答常出现如下情况：有的残缺不全；有的含混不清；有的过于笼统、不准确；有的答非所问。此时，访谈人员应该追问，以引导受访者更全面、更准确地回答问题。

（2）追问的类别

① 详尽式追问："还有什么吗？"

② 说明性追问："为什么这样认为？"

③ 系统追问："他们听谁说的？"

④ 假设追问："假如您是当事人，您会怎么做？"

⑤ 情感反应性追问："您对此事态度如何？"

（3）追问的方式

① 当对方犹豫不决或不理解时，采用重复问题的方式。

② 当对方回答得没有把握时，采用重复答案的方式。

③ 为了鼓励对方谈下去，可用言语方式或非言语方式表示已经听懂或明白。

④ 当需要对方提供更多信息时，可采用中性评价的方式，如"您讲的对我很有启发"。

3. 访谈的记录

（1）记录的方式

① 人员记录。一般来说，个别访谈中访谈人员亲自做记录，小组访谈中可以安排专人记录。现场记录主要是记录受访者所说的内容，也可以记录访谈人员在访谈过程中看到的受访者的行为、表情、反应等，还可以记录访谈人员自己在访谈现场的感受、情绪和体会。用笔记录要注意提高记录速度，事后还要及时进行整理，把记录不完整的内容补充完整，把没有记录下来的补上，同时也不要因为一味埋头记录而忽视了适当回应。

② 机器记录。某些时候，由于一些原因，访谈人员难以获得完整的谈话记录，为了获得更完整的信息，在征得受访者允许的前提下，可以借助一些设备（照相机、摄像机、录音笔、手机等）来辅助访谈。这样可以避免访谈人员笔记的误差，使得整个访谈情境可以重复、再现，便于日后资料的分析和整理。访谈人员也不必为笔录而分心，可以专注于谈话内容。

当使用辅助设备时，首先要征得对方同意。事先检查设备是否运转正常；如果是录音器材，则要放在距离受访者近一些的地方，保证音质；如果是摄像器材，则要放在受访者稍侧面的位置，不要放在其正对面，避免受访者产生不必要的心理压力。

（2）记录应注意的问题

① 记录尽可能详尽。

② 围绕访谈内容记录。

③ 记录过程中不要总结或改正语法。

④ 注意记录非言语信息。

⑤ 不能让受访者看到记录结果。

⑥ 记录时应保持与对方交流，防止中断。

⑦ 访谈结束后应尽快整理访谈记录。

（三）结束访谈

1. 判断是否应该结束

（1）问题是否问完？

（2）对方回答的内容是否充分？

（3）能不能、有无必要继续谈下去？

2. 结束访谈时应注意的问题

（1）严格控制和掌握访谈时间。一般情况下，受访者保持注意力的时间分别是：电话访谈为 20 分钟左右；结构式访谈为 45 分钟左右；小组访谈和非结构式访谈不超过 2 小时。至于具体的访谈时间，应以不妨碍受访者的正常工作和生活为前提，可根据访谈的实际情况灵活调整。

（2）根据访谈氛围变化和临时出现的情况，灵活地掌握结束访谈的时间。

（3）应感谢受访者的合作与帮助。

（4）若需要，为再次访谈做好铺垫和安排。

（5）如可能，应满足受访者某些合理要求。

三、访谈总结阶段

1. 修改补充原始记录

首先，及时补充漏记的要点；其次，加入背景资料；最后，记录要在访谈报告中引用的受访者原话。

2. 向项目小组介绍访谈情况

（1）与项目小组共同从访谈中找出关键信息。

（2）考虑哪些结论或者观点是可行的。

（3）汇报内容繁简适当。

项目拓展

岗位分析之访谈法的应用

岗位分析是一切人力资源工作开展的基础。岗位分析有 7 种方法，分别是观察法、实践法、访谈法、问卷调查法、工作日志分析法、文件筐分析法、关键事件分析法。常用的有观察法、实践法、访谈法、问卷调查法，运用频次最高的为访谈法。假设公司因发展需要新设立一个采购员岗位，岗位分析如何开展呢？

1. 确定访谈对象

访谈对象如何确定呢？明确是谁要设立这个岗位，还有谁也认同要设立这个岗位。

这两类人，就是访谈对象。

2. 访谈提纲设计

访谈围绕这个岗位需要做什么工作、承担什么责任、解决什么问题来展开。访谈提问清单如下。

（1）这个岗位的职责是什么？

（2）这个岗位需要什么能力？

（3）这个岗位的考核指标是什么？

3. 访谈实施

访谈人员：人力资源管理专员。受访者：采购员。

（1）问：您认为这个岗位的人需要解决什么问题？

答：

① 找供应商。

② 谈判。

③ 采买。

④ 对账。

……

（2）问：采购员需要负责哪些物品的采购？

答：

① 空间设计材料，如装修材料、装饰材料等。

② 低值易耗品，如办公用品、食品包装、锅碗瓢盆等。

③ 固定资产，如桌椅、设备、器具等。

④ 产品原材料，如主料（面粉、肉）、配料（葱姜蒜）、调味料（油盐酱醋）等。

通过这个回答，我们可以简单分析出，采购员需要寻找一些怎样的供应商，这个分析过程才是岗位分析中的分析，访谈只是收集基础信息。

就第二个问题，访谈人员需要开展追问。

有经验和认知的情况下，访谈人员是这么追问的：那是不是需要找到水泥沙供应商、瓷砖供应商、强弱电线材供应商、油漆供应商、板材供应商、龙骨供应商、桌椅供应商、厨房设备商……

（3）问：我们对采购的物资有明确要求吗？

这里要注意的是：有明确要求的工作，采购员只需要按要求去找供应商和询价。没有明确要求的工作，采购员需要先收集各类供应商和产品的信息，报上级，再和相关人员一起讨论来明确物资的要求，再进行深度询价。

（4）问：采购员如何向您提供与供应商和物资相关的信息呢？

答：采购员会给我一份供应商列表，供应商列表里有名称、经营范围、规模、信用、注册资金、地址、联系人、电话，随附的可供产品清单里面有品名、规格、价格、起送数量、结款方式和要求。

有些常规性的问题甚至可以不问，如供应商列表，只需要问要不要提供供应商列表，而不问供应商列表里的内容，因为不同公司的供应商列表内容都差不多。

4．访谈结果整理

从以上 4 个问题，我们可以分析出一些信息。

（1）采购员在供应商选择上承担的具体责任。

（2）采购员在供应商选择上的操作动作（因为是新岗位，所以相对模糊）。

（3）这些操作动作所需要的知识、能力、经验、权限。

这些都是我们分析出来的结果。接着，我们根据分析的结果进行岗位说明书的撰写，然后召集相关人员再次确认。

其中，这个岗位需要的能力是我们对通过访谈得知的职责和工作内容进行分析得出的。

问题：

1．案例中体现的访谈流程包括哪些？

2．案例中所应用的访谈问题形式有哪些？

项目实训

【实训任务】以小组为单位，围绕企业文化调查，设计访谈方案及访谈提纲，选择一家企业实施访谈。

【实训组织】采用分组的形式，6 人组成一个小组。

【实训要求】运用相关的知识，形成一份清晰、完整的访谈报告。

【实训成果】访谈报告。

【实训考核】是否按照访谈的步骤实施访谈，是否完成一份清晰、完整的访谈报告。

项目八
观察法

学习目标 ↓

项目目标

※ 理解并掌握观察法的概念、类型、优点和局限性
※ 掌握观察法的具体方法和具体应用

技能目标

※ 会运用所学观察法的知识
※ 会运用观察法收集市场信息

素质目标

※ 培养自主学习的能力和观察事物的能力
※ 培养在工作中耐心细心、吃苦耐劳的精神

提交成果 ↓

※ 撰写一份利用观察法进行调查的调查报告

案例导入

探鱼在烤鱼赛道脱颖而出

探鱼于2013年成立，迅速在烤鱼这个垂直细分品类中站稳脚跟。

探鱼之所以能够成为烤鱼赛道的标杆品牌，离不开对客户需求极致的探索与挖掘。2021年3月，探鱼尝试创新，力图打造全新的探鱼商业模式。探鱼团队隔三岔五地去探鱼店里消费、观察和拦截访谈客户，对客户进行深入研究，从而了解到客户来探鱼用餐处于非常放松的状态，或者说他们选择这样的场合是期待能获得身心放松，与朋友、家人畅谈，释放生活工作中的压力。经过对场景需求的梳理，"释放"成为探鱼在打造店内体验时的核心关键词。

基于上述客户需求洞察分析，探鱼对产品体验进行了进一步升级。既然客户是来释放压力的，探鱼决定给予客户满满的仪式感。探鱼通过研究分析发现，在上菜的那一刹那，是客户期待情绪的高点。于是探鱼新增了餐前仪式感——九种不同的小吃，用专属实木九宫格小吃盒呈

上，给客户拆礼物的感觉，让客户充满期待。探鱼在最重要的出餐环节，设计了峰值体验。探鱼在菜品口味和形式上做出了重大升级，上菜更加突出仪式感。首先在菜品上桌后，服务员倒入清香白酒点火炙烤，使烤鱼更香，同时撒上现场研磨的藤椒粉，使烤鱼口味更加爽麻，最后倒入汤汁，酒香与鱼皮的焦香四溢，充分调动客户的味蕾和情绪。作为烤鱼好搭档的冰粉，一直受到客户的好评。但以前冰粉只供会员，而且只有一小碗。而现在餐后冰粉被升级成豪华自助冰粉，自己动手制作冰粉颠覆了目前市场中常见的或固定或多样的搭配方式，让客户体会极致畅快的感受。

年轻人的消费习惯与观念在引领着餐饮行业的变革。探鱼针对新受众、新需求不断探索和升级，以从内到外的新形象为品牌赋能，成为餐饮行业标杆。

问题：未来的探鱼需要传递什么体验才能被永久记住？这样的体验该用什么方法打造？

任务一 了解观察法的类型

任务描述： 对市场现象进行实地观察是最基本的搜集资料方法之一。观察认识事物是认识市场的起点。市场调查中的观察与人们对日常现象的一般观察不同，也与对自然现象的观察不同，下面着重对市场调查中的观察法有关问题进行深入讲解。

一、观察法的概念及特点

观察法是指调查者凭借自己的感觉器官和各种记录工具，深入调查现场，在被调查者未察觉的情况下，直接观察和记录被调查者的行为，从而获取资料的一种方法。这种情况下被调查者往往毫无压力，表现得很自然，因此调查效果也比较理想。特别是当调查对象合作意愿很低，或者到陌生的地方收集信息又遇到沟通障碍时，观察法就可以发挥很重要的作用。

市场调查中的观察既不同于日常生活中的观察，又不同于对自然现象的观察，它的特点是非常明显的。

1. 观察法要求有目的、有计划地搜集市场资料，是为科学研究市场服务的

在市场调查过程中所观察的内容都是经过周密考虑的，它不同于日常生活中的出门看天气、到公园观赏花草树木、去观看体育竞技比赛、去博物馆观看各种展览等观察活动，这些活动仅仅是为了安排个人生活或调节个人行为。市场调查中的观察是为研究市场问题搜集资料的过程。

2. 观察法是科学的，它必须是系统、全面的

在实地观察之前，必须根据市场调查目的对观察对象、观察项目和观察的具体方法等进行详细计划，设计出系统的观察方案。对观察者必须进行系统培训，使之掌握与市场调查有关的科学知识，具备观察技能，这样才能做到对市场现象进行系统科学的观察。

3. 在利用观察者感觉器官的同时，还可以运用科学的观察工具

观察工具有两大类。一类是人的感觉器官，即人的眼、耳、鼻、舌、皮肤等，其中起主要作用的是眼睛，在观察过程中通过眼睛获得的信息量最大，其他感觉器官也可对市场现象做出直接感知。运用不同感觉器官进行观察，所需配备的观察工具也是不同的，如表8-1所示。

表 8-1 感觉器官和观察工具

感觉	感觉器官	在市场调查中的作用	观察工具
视觉	眼睛	行为观察	望远镜、显微镜、照相机、摄像机
听觉	耳朵	谈话观察	助听器、录音机、噪声测量仪
触觉	皮肤	表面检验（纹路、结构）	触式测试仪、盲视仪
味觉	舌	味道检验	化学分析仪、味料专用分析仪
嗅觉	鼻	食品、香料检验	香料分析仪

另一类是科学的观察工具，如望远镜、显微镜、照相机、摄像机等。这些观察工具大大提高了观察者对市场现象的观察深度，延伸了人的视觉能力。观察工具在科学的观察中不但提高了人类对事物的观察能力，而且起到了对观察结果进行记载的作用，使观察资料除调查表和文字记录外，还有经观察工具得到的照片、视频等，增加了观察资料的多样性。

4. 科学观察的结果必须是客观的，观察的是当时正在发生的、处于自然状态下的市场现象

对市场现象的观察可以在自然状态下进行，也可以在实验室条件下进行。在自然状态下的观察完全依市场现象所处时间、地点、条件下的客观表现进行观察，以保证观察结果的客观性。在实验条件下的观察是在人为创造的特定条件下对市场现象进行观察，这种观察法在自然科学研究中应用较多。

二、观察法的基本类型

观察者为了取得所需要的市场现象资料，往往要在不同情况下采取不同类型的观察方法。

（一）参与观察与非参与观察

根据观察者是否参与到研究对象的日常社会活动中，观察法可以分为参与观察和非参与观察。

参与观察是指观察者深入研究对象的生活所进行的观察。例如，我国新能源车企为了深入研究用户的深层需求，构建了基于人格原型的新型用户研究模型，在新型用户研究模型构建初期通过随车观察的方式，对用户的行为进行观察，了解并总结出用户的性格特点、情绪状态、使用习惯、无意识细节操作、无意识的兴趣等，同时对用户的伪装行为进行实时判断，从而更准确地洞察用户的深层需求。

非参与观察是指观察者以旁观者的身份，在不参与任何日常社会活动的情况下对研究对象进行观察。例如，调查人员在繁华闹市区观察人们的穿着和携带的物品，以分析和预测市场发展趋势，为开发新产品提供参考。

（二）有结构观察和无结构观察

根据观察者对观察内容是否有统一设计、是否有严格的要求，观察法可分为有结构观察和无结构观察。

有结构观察是指事先制订好观察计划，对观察对象、范围、内容、程序等都做出严格的规定，观察严格按计划执行。有结构观察的突出特点就是观察过程的标准化程度高，所得到的调查资料比较系统。

无结构观察是指对观察的内容、程序等事先并不严格规定，只要求观察者有一个总体的观察目的和原则，或有个大致的观察内容和范围，在观察时根据现场的实际情况，进行有选择的观察。无结构观察的显著优点是灵活性大，观察者在观察过程中，可以在事先拟定好的提纲基础上，充分发挥主观能动性。但获得的资料一般不够系统，不便于整理和分析。

在实地搜集市场资料时，对可以确定发生时间、地点、条件和内容的市场现象可采取有结构观察，而对不确定的市场现象则只能用无结构观察，因为观察者事先无法对它做出详细的观察计划。

观察法除了以上两种分类标准外，还可以分为静态观察和动态观察、定性观察和定量观察、直接观察和间接观察、探索性观察和验证性观察等。各种观察方法都有其特点，在实际市场调查中观察者应根据研究目的和具体条件，灵活应用这些方法。

三、观察法的优点和局限性

观察法是重要的市场调查方法之一，它是一种非常古老的认识方法，并在现代市场调查中由于各种观察工具的使用而得到进一步发展，它也是市场调查中经常被采用的方法。

（一）观察法的优点

观察法的优点可以归纳为以下几个方面。

1. 观察的直接性、可靠性

观察法最突出的优点是观察者可以实地观察市场现象的发生，能够获得直接的、具体的、生动的资料。对市场现象的实际发生过程，对当时的环境都可以了解，这是其他方法所不能比拟的。由于观察的直接性，所得到的资料一般具有较高的可靠性。

2. 适用性强

观察法对各种市场现象具有广泛的适用性。观察法只对调查者一方有要求，而不像其他调查方法，要求被调查者具有配合调查的相应能力，如语言表达能力或文字表达能力，所以观察法的适用性较强。

3. 简便易行，灵活性较强

在观察过程中，观察人员可多可少；观察时间可长可短；只要在市场现象发生的现场，就能比较准确地观察到市场现象的产生和发展。参与观察者可以深入了解市场现象在不同条件下的具体表现，非参与观察者则可在不为人知的情况下灵活地观察。

（二）观察法的局限性

观察法并不是十全十美的方法，也有其局限性。观察法的局限性主要表现在几个方面。

1. 观察活动必须在市场现象发生的现场

观察法的这种特点使观察活动带有一些局限性，需要耗费较多人力、物力。对于一些带有较大偶然性的市场现象，观察者往往不容易把握其发生的时间和地点，或在现象发生时不能及时到达现场。

2. 观察法明显受到时空限制

观察者必须在市场现象发生的当时、当地进行观察。从空间上观察者只能观察某些点的情况，而难以全面观察；从时间上观察者只能观察当时的情况，对市场现象过去的和未来的情况都无法观察。

3．有些市场现象不能用观察法

有些市场现象只适合于用访谈或问卷调查的形式搜集资料，如消费者的消费观念，对某些市场问题的观点、意见等。此外，有些市场现象不会在不同时间或空间出现完全相同的表现，不易进行重复观察。

在用观察法搜集市场资料时，要扬长避短，充分发挥其优点，避免其局限性，减少观察误差。

任务二 观察方案设计

任务描述：一般来说，观察方案包括观察目的，观察对象，观察的时间、次数和地点，以及观察顺序等内容。

一、明确观察目的

观察目的是根据调查任务和观察对象的特点而确定的。明确观察目的，即要明确通过观察解决什么问题，然后确定观察的范围、对象，观察的重点，以及观察的步骤。

二、选择观察对象

在观察准备阶段需要明确目标人物，以研究"潮牌的电商 App"为例，不同年龄、不同地域、不同文化背景的人对潮牌的需求和理解都不相同。从市场来看，"潮牌电商 App"的主要使用人群生活在一线、二线城市，年龄在 18～35 岁，学历在高中学历以上，有固定月薪，没有贷款压力，从事办公室职业。

三、确定观察的时间、次数和地点

市场现象处在不断变化当中，尤其在不同时间、不同地点会有不同表现。而观察者又必须在市场现象发生的当时、当地对其进行观察，这就决定了确定观察的时间、地点在观察法的应用中特别重要，它关系到观察对象是否能被观察到。在实际调查中，确定最佳的观察时间和地点并不容易。

对于一些确定性市场现象，观察时间、地点的确定比较有规律，如商场、超市的营业时间相对比较固定，也具有固定的交易场所，在营业时间内对某些市场现象进行观察就比较有把握。对于一些不确定的市场现象，如极端天气所引发的消费需求变化等市场现象，观察时间、地点就比较难确定，必须根据具体情况而定。

四、正确灵活地安排观察顺序

无论哪种观察类型，观察者都要按一定顺序对市场现象进行观察。对市场现象的观察顺序一般有 3 种安排方法，如表 8-2 所示。

表 8-2　　　　　　　　　　　　观察顺序的 3 种安排方法

序号	方法名称	主要描述	备注
1	主次顺序观察法	先观察主要对象和主要项目，再观察次要对象和次要项目	需正确界定主、次观察对象和观察项目
2	方位顺序观察法	按观察对象所处位置，由远到近、由上到下、由左到右地观察，或由近到远、由下向上、由右到左地观察	可以对处在一定空间的市场现象进行全面观察
3	分解综合顺序观察法	对所观察的市场现象进行整体到局部的分解，然后采用先局部后整体或先整体后局部的顺序观察，最终得到对市场现象的综合性观察资料	后期需注意资料的收集与整理

五、尽可能减少观察活动对被观察者的干扰

在观察法的应用中，如果观察对象是人或人所从事的市场活动，观察活动就会对被观察者产生干扰，使其不能保持原有的自然状态，而出现一些紧张、好奇等心理以至影响正常的行为，所以观察者必须尽量减少观察活动对被观察者的干扰。

六、做好观察记录

观察者对市场现象进行观察之后必须认真做好观察记录。观察记录可采取两种形式：一种是同步记录，即一边观察一边记录，这种形式用得比较多；另一种是观察后追记，即在观察过程结束后再将观察结果记录下来，这种方法适合于不能或不宜做同步记录的一些特定情况。

除了用笔记录以外，还可利用观察工具做一些现场记录。如对现场情况进行拍照、录像等。这些记录可以使观察资料增加生动、具体的内容，有时甚至是必不可少的记录形式。在观察过程中不能仅仅做到对市场现象进行感性描述，还要善于边观察边思考，把观察过程作为认识市场现象的起点。因此，观察者有必要记录一些思考的结果，把它作为研究市场时的重要依据之一。

例如，针对一款电商 App 进行用户体验调查时，研究者先记录编号顺序，通过观察法获知用户操作每个模块的耗时以及用户的行为特征，与此同时分析用户对流程的理解程度，是否能立刻就懂，还是需要理解后才能懂，不能理解的人的占比是多少，如表 8-3 所示。

表 8-3　　　　　　　　　　观察某电商 App 用户的记录点

序号	详情	功能模块	比例	完成时间	用户行为	类别
1	找不到对比入口	商品对比	20%	40 秒	犹豫、停顿	视觉引导性不强
2	登录等待时间太长	注册登录	50%	60 秒	摸头发	系统性能较差
3	支付流程太烦琐	订单支付	100%	80 秒	抓耳挠腮	交互流程复杂

任务三　观察调查表的设计

任务描述：观察调查表是调查目的、调查内容的集中体现，观察调查表的质量将直接影响

调查报告的深度和广度，因此在观察调查表设计方面要追求精益求精。

一、设计观察调查表前的分析研究

分析研究观察调查表，目的是使观察具备客观可行性。分析研究工作常常采用的是到市场中去，了解和熟悉后取得感性认识，为设计工作打好基础。

二、设计观察调查表初稿

做过分析研究之后，就可以根据研究市场问题的需要，投入观察调查表的设计工作。观察调查表必须先设计初稿，经过试用和修改才能定稿。

1. 排列问题的顺序

观察调查表中，同类问题尽可能集中在一起，这样做的目的是让调查人员快速熟悉问题，在现场观察时方便评价。

2. 问题唯一性原则

观察调查表设计中，同一个问题只能有一个扣分点，避免重复。

3. 循序渐进原则

门店服务的提升、营销意识的转变都不可能一蹴而就，因此观察法需要立足实际，分阶段、分层次递进式进行，在问题设计、评分标准制定方面要考虑动态因素循序渐进。例如，在开展某连锁超市连续观察调查项目时，针对这连锁超市各分店的实际情况，量身定做实地调查长期规划，具体如下：第一年度监测重点是硬件环境以及服务的规范性；根据第一年度最后 3 个月监测数据"环境以及服务的规范性"得分情况决定下年度监测重点，如果达到预期，则下年度监测重点将转移到人员的服务水平和服务意识方面；根据第二年度最后 3 个月监测数据"服务水平和服务意识"得分情况决定下年度监测重点，如果达到预期则下年度监测重点转移到人员的营销意识方面。

4. 评分标准全面、准确、实用原则

评分标准设定首先要求全面，最大限度地将调查人员在现场遇到的各种各样情况都包含在内，否则出现突发事件，调查人员可能无所适从；其次要求准确，即评分标准不能出现模棱两可的情况；最后要求实用，即尽可能用通俗易懂的语言来表述，让调查人员能够一目了然，并且能熟练运用到实际工作中。

5. 合理规划问题数量，把握观察调查表长度

有的时候调查人员不能在现场填写观察调查表，需要事后回忆填写，所以调查表不能过长，如果必须增加问题数量，则必须增加调查人员的数量来分散压力，让调查人员之间做好分工协作。目前，录音、录像等辅助设备的使用在一定程度上减少了调查人员在观察现场的记忆工作量。

三、对观察调查表进行试用和修改

在市场调查中，由于市场现象的复杂性和对调查结果的高要求，观察调查表设计很难一次成功。观察调查表初稿设计出来以后，需要经过反复讨论和修改，并且需要开展试访调查，以

及时发现观察调查表设计的不足或者不符合实际的情况，为开展大规模的正式访问打好基础。虽然对观察调查表进行试用要花费相当的时间或费用，但却是一种比较稳妥的办法。

任务四 观察法的实施

任务描述： 实施观察法之前要做好准备工作，在实施过程中要选取合适的方式进行观察和记录。观察客观事物的发展变化过程往往需要长期反复观察。

一、观察法实施前的准备工作

1. 明确观察目的
观察一定要围绕观察目的来展开，即要明确通过观察解决什么问题，然后确定观察的范围、对象，以及观察的重点。

2. 选择观察地点
观察地点既要便于观察，又要具有隐蔽性。

3. 准备观察工具
由于人的感觉器官具有一定的局限性，在观察过程中往往要借助各种现代化工具，如照相机、录音笔、摄像机等来辅助观察。调查人员需结合观察目的、观察对象和观察环境配备适宜的观察工具。

二、进入观察现场

进入观察现场应取得有关人员的同意，或出示证件后说明，或通过熟人介绍，或取得观察对象中关键人物的支持。

三、进行观察和记录

（一）观察

观察应有计划、有序地进行，具体可以采用下列几种形式。

1. 直接观察
直接观察就是调查人员直接到调查现场进行观察。例如，在货架前观察消费者的购买行为，记录他们对商品的挑选情况，在橱窗前观察过往的客户对橱窗的反应，分析橱窗吸引力。

在进行直接观察时应做好以下各项工作。

第一，尽可能不让被观察者觉察到你在记录他的表现。

第二，不要先入为主，观察要具有客观性。观察对象的反应是什么，就记录什么，不要掺杂个人的任何成见或偏见，更不要把个人主观的推测和客观的事实混淆，这样观察所得到的资料才会是真实可靠的。

第三，在观察过程中，观察者的思维和注意力要保持高度集中。每当一种现象发生时，一定要找出引起这种现象的原因。

第四，冷静处理偶发情况，观察时出现预先没有估计到的特殊情况时，不要慌乱失措，可把发生的情况如实地记录下来，在观察结束以后适当处理。

2. 痕迹观察

痕迹观察是指在调查现场观察和分析被调查者活动后留下的痕迹。这种方法在各种调查中广泛应用，也应用于市场调查。

例如，观察居民的垃圾，从而分析居民的消费水平；国外有的汽车公司派人观察汽车上收音机停留的频道位置，以便选择受司机欢迎的电台打广告。

在进行痕迹观察时观察者要有耐心和细心，要严格要求自己。

3. 行为记录

行为记录是通过录音机、摄像机、照相机等设备记录下被调查者的活动或行为。

案例链接　　　　　　　　　　**创业选址之观察法**

零售中的一个重要原则就是"人货场"匹配。"人货场"匹配其实就是要有对的产品，放在对的地方，卖给对的人。如果在开店的选址环节做到三要素的匹配，门店的经营就会比较顺利。

1. 统计客流量

客流量如何统计呢？大多数零售店通常会选取一个星期为周期，并且周期内的天气正常，例如没刮风、下雨或出现寒潮。如遇特殊天气，这天的客流量就会影响最终的统计结果，数据自然也不够准确。

另外，要结合周末与工作日两个交叉数据，即在周六、周日其中一天实施全天观察，统计早高峰、午高峰和晚高峰客流量。

假设门店营业时间是上午10点到晚上10点，通常上午10点到中午12点、下午4点到6点属于小高峰，一定要统计这两个时间段平均每个小时的客流量。

同时，还要统计高峰以外时间段的客流量，进而推算这个店铺的客流量低谷在什么时候。对每天客流量高峰与低谷的统计数据进行整合，推算工作日与周末平均一天大概有多少客流量，然后再进一步推算一个月的客流量。

2. 观察周边门店的经营情况

如果所属街区的其他门店经营的都是低价位产品，本店也很难售卖高价位的产品，这就是一种特别重要的匹配原则，也是本店后续选品进货时要考虑的要素。

3. 观察客群属性

需特别留意观察周边的客群具有什么属性、是年轻人还是老年人。如果经营服装店，要观察周边的客群喜欢偏潮流的服装还是偏个性一点的款式。如果经营水果店，要观察周边客群的消费能力。

（二）记录

在观察的过程中，认真做好记录是必不可少的一个环节。观察记录应符合准确性、完整性、有序性的要求，为此必须及时记录，不要依赖记忆。

现代科学技术为市场调查提供了许多先进的调查工具如录音机、摄像机等。但在市场调查中使用这些工具要慎重，它们会在一定程度上影响被观察者的行为。

四、调查资料的整理分析

运用观察法所取得的资料一般都是零碎的、不集中的、不系统的，难以利用其对总体对象进行推断。因此，对资料进行整理使之明确化、条理化是十分必要的。

五、对观察误差的分析

从科学的调查研究角度来看，任何一种调查方法都不可能完全无误差，观察法也不例外。观察误差是很难通过具体数值表现出来的，但可以尽量减小。

（一）观察误差产生的原因

观察误差产生的原因很多，从调查主体和调查客体来划分，可分为两大类，即观察者的原因和被观察者的原因。

1．观察者的原因

观察者的原因主要有以下几个方面。

（1）观点和态度原因。观察者是在一定社会环境中生活的人，在对事物进行观察时会有一定的立场、观点、方法，或对所观察的市场现象带有某种倾向、意见。不同的意见和倾向会造成对同一市场现象观察得到不同的结论。观察者的工作态度也会影响观察结果，事业心不强、工作态度不认真必然造成观察不深入、不细致，产生观察误差。

（2）知识和经验原因。观察者的有关知识是否全面对观察的准确性会有明显影响。若观察者不具备与观察有关的各种知识，就会导致观察误差。如果观察者的社会经验和市场调查工作的经验不足，也会导致调查结果与实际情况产生偏差。

（3）心理和生理原因。观察者的心理和生理因素对是否能正确观察市场现象有着直接影响。观察者的心理往往表现为兴趣、情绪等，若观察者的情绪好，对观察对象表现出较大兴趣，其观察结果就比较准确。观察者的生理原因直接表现为观察者感觉器官的感受能力。观察法是利用人的感觉器官和观察工具，对市场现象进行观察的调查方法，因此感觉器官是否正常，是否具有正常的感受能力是非常重要的。在观察过程中，观察者的身体应处于健康状态。观察者应注意各种观察工具的使用条件，若不能正确掌握观察工具的使用方法，不仅达不到利用工具延伸人类观察能力的目的，反而会造成观察误差。

2．被观察者的原因

被观察者的原因可归纳为以下 3 个方面。

（1）被观察现象还不成熟，还不能表现出市场现象的本质。市场现象本身是处在不断发展变化过程中的，现象的发生、发展、变化有一个过程，现象的规律性和本质是在现象发展相对成熟时才能表现出来的。在不适当的时间、地点、条件下对现象进行观察，往往无法观察到它的本质，容易产生观察误差。

（2）由于观察活动对被观察者的干扰，被观察者产生心理和行为反应。被观察者的这种反应一般并非有意识做出的，而是一种本能的反应，但它会给观察造成一定误差。

（3）有意识制造的假象。被观察者由于对市场调查的认识水平有限，往往会对观察采取一些对策，如人为制造某些假象。如商品广告宣传与商品本身质量、效能相差甚远，发布会上的展品与预付款后提货的商品质价不符。被观察者有意识地制造假象，会对利用观察法对市场现象进行调查产生相当的影响，造成观察误差。

（二）减小观察误差，提高观察准确性的办法

引起观察误差的原因多种多样，观察结果百分之百地无误是不可能的，调查者可以通过以下切实可行的办法尽量减小观察误差。

1. 选择和严格要求观察员

观察员是实施观察法的主体，需要具备相应的条件。观察员必须是各种感觉器官正常的人，特别是视觉器官，这是对市场现象进行观察不可缺少的条件。还必须对观察员进行思想教育，提高其实事求是的自觉性。

2. 培养和训练观察员

仅仅有了正确的思想和态度还不够，观察员还必须具备一定的知识和技能。观察员应该具备丰富的社会知识，包括个人经验和书本知识。观察员的知识越充实，经验越丰富，观察误差就越小。

对观察员必须进行各种技能的训练，主要是对感觉器官的训练和使用观察工具的技能训练。人的感觉器官经过一定的专业训练，能力可以得到明显提高。在训练中可以采取的方法有很多，如由有经验的观察员传授，进行试点观察并进行分析研究等。在观察过程若使用观察工具，必须事先对其性能和使用技术进行学习和实践，达到能够熟练使用的程度。只有做到这些，观察的准确性才有一定保证。

3. 控制观察活动的干扰，对市场现象进行对比观察

观察活动或多或少会对被观察者产生一定干扰，使被观察者出现不正常的反应，所以应尽可能减小观察活动的干扰。同时，可以对市场现象采取对比观察，如对同一市场现象在不同观察点的观察结果进行对比，对同一市场现象在不同时间反复观察的结果进行对比等。对比观察结果可以消除人为因素对观察结果的影响，避免现象发展不成熟影响观察结果。总之，采取各种措施作用于观察主体和观察客体，能最大限度地减小观察误差，大大提高观察资料的准确性，为研究分析市场提供可靠的依据。

项目拓展

伊藤洋华堂——细致入微的典范

随着新零售的飞速发展，人们不禁感叹传统的零售业难做！但有一家零售商没有被影响，反而有壮大的势头，它扎根成都20多年，它就是伊藤洋华堂。

伊藤洋华堂的成功源自细致入微的理念抓住了消费者的痛点。在刚进入成都市场的时候，伊藤洋华堂进行了一次史无前例的入户调查，希望真正摸清消费者需求。在调查过程中，调查人员就发现不少被调查家庭都存在零碎生活物品随意摆放的习惯，既不雅观，又不方便，为此，伊藤洋华堂引进了大量收纳器具，并使其顺理成章地成了畅销品。找对门路的伊藤洋华堂开始不断为成都市场注入新的血液，率先提供免费购物巴士、免费饮水、免费包装、雨伞租赁服务……概括起来，就是将"消费者立场"做到极致。按照伊藤洋华堂负责人三枝富博的话说，"蛇不蜕皮就会死"，更通俗地讲，就是物竞天择，适者生存。

问题：

1. 伊藤洋华堂采用的是哪种调查方法？
2. 该方法的优缺点是什么？

项目实训

【实训任务】学生走出课堂，走向市场，以小组为单位开展实地观察，获取一手资料。

【实训组织】可以采取分组的办法，3 人一组。

【实训要求】

1. 在实地观察前选好调查主题，明确调查的主要目标、主要内容和主要调查对象，并且设计相应的观察调查表。

2. 参加实地观察，时间为 3～5 小时。

【实训成果】整理出有效的观察调查表，并撰写调查报告。

【实训考核】根据参加实地观察的表现、调查报告的质量给予学生综合评价。

项目九

实验调查法

学习目标 ↓

项目目标

※ 了解实验调查法的概念、特点及种类

※ 熟悉实验调查法的操作步骤

※ 了解实验调查法的优缺点

技能目标

※ 熟练运用实验调查法，并能正确进行实验设计

素质目标

※ 培养求真务实的工匠精神

※ 培养在工作中的责任心和担当意识

提交成果 ↓

※ 进行实验方案设计并展示

※ 根据实验方案进行实验

案例导入

红色的杯子

一家咖啡店准备改进咖啡杯的设计，为此进行了市场实验。他们首先进行咖啡杯选型调查，他们设计了多种咖啡杯子，让 500 个顾客进行观摩评选，研究顾客用干手拿杯子时，哪种形状好；用湿手拿杯子时，哪种不易滑落。调查研究结果，选用四方长腰果型杯子。然后他们对产品名称、图案等也同样进行造型调查。接着他们利用各种颜色会使人产生不同感觉的特点，通过调查实验，选择了颜色最合适的咖啡杯子。他们的方法是，首先请了 30 多人，让他们每人各喝 4 杯相同浓度的咖啡，但是咖啡杯的颜色分别为咖啡色、青色、黄色和红色 4 种。试饮的结果：使用咖啡色杯子的人认为"太浓了"的占 2/3；使用青色杯子的人都异口同声地说"太淡了"；使用黄色杯子的人都说"不浓，正好"；使用红色杯子的 10 人中，有 9 个说"太浓了"。根据这一调查，该咖啡店决定杯子以后一律改用红色杯子。该咖啡店通过改变咖啡杯颜色，既

节约了咖啡原料，又使绝大多数顾客感到满意。结果这种咖啡杯投入市场后，与市场上的同类产品展开激烈竞争，以销售量比对方多两倍的优势取得了胜利。

问题：

1. 请解释为什么该咖啡店最终选择红色咖啡杯作为标准设计，并说明这个决定是如何帮助咖啡店增加销售量的。

2. 你认为这家咖啡店采用的实验法对于产品设计和营销决策有哪些启示和价值？请结合现场实验结果进行说明。

任务一　认识实验调查法

任务描述：实验作为一种科学认识方法，开始应用于自然科学领域，逐渐应用到社会科学领域。实验调查是重要的直接调查方法，也是最复杂、最高级的调查方法。要了解、掌握、应用实验调查法，应首先清楚了解实验调查法的概念、特点及种类。

一、实验调查法的概念

实验调查法又称实验法、试验调查法，是研究人员根据一定的研究目的，通过控制某些条件或改变某些社会环境，使实践活动在特定的环境下发生，以此来认识实验对象的本质及规律的方法。

实验调查的基本要素是实验者、实验对象、实验环境、实验活动、实验检测、实验调查的过程、实验调查的目的。

- 实验者，即实验调查的活动主体。
- 实验对象，即实验调查所要认识的客体。
- 实验环境，即实验对象所处的社会条件的总和。
- 实验活动，即改变实验对象所处的社会环境的实践活动。
- 实验检测，即在实验过程中对实验对象所做的检验和测定。
- 实验调查的过程，就是这些要素相互作用、相互影响的过程。
- 实验调查的目的，则是揭示社会现象间的因果关系，认识实验对象的本质及其发展规律。

实验调查法的逻辑是以因果假设为开端，通过控制某些条件，检验事物现象间或变量间的因果关系。通常，实验变量分为自变量和因变量，自变量是由研究人员控制的变量，因变量是由自变量决定的变量。实验调查法是通过测量由自变量引起的因变量的变化，寻找事物间的因果关系。

二、实验调查法的特点

（一）实验调查的最大特点是实践性

其他调查方法，如访问调查、问卷调查、实地观察、电话调查等都不涉及改变调查对象所处的环境。对实验环境进行控制（即实践性）是实验调查法的最大特点。实验调查者不仅要眼看、口问、耳听，而且要动手做，即需要根据研究目的，通过某种实践活动，有计划地改变实验对象所处的环境，并在这种实践活动的基础上对实验对象进行调查，以便得到在自然条件下难以得到的资料。这说明，实践性是实验调查的本质特点，没有一定的实践活动，没有对环境的一定控制，就不能称为实验调查。

（二）实验可以重复进行

一般来说，实验可以在相同环境下重复进行。对于社会科学中的社会经济现象，也可以创造出大致相同的环境，使实验在相同、相似的环境或条件下重复，从而为总结规律、验证结论或科学假设提供可能。

只要实验对象、实验环境以及实验检测的指标、方法和手段相同，不管由谁来检测，不管在何时、何地检测，检测的结果都应重复出现。如果实验检测的结果因人而异、因时而异、因地而异，那么这样的检测就不能算是真正科学的检测。

（三）实验调查的重要特点是调查对象的动态性

在访问调查、问卷调查、实地观察和电话调查中，调查对象一般处于相对静止的状态。实验调查则不同。在社会科学领域的实验调查中，实验对象是具有主观能动作用的人，是参与社会发展的社会成员，由于社会实践活动不断进行，社会环境也在不断变化，实验对象本身也必然不断地运动和变化，其在实践中不断地适应和改变自身条件。实验对象的动态性导致了对实验环境控制的艰难性。由于这样的特点，在社会科学领域的调查研究中，实验调查法主要应用于社会心理、教育和经济管理等领域。

（四）调查研究的方法具有综合性

在实验调查过程中，除了要进行改变社会环境的实践活动外，一般都要采用实地观察、口头访问和集体访谈等直接调查方法，有时还要采用问卷调查、文献调查等间接调查方法。实验调查的过程不仅是不断搜集资料的过程，而且是不断研究资料的过程，它是各种调查方法和各种研究方法结合使用的过程。

上述特点说明，与文献调查法、观察法、访谈法、问卷调查法比较起来，实验调查法是最复杂、最高级的调查方法，也是最有效的直接调查方法。

三、实验调查法的种类

按照不同的标准，实验调查法有许多不同的分类。

- 按照调查的目的不同，实验调查法可分为研究性实验和应用性实验。
- 按照调查的环境不同，实验调查法可分为实验室实验和现场实验。
- 按照调查的组织方式不同，实验调查法可分为单一实验组实验、对照实验组实验和多实验组实验。

（一）研究性实验

研究性实验是以揭示实验对象的本质及其发展规律为主要目的的实验，通过多次实验，对某种理论进行证实或证伪。

例如，对某种心理学、教育学理论进行证实或证伪的实验就属于这一类。后面所谈的实验室实验大多属于研究性实验。

（二）应用性实验

应用性实验是以解决实际工作问题为主要目的的实验。

例如，某企业为了提高产品的市场占有率，对产品的包装做了改进，把样品投入市场，检验其是否能起到促销的作用。现场实验多属于应用性实验。

研究性实验和应用性实验的区分只具有相对的意义，它们只就实验调查的主要目的而言。许多研究性实验的结论往往对解决实际工作中的问题具有重要的指导意义；许多应用性实验的结论也可以为重要的理论概括指明方向。因此，它们之间并不存在着明显的界限。

（三）实验室实验

实验室实验是在人工模拟的环境中进行的实验。研究人员对实验的环境可以进行严格的有效控制，并使用较为精良的仪器对实验对象发生的变化进行观察和测量。

例如，在实验室里对飞行员进行反应能力实验，就是完全在人工环境下进行的实验，研究人员可以完全按照自己的设想控制飞行条件，以测定飞行员在不同飞行条件下的反应能力。

这种实验的优点是，研究人员对实验的环境可以进行有效控制，使观察和测量值较为准确，从而精确地判明有关因素间的因果关系。它的局限性是，由于实验环境、实验对象脱离了现实的生活环境，因此观察或测量结果应用于现实生活中往往难度极高。一般来说，这种实验在心理学研究中使用较多。

（四）现场实验

现场实验是在实验对象所在现场进行的实验，是在自然的、现实的环境下进行的实验，研究人员只能部分地控制实验环境的变化。

这种实验一般是在接近现实、自然的生活环境中进行的，研究人员基本上不干涉实验对象发生发展的过程，而是把实验与正常的社会生活结合起来。

现场实验的优点是，实验结果具有实用性。因为实验对象往往没有察觉到自己在进行实验，所以其活动和表现都比较自然、真实，实验结论较易推广应用。现场实验的局限性是，研究人员只能部分地控制实验环境的变化。

例如，某些公共交通线路实行运载工具无人售票，研究人员所能控制的只是旅客乘坐运载工具如何买票的方法，而对旅客流量、旅客的觉悟程度，以及旅客由于售票方式改变而产生的心理反应等诸多相关因素难以进行有效控制，因此就不容易十分准确地确定有关变量之间的关系。

一般来说，社会领域里的实验多采取现场实验，因为这种实验所处的环境都是自然的、现实的环境，其调查结论较易推广应用。

任务二　明确实验调查法的操作步骤

任务描述： 实验调查法的操作步骤由于研究目的和实验对象的不同而不可能完全相同，但是有迹可循，一般来说包含但不局限于以下 5 个步骤。

一、将研究的问题转化为有关的变量

在实验调查中，研究人员首先需要将研究的问题转化为有关的变量。因为问题通常是抽象的，而在实验的过程中，研究人员是通过观察、测定具体的变量，并通过对变量值的分析从而认识问题的。因此，将研究的问题转化为恰当、贴切的变量，是实验调查取得成功的前提。在这个阶段，研究人员面临的问题是：要分析哪些变量与研究的问题有关，决定在实验中对多少个变量进行观察和测定，以及如何对它们进行观测。

二、选择实验对象

选择实验对象，使其在被研究的事物中具有较高的代表性，实验的结果才具有普遍的指导意义。对复杂的被研究事物来说，选择的实验对象和实验环境还应该具有不同类型，在不同层次均具有代表性。

例如，欲探究外语教学中某种教学法的作用，应选择外语基础较好的、一般的和较差的实验对象。如果只选择一类实验对象，那么实验结果只能说明该教学法对某类实验对象的效果，并不能说明该教学法的普遍效果。

在具体选择实验对象时，又可以采取两种方法。

一种方法是立意挑选，即研究人员根据实验调查的目的、要求和对调查对象总体情况的了解，有意识地挑选那些具有代表性的单位进行实验。另一种方法是随机抽取，即按照随机抽取样本的方法，从调查对象的总体中抽取实验对象。

前一种方法适用于调查对象总体中个体单位较少，个体之间差异较大，研究人员对调查对象总体情况了解较多的情形；后一种方法适用于调查对象总体中个体单位较多，个体之间差异较小，研究人员对调查对象总体情况了解较少的情形。

三、确定实验方案

实验方案是研究人员控制、操纵实验环境和实验对象，以便验证研究假设、达到实验目的的规划。根据不同的调查目的和实验对象，实验方案多种多样。研究人员利用专业知识，可以选择一种最适合的实验方案。实验方案选择得好，有利于实验调查取得好的效果。

四、控制实验环境

实验能否取得预期的效果，在很大程度上取决于能否对实验环境进行有效的控制。实验环境控制得好，实验结果才能比较精确地反映自变量和因变量之间的关系。

例如，研究商品包装的改进是否对销售情况产生影响，改进包装后的商品在其销售地区和规模方面都应与原商品保持一致。如果商品的销售具有季节性，也需要在商品的销售时令方面保持一致。这样，销售量的变化才能反映出商品包装改进的效果，否则，商品销售量的变化不仅可能受包装改进影响，还受销售商品规模、地区和时令影响。

五、搜集实验数据

根据调查内容的要求和实验对象的特点，实验数据的搜集有的发生在实验过程中，有的发生在实验结束后。实验数据的搜集方法也有多种。

（一）观察记录

研究人员在实验过程中对实验对象进行观察，将有关信息记录下来。观察记录通常在实验对象未知的情况下进行，目的是提高信息的真实度。

（二）笔试

实验活动结束以后，实验对象参加考试，研究人员可以通过实验对象的答卷得到所需要的信息。例如，为了检验外语教学中教学法的效果，实验结束后让参加实验的学生参加考试，将其考试成绩与其他学生成绩进行比较分析，以说明教学法的效果。

（三）自我评估

通常在实验活动结束以后，研究人员将所需要的信息以问卷的形式发给实验对象，问卷中的问题可以是封闭式的，也可以是开放式的，通常二者兼有。实验对象根据自己的体会、感受或认识填答问卷。从本质上看，自我评估是实验对象对实验效果所做的评估。

（四）访问和测量

在实验过程中或实验结束后，研究人员与实验对象接触，通过访问（相互交谈或向实验对象提问题）和测量（物理性的测量，如测量实验对象的身高、体重，测量土地面积）的方式搜集数据。

任务三 进行实验设计

任务描述：实验设计是调查者对控制实验环境和实验对象的规划。它是实验调查各步骤的中心环节，决定着研究假设能否被确认，也影响实验对象的选择和实验活动的开展，最终还影响实验结论。因此，我们要根据不同的研究目的、实验环境和实验对象，来进行正确的实验设计。

一、实验前后无控制对比实验

通过记录观察对象在实验前后的结果，了解实验变化的效果。观察对象只有一个实验单位，实验因素也只有一个。

例如，某企业生产 A、B、C 3 种产品，企业打算提高 A 产品价格，以刺激 B、C 两种产品的市场需求。在特定的商场实验一个月，实验前后均统计一个月的产品销售量，销售统计如表 9-1 所示。实验测试表明，A 产品提价后，销售量下降 1 000 件，但 B、C 两种产品销售量分别增加了 1 200 件和 1 000 件，表明 A 产品提价，对 B、C 两种产品的销售量具有刺激作用，故 A 产品价格调整是成功的。

表 9-1 A、B、C 3 种产品销售统计

产品	销售价格/元		销售量/件		销售量变动/件
	实验前	实验后	实验前	实验后	
A	80	100	3 000	2 000	−1 000
B	90	90	2 000	3 200	1 200
C	95	95	1 800	2 800	1 000
合计	—	—	6 800	8 000	1 200

二、实验前后有控制对比实验

设置控制组和实验组，控制组和实验组的条件应大体相同，控制组在实验前后均经销原产品，实验组在实验前后均经销新产品，然后对实验前后的观察数据进行处理，得出实验结果。

例如，某食品公司欲测定改进巧克力包装的市场效果，选定 A、B、C 3 家超市作为实验组，经销新包装巧克力，D、E、F 为控制组，经销旧包装巧克力，实验期为一个月。实验前后一个月的销售量统计如表 9-2 所示。

表 9-2　　　　　　　巧克力实验前后一个月的销售量统计

组别	实验前销售量/盒	实验后销售量/盒	变动量/盒
实验组	2 000（新）	3 200（新）	1 200
控制组	2 000（旧）	2 400（旧）	400

实验组在实验后新包装巧克力销售量增加了 1 200 盒，控制组在实验后旧包装巧克力销售增加了 400 盒，实验效果为 1 200-400=800（盒），即巧克力采用新包装有利于扩大销售。

三、控制组与实验组连续对比实验

为了消除非实验因素的影响，可采用控制组与实验组连续对比实验。控制组在实验前后均经销原产品，实验组在实验前经销原产品，实验期间经销新产品，然后通过数据处理得出实验结果。

例如，某企业拟测定某种糖果新包装的市场效果，选择 A、B、C 3 家商场为实验组，D、E、F 3 家商场为控制组，实验期为一个月，其销售量统计如表 9-3 所示。

表 9-3　　　　　　　糖果实验前后销售量统计

组别	实验前销售量/吨	实验后销售量/吨	变动量/吨
实验组	7.50（原包装）	10.18（新包装）	2.68
控制组	7.38（原包装）	8.13（原包装）	0.75

实验组的新包装糖果比原包装糖果在实验后增加了 2.68 吨，扣除控制组增加的 0.75 吨和实验前两组的差异 0.12 吨，实验结果表明新包装糖果比原包装糖果增加了销售量 1.81 吨，新包装的市场效果是显著的。

四、单因子随机实验

单因子随机实验涉及的因子只有一个，而这个因子又具有不同的状态或水平，实验的目的在于判断不同的状态或水平是否具有显著的差异，哪种状态或水平的效应最显著，以决定行动的取舍。具体做法是随机抽取实验单位，要求这些实验单位分别对实验因子的不同状态进行特定的实验活动，并记录其结果，通过数据处理和检验，得出实验结果。

例如，某广告公司为某企业设计了 A、B、C 3 套电视广告脚本方案，欲测试它们的效果，判断哪套电视广告脚本方案效果最好。为此，该公司随机抽取了 15 名消费者，分为 5 组，每组 3 人，每组分别观看电视广告脚本的 3 套方案，并要求每组对不同广告方案的效果给出评分（百分制）。实验数据整理如表 9-4 所示。

表 9-4　　　　　　　　　　电视广告脚本方案消费者评分统计

组别	方案 A	方案 B	方案 C
1	71	87	98
2	70	83	92
3	74	86	89
4	68	80	95
5	72	83	88
平均分值	71	83.8	92.4
标准差	2	2.48	3.72

可以看出 3 套电视广告脚本方案的消费者评判均值是不同的，方案 A 为 71 分，方案 B 为83.8 分，方案 C 为 92.4 分，同时各样本组对 3 套方案的评分值均具有一致的倾向性，综合来看，方案 C 的测试效果最好。在实际应用时，各状态或水平的观察数据往往存在随机性，为了得出更为准确的实验结论，还可采用方差分析并做相应的统计检验。

五、双因子随机实验

双因子随机实验同时考察两种因子对实验变量（指标）的影响，借以寻找两种因子的最佳组合。例如，研究不同的广告方案和不同的价格方案对产品销售的影响，寻求广告与价格的最佳组合策略；又如，研究不同的产品配方与加工工艺对产品质量的影响，寻找最佳的产品配方与加工工艺组合方案等。

例如，某企业为了测试 3 种不同的包装方案和 3 种不同的价格方案对产品销售的影响，选择 3 家经营条件大体相同的商场进行了为期两个月（7 月、8 月）的试销实验，并分别记录了两个月的不同包装和不同价格组合的产品销售量，如表 9-5 所示。

表 9-5　　　　　　　　　　产品包装与价格组合试销数据

单位：件

包装因子 A	价格因子 B						横行平均
	价格方案 B1		价格方案 B2		价格方案 B3		
	7 月	8 月	7 月	8 月	7 月	8 月	
A1	264	300	322	346	360	340	322
A2	288	312	274	286	290	314	294
A3	280	272	326	342	342	322	314
纵栏平均	286		316		328		310

从表 9-5 中可以看出产品包装和价格的组合对产品的销售量是有显著影响的，在采用包装方案 A1 和价格方案 B3 时，产品销售量最多[（360+340）/2=350（件）]，最优方案为 A1+B3。

需要说明的是，产品包装与价格组合对产品销售量的影响亦可运用方差分析进行显著性检验。

任务四　了解实验调查法的优缺点

任务描述： 任何一种调查方法都有其优缺点，我们要确定调查目的、对象等，并结合调查方法的优缺点来选择或整合调查方法，这样才能保证调查结果的准确性及客观性。

一、实验调查法的优点

（一）可以直接揭示事物之间的因果关系

实验调查的突出特点是它能直接揭示事物之间的因果联系。与其他调查方法不同的是，实验调查不是被动地、消极地等待有关社会现象的发生，然后再去观察、测量或记录，而是在实践的过程中主动地、积极地改变某些社会条件，使所要研究的社会行为或现象在其发展变化的过程中以较纯粹的形式出现，由此来验证假说的真伪，从而达到实验的目的。这就是说，实验调查不仅能解决"是什么"的问题，而且能解决"为什么"的问题；不仅能揭示事物之间的相互关系，而且能揭示事物之间的因果关系。因此，实验调查本质上是定性调查，是认识事物的本质及其发展规律的有效方法。

（二）实验所得结论具有较强的说服力

实验调查是可以重复的调查。在实验对象、实验环境等实验要素大致相同的情况下，不管由谁来进行实验，也不管在何时何地进行实验，实验过程和实验结果都会重复发生、重复出现。因此，实验调查的结论具有较强的说服力。

（三）有利于探索解决问题的具体途径

实验调查是在较为有效地控制实验环境的条件下进行的，能够采用较为精确的测量工具和手段对调查对象的变化进行测定，调查结果具有较高的准确性。因此，人们可以根据调查结果所揭示的事物之间的因果关系，有针对性地探索解决问题的具体途径。实践是检验真理的唯一标准。凡是在实验中证明可以有效地解决问题的途径和方法，一般都具有普遍的指导意义。而且，凡是重大的改革措施，也往往首先进行实验，以期总结经验，使之完善，进而推广。实验调查的重要意义也恰恰表现在这里。

二、实验调查法的缺点

（一）难以排除非实验因素对实验过程的影响

实验调查法要求在实验过程中，有效地控制实验环境，排除非实验因素的影响。而在社会经济领域的实验过程中，做到这一点是比较难的。社会经济生活中的现象往往是互相联系又互相影响的。在实验调查中，特别是在现场实验中，要想充分有效地控制实验环境，排除研究变量以外其他外在因素对实验过程的干扰，确实需要花费很大气力。事实上，即便是很好的实验方案，也只能最大限度地减少非实验因素的干扰，而不可能完全排除。因此，实验效应在定性分析方面虽具有积极意义，但在定量分析方面显得依据不足。

（二）选择实验对象有一定局限

实验调查法对控制实验环境有较高的要求，必然导致选择实验对象的局限性。有一些很重要、很有意义的研究课题希望得到实验调查的资料，但由于实验环境无法保证，因此无法进行实验活动。实验调查局限于有限的领域，这种方法的应用范围有限制。

（三）时效性较差

实验活动结束以后，研究人员才能获得完整的信息。因此，与其他调查方法相比，实验调查法需要花费较长的时间。对时效性要求较高的调查项目不可能采用实验调查法。

项目拓展

单一实验组前后对比

某饮料厂家为了提高汽水的销售量，认为应该改变原有的陈旧包装，并为此设计了新的包装。为了检验新包装的效果，以决定是否在未来推广新包装，厂家取 A、B、C 3 种口味的汽水作为实验对象，对这 3 种汽水在改变包装的前一个月和后一个月的销售量进行了检测，如表 9-6所示。

表 9-6　　　　　　　　　　　　　单一实验组前后对比

汽水品种	实验前销售量/万瓶	实验后销售量/万瓶	实验结果/万瓶
A、B、C	50　56　46	55　61　52	
合计	152	168	

实验组与控制组对比

某服装品牌为了了解知名人士是否对消费者购物产生影响，选择了 A、B、C 3 个专卖店为实验组，再选择与之条件相似的 D、E、F 3 个专卖店为控制组进行观察。在实验组中，店内置有多幅醒目的知名人士照片，而控制组则没有类似的设置，实验为期一个月，实验组与控制组对比如表 9-7 所示。

表 9-7　　　　　　　　　　　　　实验组与控制组对比

服装品种	实验后销售量/万件		
A、B、C（实验组）	2 800	3 000	2 900
D、E、F（控制组）	2 500	2 400	2 600
实验结果			

实验组与控制组前后对比

某连锁快餐集团为了了解汉堡包调料配方改变后消费者有什么反应，选择了 A、B、C、D、E 5 家下属连锁快餐店为实验组，而其余 5 家 F、G、H、I、J 下属连锁快餐店为控制组，对其月销售额进行实验前后对比，如表 9-8 所示。

表 9-8   实验组与控制组前后对比

快餐类别	实验前销售量/万个	实验后销售量/万个
A、B、C、D、E（实验组）	31　29　28　32　29	33　31　29　35　31
F、G、H、I、J（控制组）	29　33　27　28　30	30　32　28　28　31
实验结果		

问题： 请分别计算出表 9-6 至表 9-8 中的实验结果，并根据实验结果进行分析。

项目实训

【实训任务】学生走出课堂，以小组为单位进行实验调查，获取实验结果，并进行分析。

【实训组织】可以采取分组的办法，3 人一组。

【实训要求】

1. 要求学生在进行实验调查前选好调查主题，明确调查的主要目标、主要内容和主要对象，并且设计相应的实验方案。

2. 要求学生参加实验调查，时间为 3～5 小时。

【实训成果】计算出实验调查结果，并进行分析阐述。

【实训考核】根据参加实验调查的表现、分析实验调查结果的表现给予学生综合评价。

项目十
大数据下的市场调查

项目目标

※ 理解大数据下的市场调查的含义
※ 明白大数据下的市场调查与传统市场调查的区别
※ 掌握大数据下的市场调查的主要方式
※ 掌握大数据分析工具魔镜和 Excel 的使用方法

技能目标

※ 能够使用大数据分析工具进行市场分析
※ 能够利用传统市场调查的理论方法，结合大数据思维，使用大数据分析工具进行市场调查

素质目标

※ 培养积极寻求有效的问题解决方法的能力
※ 培养运用科学的思维方式认识事物的能力

提交成果 ↓

※ 运用魔镜分析店铺会员，提交分析数据结果

案例导入

2023 年全国规模以上文化及相关产业企业营业收入增长 8.2%

据对全国 7.3 万家规模以上文化及相关产业企业（以下简称"文化企业"）调查，2023 年，文化企业实现营业收入 129 515 亿元，按可比口径计算，比上年增长 8.2%。其中，文化新业态特征较为明显的 16 个行业小类实现营业收入 52 395 亿元，比上年增长 15.3%，快于全部规模以上文化企业 7.1 个百分点。

分产业类型看，文化制造业实现营业收入 40 962 亿元，比上年增长 0.6%；文化批发和零售业 20 814 亿元，增长 6.1%；文化服务业 67 739 亿元，增长 14.1%。

分领域看，文化核心领域实现营业收入 83 978 亿元，比上年增长 12.2%；文化相关领域 45 537 亿元，增长 1.5%。

分行业类别看，新闻信息服务实现营业收入 17 243 亿元，比上年增长 15.5%；内容创作生产 28 262 亿元，增长 10.7%；创意设计服务 21 249 亿元，增长 8.7%；文化传播渠道 14 797 亿元，增长 11.9%；文化投资运营 669 亿元，增长 24.4%；文化娱乐休闲服务 1 758 亿元，增长 63.2%；文化辅助生产和中介服务 15 468 亿元，增长 0.4%；文化装备生产 6 282 亿元，下降 2.6%；文化消费终端生产 23 787 亿元，增长 3.3%。

分区域看，东部地区实现营业收入 101 223 亿元，比上年增长 8.7%；中部地区 15 394 亿元，增长 3.6%；西部地区 11 688 亿元，增长 10.0%；东北地区 1 210 亿元，增长 5.4%。

2023 年，文化企业实现利润总额 11 566 亿元，比上年增长 30.9%；营业收入利润率为 8.93%，比上年提高 1.55 个百分点。2023 年末，文化企业资产总计 196 200 亿元，比上年末增长 7.6%；每百元资产实现营业收入为 68.3 元，增加 0.8 元。具体如表 10-1 所示。

表 10-1　　2023 年全国规模以上文化及相关产业企业相关指标情况

项目	绝对值/亿元	比上年增长/%	所占比重/%
一、营业收入	**129 515**	**8.2**	**100.0**
其中：文化新业态	52 395	15.3	40.5
按产业类型分			
文化制造业	40 962	0.6	31.6
文化批发和零售业	20 814	6.1	16.1
文化服务业	67 739	14.1	52.3
按领域分			
文化核心领域	83 978	12.2	64.8
文化相关领域	45 537	1.5	35.2
按行业类别分			
新闻信息服务	17 243	15.5	13.3
内容创作生产	28 262	10.7	21.8
创意设计服务	21 249	8.7	16.4
文化传播渠道	14 797	11.9	11.4
文化投资运营	669	24.4	0.5
文化娱乐休闲服务	1 758	63.2	1.4
文化辅助生产和中介服务	15 468	0.4	11.9
文化装备生产	6 282	-2.6	4.9
文化消费终端生产	23 787	3.3	18.4
按区域分			
东部地区	101 223	8.7	78.2

续表

项目	绝对值/亿元	比上年增长/%	所占比重/%
中部地区	15 394	3.6	11.9
西部地区	11 688	10.0	9.0
东北地区	1 210	5.4	0.9
二、利润总额	11 566	30.9	—
三、资产总计（期末）	196 200	7.6	—

注：

1. 表中速度均为未扣除价格因素的名义增速。

2. 表中部分数据因四舍五入，存在总计与分项合计不等的情况。

（资料来源：国家统计局）

问题：

1. 为什么要进行数据分析？

2. 根据提供的数据，分析 2023 年全国规模以上文化及相关产业企业的营业收入增长情况，并指出哪些行业或领域的增长率高于整体平均水平，以及它们对整体营业收入增长的贡献如何？

任务一　认识大数据市场调查分析

任务描述：大数据是时下火热的 IT 行业的词语，与之相关的数据仓库、数据安全、数据分析、数据挖掘等也成为行业人士关注的焦点。大数据时代，大数据分析应运而生，大数据下的市场调查也成为新的调查方式之一。本任务将介绍大数据市场调查的基础知识。

一、大数据下的市场调查的含义

大数据下的市场调查是通过互联网平台发布问卷，由网上消费者自行选择填答的调查方法。大数据下的市场调查是互联网日益普及的背景下常用的调查方法，其主要优势是访问者与被访者可以互动，即访问者可以即时浏览调查结果。从样本来源角度看，大数据下的市场调查可以在更为广泛的范围内对更多的人进行调查，调查中主要的误差来源于抽样、对目标总体的覆盖程度以及测量误差等。

二、大数据下的市场调查的特点

与传统市场调查相比，大数据下的市场调查在调查对象、调查时限、调查方法、调查数据的质量、数据分析方法、调查结论和时空性方面具有一些不同点，如表 10-2 所示。

表 10-2　　　　　　　　大数据下的市场调查与传统市场调查比较

比较项目	大数据下的市场调查	传统市场调查
调查对象	使用智能设备、互联网等的人	针对某个地区的数量适当的人群
调查时限	长期性	阶段性
调查方法	通过数据采集，通过机器学习、自然语言处理等技术对数据进行快速处理，能够在短时间内得出结论	通过访谈、问卷调查、电话调查等方法实施调查
调查数据的质量	由于其分析的是全部数据，少数个体的数据错误一般不会对调查结论产生重大的影响	样本数据的精确度要求较高，要求对样本中的个体进行正确、深入的描述和研究
数据分析方法	高级的机器分析方法（如云计算等）	抽样的统计分析方法
调查结论	分析全部数据，可以从宏观层面把握事物的动向	微观视角，针对部分人群、事物进行分析
时空性	不受时间和地域限制，时空性较强	容易受时间和地域的限制，工作复杂且烦琐

（1）从调查对象上看，传统市场调查针对的是某个地区的数量适当的人群，而大数据下的市场调查的对象可以是任何一个使用手机、计算机等智能设备和互联网的人。

（2）从调查时限上看，传统市场调查一般是阶段性的，大数据下的市场调查是长期性的，但两者都讲究时效性。

（3）从调查方法上看，传统市场调查通过访谈、问卷调查、电话调查等方法实施调查、收集资料，且在调查的过程中，调查人员的行为会在一定程度上影响调查资料的真实性；大数据下的市场调查中，调查人员基本不会影响调查对象的行为，通过大数据实时追踪与计算，调查人员不仅能真实客观地记录调查对象的行为习惯（如浏览的产品、收藏的店铺等），还能使每个调查对象的信息呈现个性化对应的状态。

（4）从调查数据的质量上看，传统市场调查对样本数据的精确度要求较高，要求对样本中的个体进行正确、深入的描述和研究；大数据下的市场调查则不同，它的容错性较高，由于其分析的是全部数据，少数个体的数据错误一般不会对调查结论产生重大的影响。

（5）从数据分析方法上看，传统市场调查使用的是抽样的统计分析方法，例如线性回归分析等；大数据下的市场调查省去了抽样的环节，运用了高级的机器分析方法（如云计算等），能将整体认识调查对象的误差大大减小。

（6）从调查结论上看，传统市场调查多从微观视角，针对部分人群、事物进行分析，通过典型样本由点及面地把握全局；大数据下的市场调查通过分析全部数据，可以从宏观层面把握事物的动向，并且数据来源非常丰富，针对个体的分析越来越精准。

（7）从时空性上看，传统市场调查容易受到时间和地域的限制，工作复杂且烦琐；大数据下的市场调查不受时空限制，简单、快速，且调查范围更广。

需要注意的是，大数据下的市场调查和传统市场调查并不是相互排斥的，不是有了前者就放弃传统市场调查，两者是可以互补的。在不同的场景和不同的调查需求下，企业可以选择不同的调查方式。大数据下的市场调查更加适用于描述性的调查，而传统市场调查在因果性的调查上仍然具有独特优势。

三、大数据下的市场调查的主要方式

（一）网站流量监测

网站流量监测是在网站服务器端安装统计分析软件对来访网民的网络行为进行监测。目前许多网络公司如百度等都提供了免费的统计代码网站，主办者将代码置于需要进行流量监测的页面上，即可获得网站流量的基本数据。

网站流量数据主要反映了网站的受欢迎程度及网站内容的被关注度。尽管网站的设计风格对网站流量有较大影响，但毕竟网站还是以内容为王，网站流量的高低直接反映了网站内容的受欢迎程度。反映网站流量的指标包括到访人数、浏览页数及停留时长等。

分析网站流量数据需要关注以下几个方面。

（1）访问者来源。看访问者是来自其他网站的链接还是搜索引擎，如果来自搜索引擎则记录访问者在搜索引擎中使用的关键词。

（2）主页浏览数。尽管许多人并非通过主页访问网站，但是大多数人通常还是会进入主页，主页浏览数可反映访问者的整体状况。

（3）平均停留时长。平均停留时长反映了访问者对网站的兴趣高低。

（4）访问最多或者最少的页面。这一数据也反映了访问者对页面内容的关心程度。

（5）网站访问周期。来访者的到访是否存在固定规律或者随热门事件热度起落而出现周期性变化。

（二）用户画像行为跟踪

1. 用户画像

用户画像是企业收集与分析用户的社会属性、生活习惯、消费行为等各方面的信息数据后，建立的抽象化的用户的商业特征。换句话说，用户画像就是企业从多个维度描述的用户特征。用户画像为企业提供了足够的信息，用户画像越精准、全面，越能帮助企业快速找到精准的用户群体、用户需求等。

在目前的大数据环境下，用户通过互联网进行商务活动所产生的一切行为，在企业面前都是可视化的，这就为企业建立用户画像提供了有利条件。

（1）用户画像的作用

目前，用户画像成了大数据驱动的用户行为分析的基础及流行方式之一。具体而言，用户画像的作用体现在以下几个方面。

① 标签准备。建立用户画像是企业为用户贴上标签的前提，因此企业建立了用户画像，也就为给用户贴上标签做好了准备。

② 数据挖掘。通过用户画像，企业可以进一步挖掘用户数据、提高服务质量，用户画像也可以为企业的运营管理提供数据支持。例如，为活动策划提供数据依据、增强活动效果，对业绩进行周期性预测、趋势性预测等。

③ 精准营销。明确用户的基本特征，了解用户的消费行为特征，能让营销更加精准。

④ 指导产品研发。企业通过获取、分析、处理、组合大量目标用户数据，初步建立用户画像，得出用户喜好、需求的统计结果，从而优化产品。

（2）用户画像的维度

针对不同的行业和场景，用户画像的维度会有所不同。这里介绍几种常见的用户画像维度，具体如下。

① 人口属性。其用于描述用户的个人基本特征。用户的个人基本特征是用户画像中最基本的信息之一，主要包括姓名、性别、年龄、联系方式等。

② 消费特征。其用于描述用户的消费习惯和偏好，主要包括用户的购物类型、购买周期、品牌偏好等。为了筛选用户，企业还可以参考用户的消费记录等数据，将用户直接定性为某类消费人群，例如，差旅人群、母婴用户、理财人群等。

③ 兴趣爱好。其能够帮助企业了解用户的消费倾向，从而开展精准定向的营销活动。例如，用户经常询问有关科技产品的资讯，则企业对其兴趣爱好进行挖掘分析后，可以将其定义为"科技发烧友"。

④ 社交信息。其用于描述用户的社交图谱、家庭成员、朋友圈等，这些信息能够表现出用户的消费预期和社会关系网。企业建立用户社交信息维度的画像，可以更完整地了解用户，以便为其提供个性化服务。

⑤ 信用属性。其用于描述用户的收入与支付能力，主要包括用户的学历、收入、资产、负债、信用评分等。

（3）用户画像的数据来源

用户画像的数据来源主要为用户行为日志（也称用户行为轨迹）和客户关系管理（Customer Relationship Management，CRM）系统。用户行为日志简单来说，就是用户每次访问网站产生的行为数据（如访问、浏览、搜索、点击等数据）和企业后台数据库（包含个人资料、购买信息等数据）。

2. 用户画像标签

用户画像可以使企业了解用户群体的各方面需求。但在针对某一位用户时，企业还需要应用"用户标签"才能真正实现精准营销。用户标签可以理解为具有某种特征的用户群体的代称，其可用于识别、记忆和查找用户。用户标签的设计因人而异，不同企业可以根据实际情况和自身需求，设计不同的用户标签。

用户画像需要以不同的维度来衡量，每一个维度就是一种用户属性，而每一种属性都对应不同的属性值，最终这些不同的属性值组合起来就可以构成特定的用户标签。因此，标签属性值是用户标签的基础。例如，就电子商务而言，标签属性涉及用户的基本信息、各种偏好等。表 10-3 归纳了用户标签属性分类。

表 10-3   用户标签属性分类

分析维度	属性	属性值
用户基本情况	性别	男、女
	年龄	0～18 岁、19～24 岁、25～29 岁、30～39 岁、40～49 岁、49 岁以上
	职业	个体经营者、医生、学生、教师、律师、其他
	职位	普通职员、主管、高管
	地域	按省份划分、按城市划分、按区县划分
	婚姻状况	已婚、未婚

续表

分析维度	属性	属性值
产品偏好	品质	高、中、低
	等级	高、中、低
	风格	标准、流行、时尚、个性
	款式	新款、次新款、其他
	色彩	亮色、暗色
	功能	按不同产品的功能划分
	用途	按不同产品的用途划分
	口味	酸、甜、苦、辣、其他
	材质	按不同产品的用料划分
	工艺	手工、机械
消费偏好	价格	高、中、低
	促销	特价、打折、包邮、赠品、满减、退换
	时节	上新、换季、大促、节日
	时间	早晨、上午、中午、下午、傍晚、晚上、深夜
	平台	淘宝、天猫、拼多多、京东、其他
	渠道	短信、微信、微博、其他

（三）搜索引擎关键词统计

搜索引擎关键词统计是对百度提供的网民搜索关键词的统计分析。以百度趋势为例，通过分析百度全球用户的搜索结果，告诉用户某一搜索关键词各个时期在百度被搜索的频率和相关统计数据。在百度趋势中，用户可直观地看到每一关键词在百度关键词的搜索量的变化走势，并有详细的城市、国家/地区、语言柱状图显示，时间跨度为3～5年。图10-1所示为2018年6月至2021年6月搜索引擎用户规模及使用率的变化情况，折线的显著变化反映了网民使用百度搜索引擎频率的增长。从图10-1中可以看到2018年6月至2021年6月使用搜索引擎搜索关键词的用户规模在不断增加。

单位：万人

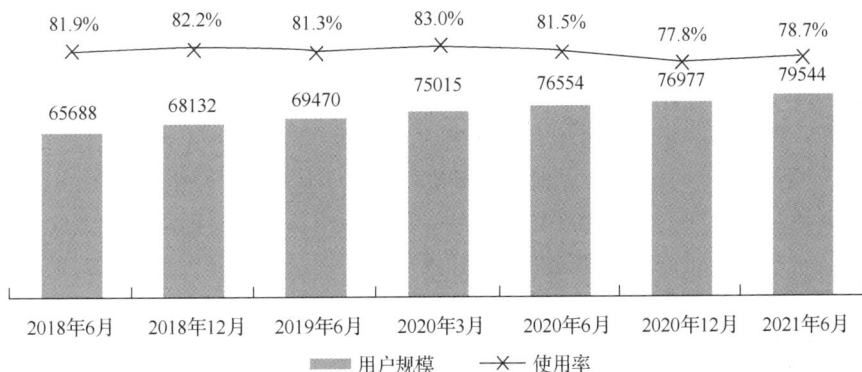

图 10-1　2018 年 6 月至 2021 年 6 月搜索引擎用户规模及使用率的变化情况

搜索引擎关键词统计数据更为直观和易用。搜索引擎是网民上网的必需工具，网民在搜索引擎中输入的关键词反映了网民的兴趣及焦点所在。对搜索关键词的统计分析，对判断和预测网民行为具有重要的参考价值。百度提供了便捷的统计分析工具。以百度趋势为例，百度趋势可以同时比较多达 5 个关键词的统计数据。图 10-2 所示为 2018 年 11 月—2019 年 10 月以"就业"为关键词的趋势分析，在四大就业平台中人们较多使用拉勾招聘和智联招聘，并且在 2019 年 3 月—2019 年 7 月，人们对于就业的关注率比较高，说明在这段时间内大家对于找工作的需求比较旺盛。这一假设能否成立则需要寻找相关的论据进行验证。

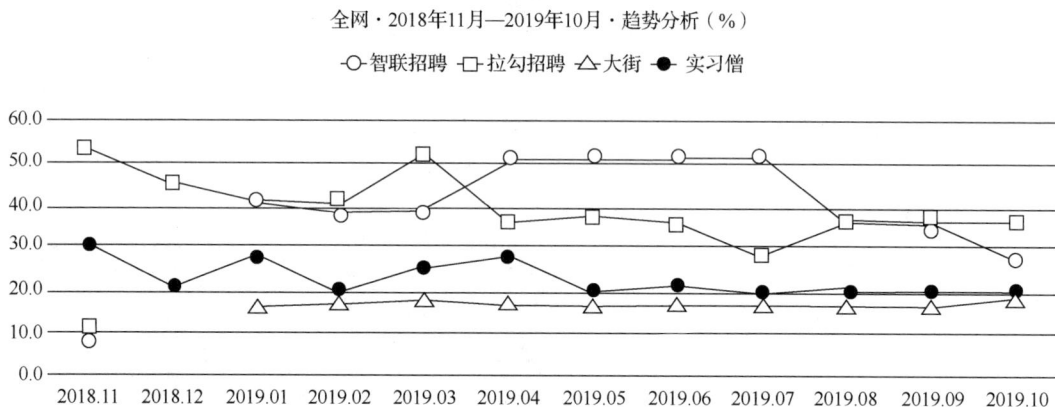

图 10-2　2018 年 11 月—2019 年 10 月以"就业"为关键词的趋势分析

（四）广告效果调查

广告效果调查是对产品广告活动的影响和效果的研究。在互联网、大数据时代，广告效果调查变得十分方便快捷。由于消费者的行为可追踪，企业能够及时了解消费者对广告的偏好和反馈信息，以及广告的传播效果与促进销售的效果等，并据此优化广告内容和创意，调整广告策略和制订新的营销计划，使广告可以精准地触达目标消费群体。

调查、分析和评估广告效果主要涉及 3 类指标，即流量指标、互动指标和转化指标。

1. 流量指标

流量指标是用于描述广告的展现情况和触达情况的主要指标，可以反映广告的覆盖情况和广告内容对用户的吸引力。流量指标主要可分为点击前的流量指标和点击后的流量指标。

点击前的流量指标主要指曝光量、点击量和点击率。曝光量即广告的曝光次数；点击量指广告被点击的次数；点击率是点击量与曝光量的比值，能够有效反映广告效果。

点击后的流量指标主要指页面浏览量、访问次数、访客数。页面浏览量（Page View，PV）是指用户访问网站时每打开一个页面算作一次页面浏览，用户多次打开同一页面，浏览量将累计。访问次数一般指在一定时间内用户访问网站的次数，如果用户连续 30 分钟没有重新打开或刷新网页，则当用户下次访问网站时，访问次数累计。访客数（Unique Visitor，UV）指一天内网站的独立用户数，同一用户多次访问网站只算作一个访客。页面浏览量是从页面角度衡量加载次数的统计指标，而访客数则是从用户角度衡量访问次数的分析指标。如果网站的用户黏性足够，同一用户一天中多次登录网站，那么页面浏览量就会明显大于访客数。

2. 互动指标

互动指标用于描述用户的参与程度，可以反映广告投放的精准度和广告内容的质量。常用的互动指标有：跳失率，指用户只访问了一个页面就离开的访问次数占该页面总访问次数的比例，跳失率越低，说明内容质量越好，用户忠诚度越高；平均访问时长，指用户访问网站的平均停留时间，平均访问时长=总访问时长÷访问次数；平均访问页数，指用户访问网站的平均浏览页数，平均访问页数=浏览量÷访问次数。平均访问时长和平均访问页数都是衡量用户体验的重要指标。另外，点赞、关注、评论、转发等互动指标也可以反映用户的参与程度。

3. 转化指标

转化指标是对企业来说最有价值的监测指标之一，它能直接反映企业达到推广目的和效果的可能性，以及广告活动为企业带来的收益等情况。主要的转化指标包括：转化次数，指用户到达转化目标页面，或完成网站运营者期望其完成的动作（如支付等）的次数；转化率，即访问转化的效率，是转化次数与访问次数的比值。

四、大数据下的市场调查在使用中应注意的问题

不管采用什么样的调查方法，确保调查质量都是必要的。研究影响大数据下的市场调查质量的因素同样可以从调查的具体类型、调查方法的选择、调查目的的设定、问卷设计的质量、样本选择的方法、过程控制的形式等方面入手。不管是传统市场调查还是大数据下的市场调查，选择合适的调查方法是开展调查首先要考虑的因素，具体来说要做到以下几点。

（一）选择适合上网的主题

只有适合上网的主题的调查对象才能全部或大部分具有使用网络的可能性，从而使大数据下的市场调查成为可能。一般来说，适合采用大数据下的市场调查的调查项目有消费者产品满意度调查、新产品试用效果测试、广告投放效果测试、社会热点问题调查、个人意识类问题调查等。

（二）根据调查目的差异选择不同的调查方式方法

不同的大数据下的市场调查方法由于自身特点的不同，对被调查者有不同的要求。调查者应该选择被调查者容易接受的调查形式，尽可能减轻被调查者的抵触情绪。例如，如果是网络问卷法，研究者需要考虑是选择直接弹出问卷式还是广告弹出信息式，是选择必然点击式还是偶然链接式等。

（三）对大数据下的市场调查问卷进行科学设计

不管是大数据下的市场调查还是传统市场调查，调查问卷的设计应遵循 3 个原则：目的性原则、可接受性原则和简明性原则，以保证问卷的科学性。

（四）激发被调查者的兴趣

任何调查取得成功的关键首先在于能够激发被调查者的兴趣。因此在开展大数据下的市场调查时，调查者要合理利用有偿参与等方法来调动被调查者参与调查的积极性，提高信息的反馈率，确保反馈信息的真实性，减小调查结果的偏差。

（五）科学确定调查样本的类型

大数据下的市场调查通常有 3 种类型的样本，即随机性样本、过滤性样本和选择性样本。

后两种样本由于在技术设计中增加了对样本的筛选，提高了样本的有效性，保证了调查的针对性和质量。

任务二　大数据下的市场调查分析工具应用

任务描述： 在大数据技术的支持下，新的市场调查分析工具应运而生。常用的大数据分析工具有魔镜、Excel、Hadoop、Storm、RapidMiner、卡思数据、腾讯云图、神策数据等。本任务将重点介绍魔镜、Excel 两个市场调查分析工具。

一、魔镜

魔镜是一个较流行的大数据可视化分析挖掘平台，由苏州国云数据科技有限公司研发。

打开魔镜官方网站（见图 10-3），用户注册登录后，单击页面右上角的用户图标，在打开的列表中选择"进入魔镜"选项，即可进入其应用管理页面。

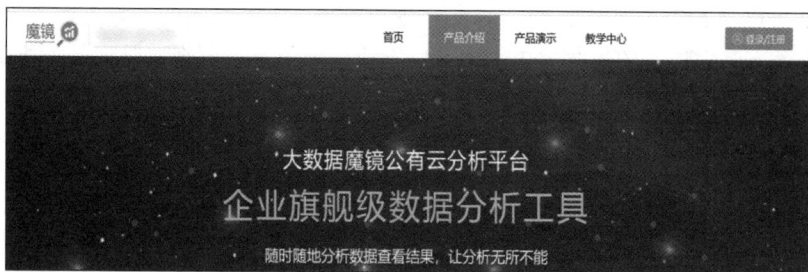

图 10-3　魔镜官方网站

下面在魔镜中导入 Excel 文件并对竞店商品的数据进行分析，以此介绍魔镜的基本操作和数据分析的方法，具体操作如下。

（1）在魔镜应用管理页面单击"新建应用"按钮，如图 10-4 所示。

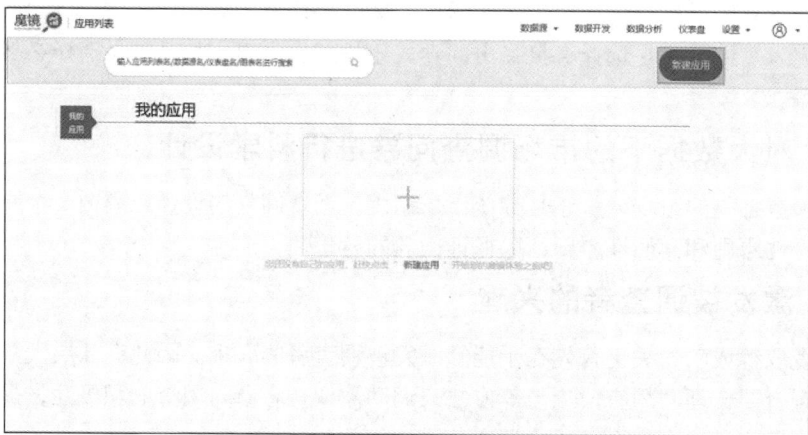

图 10-4　单击"新建应用"按钮

（2）打开"数据源列表"页面，单击"添加"超链接，在打开的列表框中单击"文件"栏的 Excel 图标，如图 10-5 所示。

图 10-5　单击 Excel 图标

（3）打开"打开"对话框，选择"竞店商品.xlsx"工作簿，单击"打开"按钮导入文件，如图 10-6 所示。

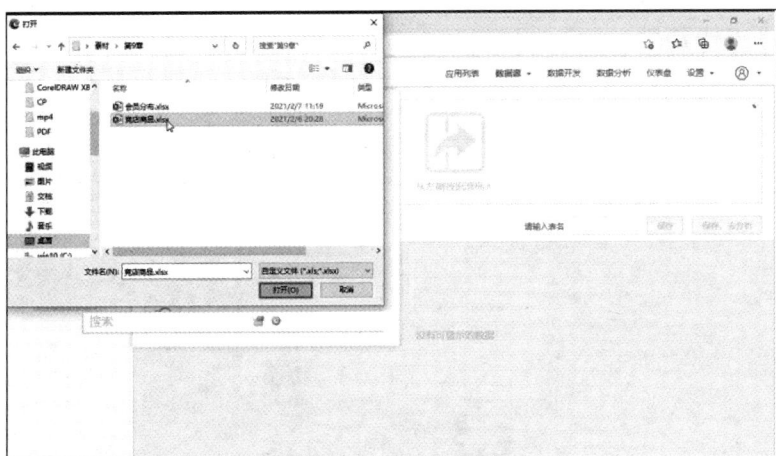

图 10-6　导入文件

（4）打开"上传文件"对话框，预览数据，单击"保存"按钮，如图 10-7 所示。

图 10-7　保存数据

（5）将导入的"竞品商品.xlsx"文件从左侧数据源拖入面板中，如图 10-8 所示。

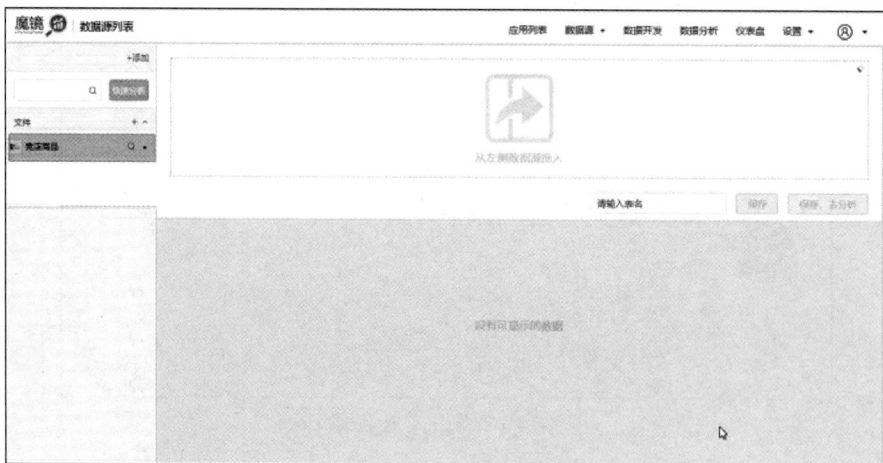

图 10-8　导入数据源

（6）导入数据源后，单击"保存，去分析"按钮，在打开的"新建应用"对话框中单击"保存"按钮，如图 10-9 所示。

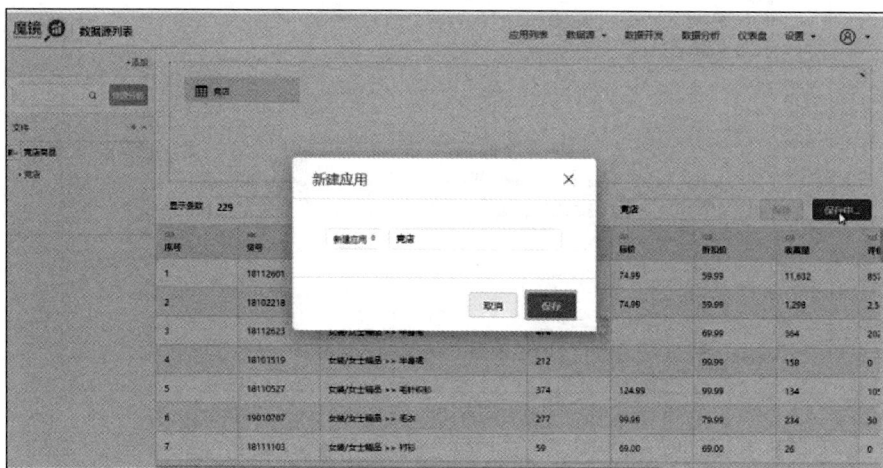

图 10-9　保存新建应用

（7）进入"数据分析"页面，魔镜默认将数据源中不可量化的数据作为分析的维度指标，如本例中的"货号"和"类目"；将数据源中可以量化的数据作为度量指标，如本例中的"浏览量"和"收藏量"等。

（8）为了使操作简便，可以先思考当前数据适合用哪种图表来展示。例如，通过列表展示各产品类目的浏览量和收藏量的汇总数据，首先单击右侧"主要"面板中的"列表"图标（第 1 行第 1 个图标），然后依次将"类目"维度指标和"浏览量""收藏量"度量指标拖入上方的"表头"栏中，得到分析结果，如图 10-10 所示。

（9）通过饼图展示各产品类目的日销量占比情况，则首先将光标移到"表头"栏中的"类目"选项上，单击显示的下拉箭头，在打开的列表中选择"移除"选项，移除此项数据分析源，并通过相同的方法删除"浏览量"和"收藏量"两个数据分析源，然后单击右侧"主要"面板中的"饼图"图标（第 3 行第 1 个图标），将"类目"维度指标拖到"颜色"标记上，即以颜色区分产品类目，如图 10-11 所示。

图 10-10　各类产品汇总的浏览量和收藏量展示

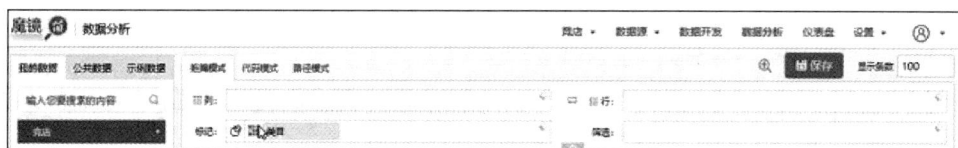

图 10-11　拖入分析指标

（10）将"日销量"度量指标拖到"角度"标记上，即以不同角度反映产品类目的日销量占比。此时生成饼图分析结果，将光标移到最大的扇形区域上，根据弹出的信息可看出，日销量占比最大的是"女装/女士精品＞＞半身裙"，其日销量为 17 件，占比 27.869%，如图 10-12所示。

（11）"日销量"度量值默认显示为"汇总"，将光标移到"日销量"标记上，单击显示的下拉箭头，将光标移到打开的列表中的"度量【汇总】"选项上，在弹出的子列表中选择相应选项可更改度量值的显示方式，如图 10-13 所示。

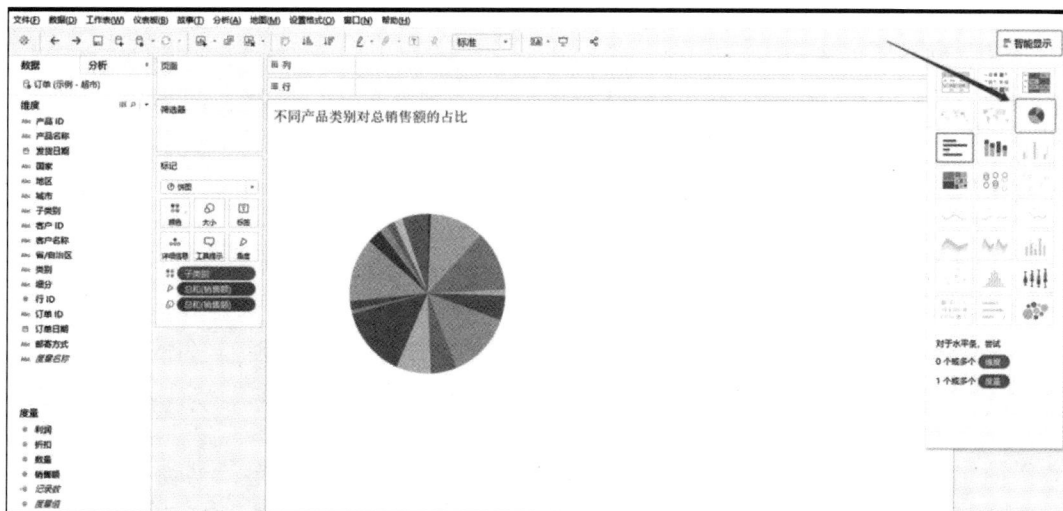

图 10-12　查看各产品类目的日销量占比分析结果

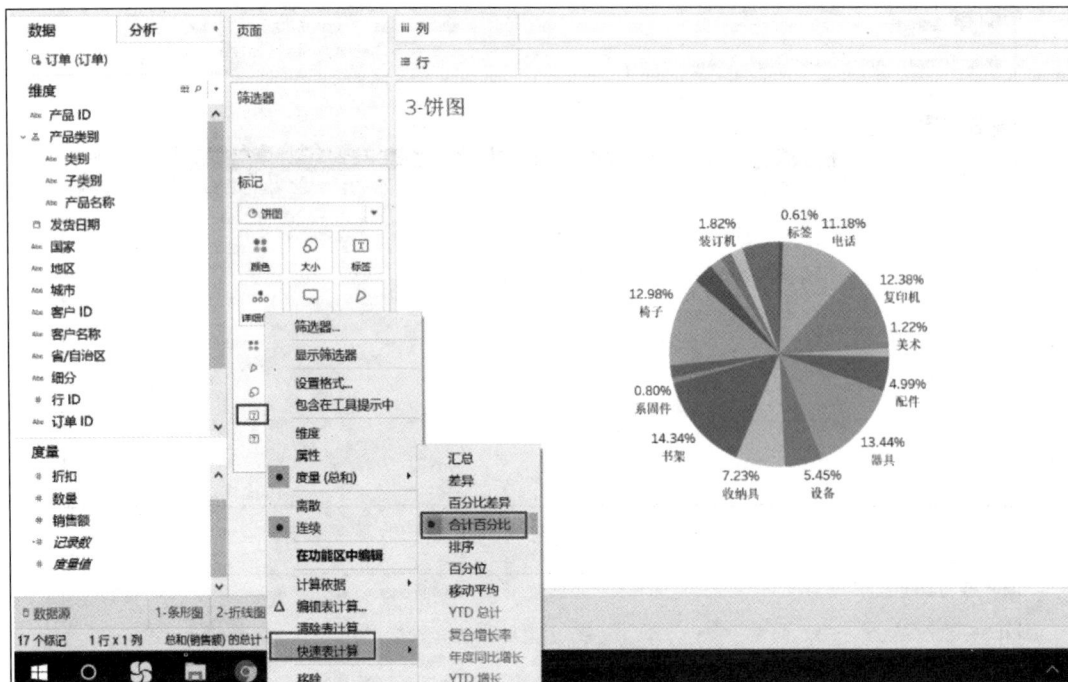

图 10-13　更改度量值的显示方式

魔镜的操作比较简单，用户只要掌握了 Excel 这类数据处理软件的操作，学习起来就十分容易。用户在使用魔镜进行数据分析的过程中，要将传统的市场调查与分析的理论知识，包括一些数据分析的原理、方法或思维方式，与魔镜的实际操作和具体的分析情况相结合，以得出所需的分析结果。其他数据分析工具的操作与魔镜大体相同，只是有的会涉及编程等内容，对专业知识的要求较高，操作起来比较困难，但是数据分析的原理、方法、思维方式是相同或类似的。总之，调查人员要想应用好大数据分析这门技术，就需要不断积累相关的知识和经验。

二、Excel

具有统计分析功能的软件有很多，例如 SPSS、SQL 等，但使用这些软件不仅需要具备一定的专业技术，还要支付一些费用。而对个人或中小企业而言，Excel 是一款非常适用于统计分析的软件，它虽不如 SPSS、SQL 的功能强大，但在日常学习和工作中的应用也十分广泛。Excel 所提供的函数计算、图表绘制、数据分析及电子表格等功能可以很好地满足非统计专业的教学和工作需要。

1. 使用 Excel 的"描述统计"功能

Excel 自带了"描述统计"功能，使用该功能可以快速实现对数据的集中趋势、离散程度和分布形态等特征的分析。例如，某企业为了了解其店铺的农产品 6 月的销售情况，选取了 6 月 5 日至 6 月 27 日的销量数据，下面借助 Excel 的"描述统计"功能对该组数据进行分析，具体操作如下。

（1）打开"描述统计.xlsx"工作簿，在【数据】/【分析】组中单击"数据分析"按钮，打开"数据分析"对话框，在"分析工具"列表框中选择"描述统计"选项，单击"确定"按钮，如图 10-14 所示。

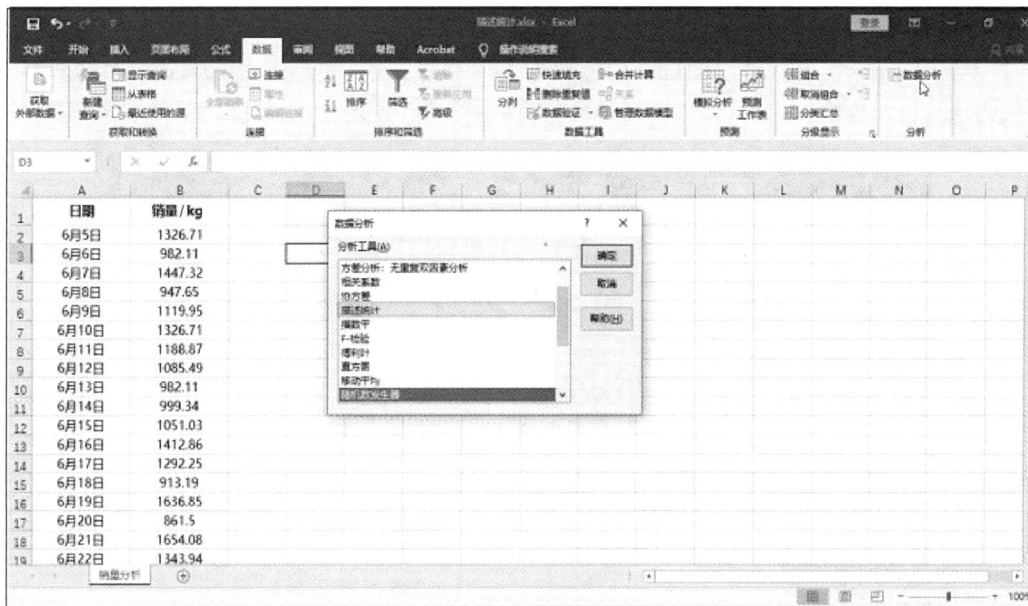

图 10-14　选择分析工具

（2）打开"描述统计"对话框，将"输入区域"指定为 B1:B24 单元格区域，选中"逐列"单选项，勾选"标志位于第一行"复选框。将"输出区域"指定为 E1 单元格，勾选"汇总统计"复选框和"平均数置信度"复选框，并将"平均数置信度"设置为"95%"，单击"确定"按钮，如图 10-15 所示。

图 10-15　设置描述统计参数

（3）Excel 会在指定输出区域返回分析结果，如图 10-16 所示。数据表明，在该段时期，企业农产品的平均销量为 1 203.103kg，中位数为 1 188.87kg，众数为 1 326.71kg。由于峰度小于 0，偏度大于 0，数据的分布形态呈平阔峰的正偏态分布，说明产品销量在后期有所下降。

图 10-16　分析结果

2. 使用 Excel 计算相关系数

在 Excel 中，有两种常用方法可以用来计算相关系数，即使用 CORREL 函数（返回指定的两个单元格区域的相关系数）和"相关系数"功能。

例如，某企业收集了全年各月的广告费用与销售收入数据，如图 10-17 所示，下面分别使用 CORREL 函数和"相关系数"功能分析广告费用与销售收入的相关关系。

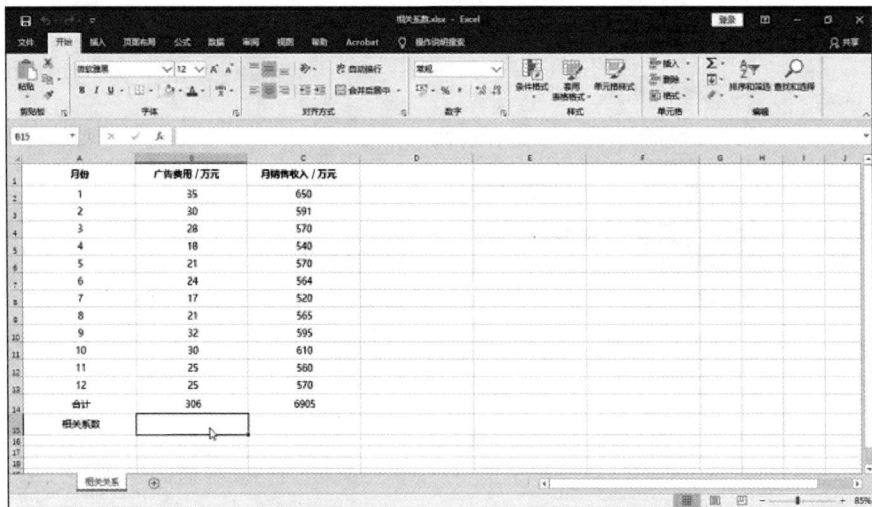

图 10-17　某企业全年各月广告费用与销售收入数据汇总

（1）使用 CORREL 函数计算相关系数，具体操作如下。

① 打开"相关系数.xlsx"工作簿，选择 B15 单元格，输入"=CORREL（B2:B13，C2:C13）"，按【Enter】键。

② 返回函数计算结果，如图 10-18 所示。广告费用与销售收入的相关系数为 0.907 408 389，说明二者之间存在高度的正相关关系，即广告费用投入的增加使得销售收入增长。

图 10-18　相关系数计算结果 1

（2）使用"相关系数"功能计算相关系数，具体操作如下。

① 打开"相关系数.xlsx"工作簿，在【数据】/【分析】组中单击"数据分析"按钮，打开"数据分析"对话框，在"分析工具"列表框中选择"相关系数"选项，单击"确定"按钮。

② 打开"相关系数"对话框，将要分析的数据区域设置为 B1:C13 单元格区域；选中"逐列"单选项，以每列单元格区域为数据源进行分析，因为数据区域的第一行是标志，所以勾选"标志位于第一行"复选框；将"输出区域"指定为 B15 单元格，单击"确定"按钮，如图 10-19 所示。

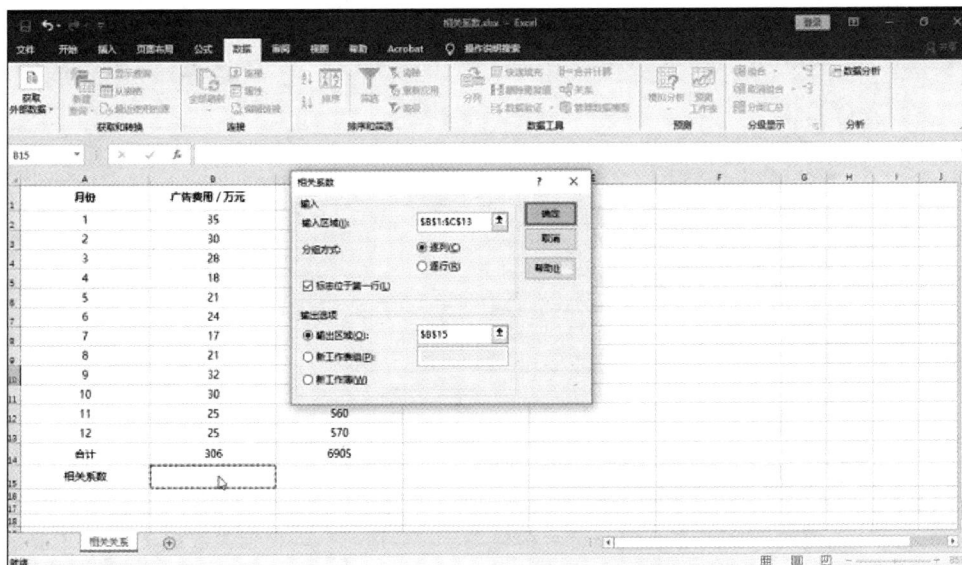

图 10-19　设置相关系数参数

③ 计算结果如图 10-20 所示，相关系数为 0.907 408 389，与用 CORREL 函数计算的结果一致。

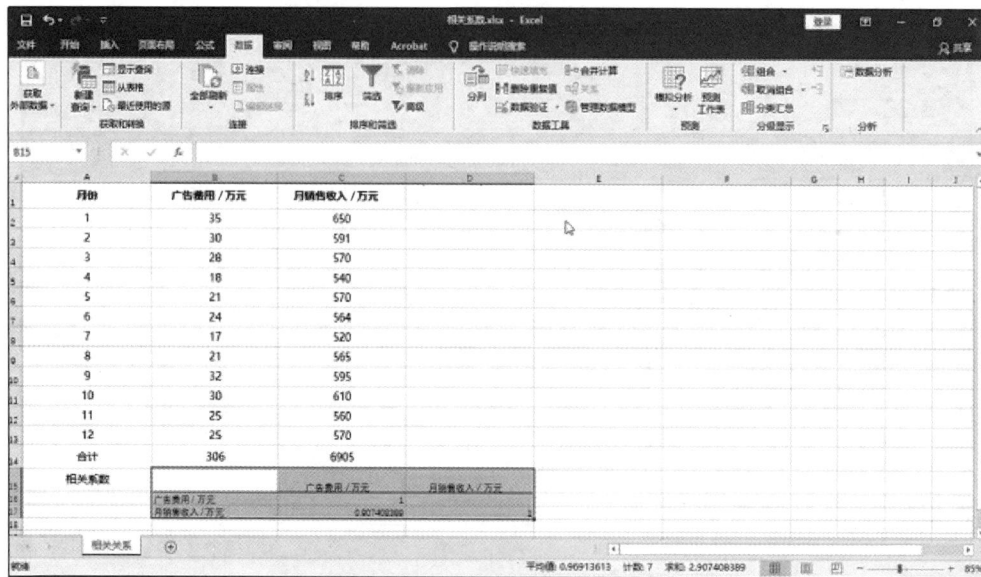

图 10-20　相关系数计算结果 2

需要指出的是，在 Excel 中使用 CORREL 函数一次只能计算两个变量的相关系数，而使用"相关系数"功能可以同时计算多个变量的相关系数。

例如，某连锁超市在市内有多家卖场，各卖场的月销售额与卖场面积、地理位置（地理位置 1 表示一类地段、地理位置 2 表示二类地段、地理位置 3 表示三类地段）数据如图 10-21 所示，下面分析卖场销售额与卖场面积、地理位置的相关关系。

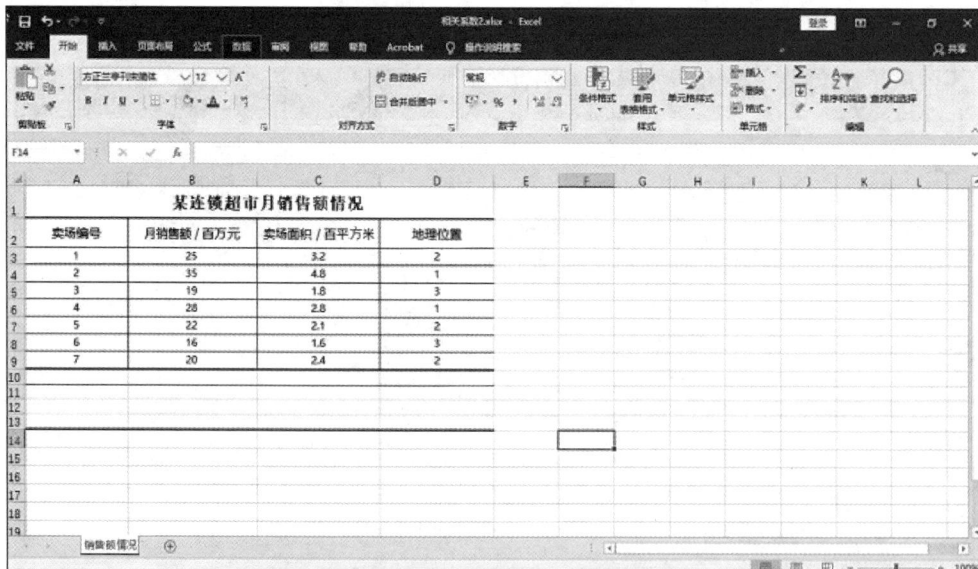

图 10-21　某连锁超市月销售额与卖场面积、地理位置数据

① 打开"相关系数 2.xlsx"工作簿，在【数据】/【分析】组中单击"数据分析"按钮，

打开"数据分析"对话框，在"分析工具"列表框中选择"相关系数"选项，单击"确定"按钮。

② 打开"相关系数"对话框，将要分析的数据区域设置为 B2:D9 单元格区域；选中"逐列"单选项，勾选"标志位于第一行"复选框；将"输出区域"指定为 A10 单元格，单击"确定"按钮，如图 10-22 所示。

图 10-22　设置相关系数参数

③计算结果如图 10-23 所示。从图 10-23 中可知，卖场月销售额与卖场面积的相关系数为 0.946 153 014，月销售额与地理位置的相关系数为-0.893 126 205，绝对值均大于 0.8，因此卖场月销售额与卖场面积、地理位置均为高度线性相关。其中，月销售额与卖场面积为正相关，即卖场面积越大，月销售额越高；月销售额与地理位置为负相关，即地理位置数值越小，月销售额越高，说明一类地段优于二、三类地段，二类地段优于三类地段。

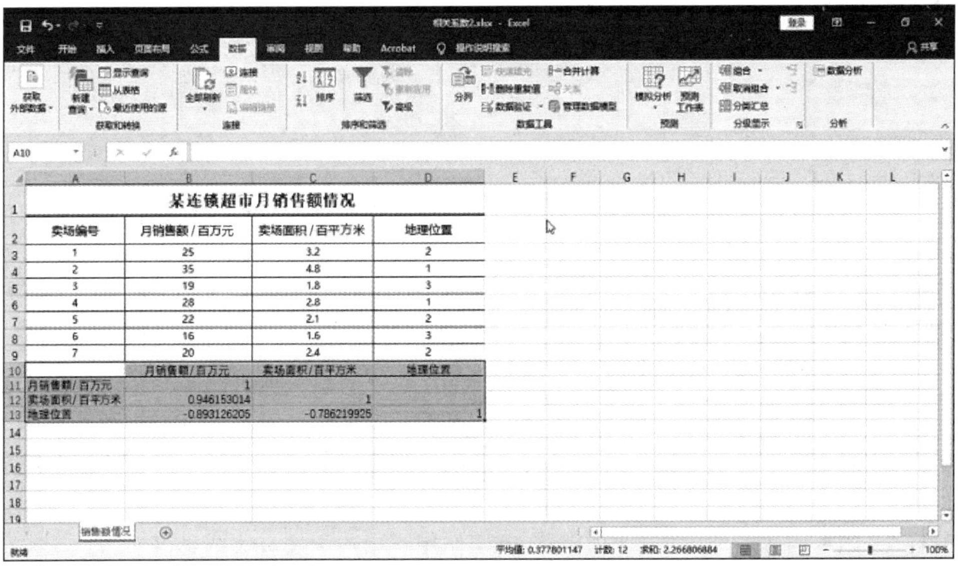

图 10-23　多变量相关系数计算结果

三、其他分析工具

目前，市面上的大数据分析工具很多，这些工具基本上都遵循数据统计、数据挖掘和数据可视化等一系列操作流程来获得最终的分析结果。下面列出一些常见的大数据分析工具。

1. Hadoop

Hadoop 是一个分布式系统的开源框架。用户使用 Hadoop 可以在不了解分布式底层细节的情况下开发分布式程序。Hadoop 具有高可靠性、高可拓展性、高容错性和高效性等特点，拥有良好的大数据存储和处理能力。

2. Storm

Storm 是一个分布式的实时计算系统，具有低延迟、高可用、易扩展等特点，支持多种编程语言。Storm 既可以处理庞大的数据流，又可处理 Hadoop 的批量数据，应用范围非常广。

3. RapidMiner

RapidMiner 是一款开源的数据挖掘软件，可用于文本挖掘、多媒体挖掘、数据流挖掘和分布式数据挖掘等领域。RapidMiner 采用了可互动的图形用户界面，数据挖掘简单直观，无须编程，易学易用。

4. 卡思数据

卡思数据是一个视频全网数据开放平台，为视频内容创作者在视频创作和用户运营方面提供数据支持，为广告主的广告投放提供数据参考。目前，卡思数据有"抖音版""快手版""B 站版"3 种版本，分别针对抖音、快手和哔哩哔哩（B 站）视频平台提供数据挖掘与分析服务。

5. 腾讯云图

腾讯云图是一个一站式数据可视化展示平台。通过腾讯云图，用户可快速完成海量数据的可视化图表展示。腾讯云图采用拖曳式自由布局，支持多种数据源。

6. 神策数据

神策数据是专业的大数据分析平台服务提供商，神策数据主要围绕用户行为提供多维度、多指标的交叉分析服务。

项目拓展

用户画像可以说是目前各网购平台和网店卖家都喜欢使用的一种市场调查和营销手段。某经营高级礼品的网店，其会员基数小，产品客单价又高，卖家在电商平台进行了广告投放，直通车和钻石展位每天都会产生成本，但投入产出比很低。后来卖家利用数据分析工具分析后发现，虽然店铺产品的客单价较高，但是对产品感兴趣的消费者很多，其中有不少消费者通过"海外购"或"全球购"了解甚至购买过同品牌的产品。卖家将这类人群同步到数据分析工具中，在七夕节期间开展节日活动，结合店铺忠诚度较高的用户画像，对兴趣人群进行细分圈定，开展有针对性的店铺营销活动，吸引潜在消费者加购、收藏、购买等，最终降低了运营成本，提高了投入产出比。

问题：上述案例体现了用户画像的哪个重要作用？用户画像有哪些维度？

项目实训

【实训任务】设计"关于大学生网络购物平台选择意向调查"问卷，并生成一份数据表，通过魔镜分析大学生对网络购物平台选择的情况。

【实训组织】5人一组，以小组为单位进行实训。

【实训要求】

1. 在魔镜应用管理页面导入工作簿，将其中的"数据分析"工作表保存为数据源。

2. 用饼图分析大学生对网络购物平台选择的占比情况，用条形图分析大学生在不同网络购物平台上的平均交易额情况，用条形图分析大学生在不同网络购物平台的交易笔数情况。

【实训成果】设计"关于大学生网络购物平台选择意向调查"问卷，并形成一份数据表。

【实训考核】

1. 导入工作簿并保存数据源。

2. 分析大学生网络购物平台选择占比情况（饼图）。

3. 分析大学生在不同网络购物平台上的平均交易额情况（条形图）。

4. 分析大学生在不同网络购物平台的交易笔数对比情况（条形图）。

项目十一

市场调查数据处理与分析

项目目标

※ 了解审核市场调查数据的方法
※ 掌握处理市场调查数据的方法和工具
※ 掌握分析市场调查数据的方法
※ 掌握市场调查数据挖掘技术

技能目标

※ 培养和提高对数据的分析能力
※ 能够运用集中趋势分析、相对程度分析等数据分析方法分析营销现象

素质目标

※ 在数据分析过程中不弄虚作假、不歪曲事实，以客观、公正的态度处理数据

※ 根据问卷调查制作一份数据分析报告

案例导入

为了解佛山市"机器换人"对传统行业工人的影响，调查人员展开了一项以佛山市区六大传统行业工人为调查对象的问卷调查。调查人员到全市各区有代表性的工厂门口拦截工人，进行问卷调查。调查人员在被调查者回答问卷时进行指引并在回收问卷时进行复查。本项调查共发放问卷550份。录入纸质问卷时，调查人员对问卷的回答进行了编码，同时审查问卷的有效性和真实性，剔除漏选、多选以及有逻辑错误的问卷共97份（约占样本容量的17.6%）。完成初次录入后，随机抽选100份问卷进行检查，没有发现错误录入或无效问卷的情况。最后有效回收453份问卷，有效回收率约为82.4%。

问题：

1. 为什么要进行数据分析？
2. 如何正确、合理地处理回收的问卷？

任务一　市场调查数据审核

任务描述：市场调查数据资料的审核是资料处理的重要工作之一。它指研究者对调查所回收的原始资料进行初步的审查和核实，校正错填、误填，剔除乱填、空白和严重缺答的废卷，使原始资料具有较高的准确性、完整性和真实性，从而为后续的资料整理录入与统计分析工作打好基础。

一、文案资料的审核

在对文案资料进行分析研究时，首先应提出问题并对文案资料的质量进行评估。应当提出的问题包括以下 6 个方面。

（1）内容，资料是否可靠全面和精确地包括课题的要求。

（2）水平，资料的专门程度够不够。

（3）重点，资料是否针对与课题最有关的各个方面。

（4）时间，资料所涉及的时期是否适当，有没有过时。

（5）准确，资料是否可信，与一手资料的接近程度如何。

（6）方便，资料能否既迅速又低成本地获得。

在收集文案资料时，研究者也会采用已有的他人的调查结果，也就是通常所说的二手资料。对于二手资料，主要在 3 个方面进行审核。

（1）适用性审核。适用性审核主要是弄清楚数据的来源、数据的研究内容以及有关的背景资料等基本的信息，确定数据是否符合分析研究的需要。

（2）时效性审核。二手资料很多，研究者进行选择时，应尽可能选择最新的调查数据。

（3）确认是否有必要做进一步的加工整理。毕竟二手资料是他人调查的数据结果，并不是所有的内容都符合研究者的要求，因此，研究者在使用二手资料时，需要对其进行进一步的加工整理，选择适合自己研究内容的数据。

二、问卷资料的审核

问卷资料的审核是指对问卷资料进行筛选以选用真正有用的问卷资料，具体来说，是对收集到的问卷资料进行总体检验，检查其是否齐全、是否有差错，以决定是否采用此份问卷资料的过程。对于回收来的问卷，主要审核资料是否完整、准确、真实、有逻辑。

1. 审核问卷的内容

（1）问卷完整性审核。问卷完整性审核，主要是检查应该进行调查的单位或个体是否都进行了调查；检查问卷是否填写完整以及数据质量是否符合要求；检查所有调查项目或指标是否填写齐全，是否出现错填、误填、乱填的情况。当发现错填、误填问卷时，及时向被调查者核实；剔除那些乱填、空白和严重缺答的问卷。

（2）问卷准确性审核。问卷准确性审核主要是检查那些含混不清的、不具体的以及相互矛盾的资料。问卷调查中的笔误、被调查者的记忆误差等在调查的过程中时有发生，在整理这类资料时应认真审查与核实。

（3）问卷真实性审核。问卷真实性主要包括两个方面：一是问卷来源的客观性，也就是问卷资料确实是调查者通过实地调查获得的，而不是杜撰的；二是调查问卷本身的真实性。由于种种复杂的原因，即使是调查者实地调查获得的资料也往往存在一些虚假信息，调查者必须根据自己已有的知识和经验，辨别资料的真伪，把那些明显违背常理的、前后矛盾的问卷资料舍去。

（4）问卷逻辑性审核。问卷中一些问题的答案表面看来可能清楚、可靠，但实际相互矛盾。例如，一个未婚的被调查者填写了配偶的资料，一个男性被调查者填写了怀孕的资料等。这些不符合常理的答案在个别问题审核时不容易被发现，必须对照问卷中的其他问题答案才能察觉。所以，在审核问卷的内容时应选出一些能相互关联的问题，查看被调查者对问题的回答有无矛盾。

2. 问卷资料审核方式

问卷资料审核的主要目的是通过检查问卷资料中的问题，及时地就发现的问题向被调查者核实，确定问卷资料的有效性。问卷资料审核方式有两种：一种是实地审核；另一种是集中审核，也称系统审核。

（1）实地审核

实地审核是在收集资料的过程中进行的，即边收集边审核。在问卷调查的过程中，一旦发现填答错误，如漏填、误填，或一些有疑问的情况，调查员应及时向被调查者进行询问核实。因此，当资料收集工作结束时，资料的审核工作也就完成了。

实地审核一般分成两个阶段。第一阶段，调查员在访问即将结束时，或者调查员回收问卷时，要对整个问卷进行检查，看是否有漏记、漏填或逻辑错误的情况。如被调查者往往会认为调查员知道自己的性别，而在填答问卷时，对"您的性别?"的问题不作答，调查员在检查问卷时，不管多么简单的问题都要认真审核，以免丢失信息。另外，还要检查被调查者交回的问卷有没有明显的资料错误和逻辑错误，如年龄只有16岁的被调查者，填答的婚姻状况是"已婚"，则可能是有错误的。遇到这样的问题时，调查员应该再找被调查者核实。

第二阶段，调查组织者对调查员交回的问卷当面进行审核，就有疏漏的记录、有错误的记录以及模糊不清的笔迹等向调查员核实，或由调查员再找到被调查者进行核实。

实地审核的优点是资料的审核及时、准确，但对调查员处理各种问题的能力要求较高，要求其具备及时发现和处理问题的能力。

（2）集中审核

集中审核是先将资料全部收回，然后集中时间进行审核。这种审核主要由调查组织者负责。集中审核的优点是资料的收集工作便于统一组织安排和管理，审核工作可以统一在调查组织者的指导下进行；与实地审核相比，审核的标准比较一致，检查的质量相对较高。但是审核工作的周期会因此相对拉长，使得一些需要重新询问的核实工作因时间相隔较长或空间相距太远而无法实行。因此，在调查的过程中应尽可能在每天的调查工作结束后，对当天收集的资料进行初步的整理，对问卷中出现的问题及时进行核实。

3. 问卷资料审核结果的处理方式

问卷资料审核结果的处理通常有两种方式。一种方式是问卷的回访，调查员在回收调查资料后，由其他人对所调查的样本中的一部分个案进行第二次调查，以检查和核实第一次调查的质量。对于出现的错误，要及时更正或设法补充调查。另一种方式是筛选和剔除不当数据。当数据中的错误不能予以纠正，或者有些数据不符合调查的要求而又无法弥补时，将某些不符合要求的数据或有明显错误的数据予以剔除。

三、其他资料的审核方法

1. 访谈法

除了从文字资料来审查，还可以从记录的时间、地点、内容、语言、字迹等情况来判断真伪。实践证明，那些内容贫乏、时间重叠或不填时间、语言雷同、字迹相同的记录有可能是伪造的记录。

由于调查员技术水平低，访谈的内容和结果不实，从而产生调查员偏差。因此，需要对调查员和被调查者的关系进行核实。

2. 观察法

（1）养成观察习惯，形成观察的灵敏性；集中精力全面、多角度地进行观察；实地观察与缜密思考相结合。

（2）拟好观察提纲。观察提纲应力求简洁，只需列出观察内容、起止时间、观察地点和观察对象即可，为使用方便还可以制成观察表或卡片，便于作为审核证据之一。

（3）按计划实行观察。观察中要做好详细记录，字迹清楚、准确具体，易于再查。只有所获取的记录准确、完整，才能判断结果是否合理。

3. 实验法

（1）审查变量。实验过程的控制主要就是对各类变量的控制。它包括两个方面：一是对引入自变量的控制，二是对无关变量的控制。对引入自变量的控制主要是在实验激发的过程中，严格执行实验方案，有计划、系统地安排实验激发的环境和程度，使它们有序地作用于因变量。无关变量也就是非实验因素，主要来自实验者、实验对象和实验环境三个方面。对无关变量的控制，就是要从这三个方面着手，努力排除或减少非实验因素对实验过程的干扰。在实验者方面，首先是不能把无关变量引入实验激发中来。

（2）审核实验对象。不同的实验对象，实验激发的方式、强度、范围等要一致；检测的方法、工具、标准等要一致；统计分析的方法、依据、标准要一致。在实验对象方面，主要是解决干扰影响和故意不配合的问题。除了要加强与实验对象的沟通，努力使他们理解、支持实验活动和实事求是外，还应尽量使他们在测量时觉察不到实验的真实意图。

（3）审核实验结果。审核实验结果是否除了变量因素以外，还受到其他外界因素影响，是否与做实验之前提出的假设相符。

任务二　市场调查数据处理

任务描述：市场调查结束以后，调查者获得了庞杂的调查数据和资料，为了保证调查数据的真实性、准确性，发现其规律，调查者需要对获得的数据进行系统的归类、整理和分析。

一、市场调查数据处理概述

市场调查数据往往是杂乱无章、数量巨大、难以理解的原始资料，调查者很难从这些原始资料中获取系统、有条理的信息，因此，需要对原始资料进行处理和分析。市场调查数据处理是根据市场分析研究的需要，对大量原始数据进行审核、分类、汇总、编码或对二手资料进行再加工，使之系统化和条理化，从而以集中、简明的方式反映调查对象总体情况的工作过程。市场调查数据处理是整个市场调查过程中最重要的环节，对原始资料进行去粗取精、去伪存真的处理，可以保证资料的真实性和完整性。在此基础上调查者才能进一步分析研究，达到深入认识事物本质的目的，同时也能使市场调查分析更加准确、系统、方便和快捷。

（一）市场调查数据处理的原则

市场调查数据处理虽然费时费力，但是这项工作可以提高信息资料的价值。在实际工作中，市场调查数据处理要遵循以下原则。

1. 真实性原则

真实性是数据处理最基本的要求。数据资料必须反映客观事实，必须是真实的，而不是杜撰出来的。数据资料不真实，比没有数据资料更糟糕。因此，调查者需要对调查数据进行鉴别和判断，以保证其真实性。

2. 系统化原则

在处理数据资料时，调查者要对数据进行多方向、多层次的加工，不能仅仅停留在调查问卷数据的简单加工汇总上。数据处理的系统化是指在数据处理过程中，要强调数据资料之间的联系，形成系统化的资料，从而全面客观地反映调查对象的特征。

3. 条理化原则

处理数据，首先要对数据进行分类归纳，使大量繁杂的数据条理化，从而为进一步分析创造条件。

4. 时效性原则

当前是信息化社会，信息更新的速度非常快，市场活动的变化也在不断加快，信息使用的时间也在不断缩短，这就要求考虑数据的时效性，数据处理工作需要在最短的时间内完成。

（二）市场调查数据处理程序

对收集的原始数据，数据处理人员需要通过一定的处理程序才能得到比较真实客观、准确清晰的资料，为下一步的数据分析做准备。市场调查数据处理包括以下 5 个程序。

1. 现场控制

现场控制是指在进行市场调查时，首先要对数据的收集过程进行有效的监控，以及对某些数据做初步的处理与分析。现场控制的目的是尽可能减少在市场信息收集阶段出现的各种偏差和错误，提高所收集数据的质量。调查者在收集数据时，要严格执行工作规范，以科学的态度和方法来收集数据，相关机构也要对调查者的调查工作进行监督和把控。

2. 调查数据的审核

调查数据的审核是指对得到的原始数据进行审查和核对，检查数据的真实性、准确性、完整性和及时性，以避免调查数据的遗漏、错误和重复。数据审核包括真实性审核、准确性审核、完整性审核和及时性审核。

3. 调查数据的分类

调查数据的分类就是根据市场调查的目的和要求，按照数据的性质、特点、用途等标志将数据归入相应的类别，为下一步的数据分析做准备。由于原始数据纷繁复杂，人们从表面很难察觉事物之间的联系和调查数据的规律性。对数据进行分类，不仅可以找出总体内部各个部分之间的差异，还可以深入了解总体的内部结构，显示社会现象之间的关系。

数据处理人员在进行数据分类时，一方面要选择恰当的分类标志并设计分类表，另一方面要根据分类标志将相同属性的数据资料归为一类。在进行数据分类时，如果选择一个标志进行分类，就是简单分类（见例1）；如果选择的标志在两个或两个以上，则是对数据进行多维的分类处理（见例2）。

【例1】某机构调查某市居民家庭的消费结构，要了解家庭的年均收入水平，现以年均收入水平的不同取值区间作为分组的组别来编制变量数列。某市居民家庭年均收入水平分布如表11-1所示。

表11-1 某市居民家庭年均收入水平分布

组别	样本数/个	百分比
3万元及以下	60	3.75%
3万（不含）～5万元	150	9.375%
5万（不含）～10万元	320	20.00%
10万（不含）～50万元	550	34.375%
50万（不含）～100万元	400	25.00%
100万元以上	120	7.5%
合计	1 600	100%

【例2】调查不同学历的消费者对某产品售后服务的满意度，现在以学历和满意度两个标志来编制交叉分类列表，如表11-2所示。

表11-2 消费者对某产品售后服务的满意度

单位：人

满意度	高中及以下	专科	本科	硕士及以上	合计
很满意	15	118	165	52	350
比较满意	83	89	127	21	320
一般	55	60	70	95	280
不满要	50	20	10	70	150
非常不满意	17	13	28	42	100
合计	220	300	400	280	1 200

4．调查数据的编码

数据编码是将原始数据转化为符号或数字资料的标准化过程。目前调查回收的数据资料一般都要录入计算机中，为了减少录入的工作量，调查者会对每一个可能的回答设定一个代码，在录入的时候直接输入代码，而不需要录入文字。

编码分为事前编码和事后编码。一般来说，调查问卷中很多问题的设计是封闭式的，预先已经设计了选项，调查者为了方便计算机处理，在设计问卷时预先给这些选项设计编码，这种编码是事前编码。所有封闭式问题都属于事前编码，如问题"您的学历是？"选项为"1. 本科 2. 硕士 3. 博士"，这里的数字就是编码。表11-3所示为事前编码示例。

表 11-3　　　　　　　　　　　　　事前编码示例

问题编号	变量名称	编码说明
1	性别	1.　男性　　2.　女性
2	学历	1.　高中及以下 2.　专科 3.　本科 4.　硕士及以上
3	收入	1.　3 000 元及以下 2.　3 000（不含）～5 000 元 3.　5 000（不含）～10 000 元 4.　10 000（不含）～50 000 元 5.　50 000 元以上

问卷中除了有封闭式问题，还有开放式问题。开放式问题只有在问卷收集结束之后，才能根据受访者的答复内容来决定类别代码。开放式问题的答案可能是多种多样的，在对这类问题进行编码时，所依据的不应该仅是答案的文字，更重要的是这些文字所反映的受访者的观念和认知。在编码时，一般要遵循以下步骤。

（1）列出所有答案。

（2）合并答案，并对答案进行整理。

（3）分组并为所确定的分组选择正式的描述词汇。

（4）根据分组结果设计编码规则。

（5）对全部回收问卷进行编码。

【例 3】开放式问题：您为什么会选择××品牌手机？

先列出所有的答案：性价比高、外形美观、功能齐全、体积小、大品牌、朋友推荐的品牌、操作简单、被广告吸引、价格便宜、拍照效果好、随便选的。

将所有答案进行合并如下。

（1）质量、科技因素：功能齐全、拍照效果好、操作简单。

（2）品牌因素：大品牌、朋友推荐的品牌、被广告吸引。

（3）价格因素：性价比高、价格便宜。

（4）外观因素：外形美观、体积小。

（5）其他因素：随便选的。

对分类答案进行编码：1——质量、科技因素；2——品牌因素；3——价格因素；4——外观因素；5——其他因素。

5. 调查数据的录入

数据编码之后，就要录入数据，即由录入人员根据编码规则将数据从问卷或其他资料中转录到计算机内并存储。在录入数据时，录入人员要耐心细致，尽量减少录入错误。为了尽可能地使数据录入完整和准确，录入人员常常采用两种方法来避免录入错误：一种是审核，即录入结束后，由审核人员将数据库中的记录与问卷资料进行核对；另一种是双机录入，即让不同的录入人员将同一份问卷上的内容分别在计算机中录入，然后检查是否一致。

二、市场调查数据整理与展示

编码工作是将问卷中每个问题所测量的特征转换成可量化的变量。在建立了数据文件后，便进入对数据的统计分析阶段。在对数据进行统计分析时，分析对象不再是人，而是与人的"态度""特征""行为"相关的变量。因此，分析的对象不再是样本的所有个体，而是与样本个体相对应的变量的所有观测值组成的数据集。显然，这个数据集只是样本的一个子集。

制作统计表和统计图对调查数据进行整理和展示是市场调查中的一项基础性的工作。统计表和统计图把数据的分布特征和数据之间的关系等信息高效地展示出来，使数据所表现出的规律清晰可见，提高阅读者的阅读效率。统计图比统计表更直观、形象，它能让人从整体上把握数据的分布和趋势特征，但它没有统计表详细，丢失了原始数据的许多具体信息，所以在实际工作中，调查人员通常结合统计表和统计图来考察数据的特征。

（一）频数分布表

频数分布表是统计分析中经常使用的基本工具之一，能直观地表达数据的分布情况。不同问题类型对应的频数分布表有不同的形式。

1. 定性变量的频数分布表

（1）单选题的频数分布表

单选题的频数分布表按照选项分组统计频数，以下面的问题为例。

您学习能力如何？

A. 很强　　　B. 较强　　　C. 一般　　　D. 较差　　　E. 很差

根据调查结果，可制作学习能力频数分布表，如表 11-4 所示。在研究中，调查人员还经常提出诸如"学习能力较强及以上的学生占多大的比例？"的问题。要统计此类问题的选项，就要对变量做累计频数和累计百分比的计算。累计频数是将各个选项的频数逐级向下（或向上）累加起来。类似地，累计百分比是将各个选项的百分比逐级向下（或向上）累加起来。

表 11-4　　　　　　　　　学习能力频数分布表

学习能力	频数	百分比	累计频数	累计百分比
很强	71	5.0%	71	5.0%
较强	442	31.2%	513	36.2%
一般	833	58.8%	1 346	95.0%
较差	59	4.2%	1 405	99.2%
很差	12	0.8%	1 417	100%
合计	1 417	100%	—	—

（2）多选题的频数分布表

多选题有多个选项，会产生多个二分变量，以下面的问题为例。

您选择本专业的原因是什么？

A. 获取文凭　　　B. 被调剂　　　C. 兴趣　　　D. 就业　　　E. 父母的选择　　　F. 其他

根据调查结果，可制作选择本专业的原因频数分布表，如表 11-5 所示。

表 11-5　　　　　　　　　　　选择本专业的原因频数分布表

选择本专业的原因	选中百分比	未选中百分比	合计
兴趣	48.6%	51.4%	100%
就业	55.0%	45.0%	100%
父母的选择	14.5%	85.5%	100%
获取文凭	12.1%	87.9%	100%
被调剂	16.9%	83.1%	100%
其他	18.0%	82.0%	100%

2. 定量变量的频数分布表

在调查问卷中，例如年龄、身高、住房面积等填空题所对应的变量都是定量变量。对于取值较少的离散变量，可以像处理定性变量一样，按单个变量值进行分类，制作频数分布表。但是对于连续变量或取值范围较大的离散变量，如果按照数据的具体取值进行分类并制作频数分布表，不仅烦琐，而且很难从中发现数据的分布特征。对此，调查人员需要对数据进行分组，然后对分组数据制作频数分布表。

例如，对教师年龄进行调查，得到了 10 854 位教师的年龄，由于年龄分布很广，因此，调查人员需要先根据教师年龄对数据进行分组统计，然后统计各组的频数，并编制频数分布表，如表 11-6 所示。

表 11-6　　　　　　　　　　　教师年龄频数分布表

年龄	人数	百分比	累计百分比
30 岁以下	2 505	23.08%	23.08%
30～40 岁	4 079	37.58%	60.66%
41～50 岁	2 315	21.33%	81.99%
51～60 岁	1 629	15.01%	97.00%
60 岁以上	326	3.00%	100%
合计	10 854	100%	—

有些数据（如年龄）可以按照实际情况进行分组，有些数据就需要调查人员运用一定的分组原则进行分组。对变量值进行分组，需要确定分成多少组、怎么分组，以及如何表示各个组取值的范围，即确定组数、组距和组限。

（1）组数，即分组的数量。组数要适中，组数太多就会失去分组的意义，组数太少又会掩盖数据分布的特征。组数一般控制在 5～15 为宜。表 11-7 所示为数据总数 n 与分组数 k 的经验性关系。

表 11-7　　　　　　　数据总数 n 与分组数 k 的经验性关系

数据总数 n	分组数 k
50～100	6～10
101～250	7～12
250 以上	10～20

如果数据分布对称，且中间数值频数较多，大小两端的数值频数少，可利用数据总数 n 与分组数 k 的经验公式计算组数。

$$k=1+3.32\lg n$$

其中，lg 表示以 10 为底的对数。

例如，若 $n=30$，则 $k=1+3.32\lg30\approx5.9$，可以将组数定为 6。

（2）组距，即每组区间的长度。一般情况下采用等组距，组距的估计值计算公式如下。

组距的估计值=（数据中的最大值-数据中的最小值）÷组数

得到组距的估计值后，再结合数据处理的特点和分析的要求决定组距。

（3）组限，即每组区间的界限。组中小的界限值称为下限，大的界限值称为上限。根据之前确定的组距和组数，便可确定每组的上下限。

（二）合理使用统计图表

统计图表是数值的可视化表现，以图表的形式直观地展示系列数值的大小、数值之间的关系及发展变化趋势。在编制统计表的基础上，为了使市场调查资料的表达更加直观、生动，调查人员可以利用统计图展示调查成果。

1. 统计表

统计表采用表格来呈现数据。用统计表呈现数据，便于市场调查数据处理，使数据条理化和系统化，让观者清晰直观地看出数据的多少，同时能合理地、科学地组织数据，便于观者比较。表 11-8 所示为手机卡顿原因调查表，观者从中能直观地看出使用年限长的频数最多，从而得出手机卡顿的主要原因是使用年限长。

表 11-8　　　　　　　　　　　手机卡顿原因调查表

序号	原因	频数	累计频数	累计百分比
1	使用年限长	3 367	3 367	69.15%
2	电池退化	521	3 888	79.85%
3	插头焊化	381	4 269	87.68%
4	插头内有焊锡	201	4 470	91.81%
5	绝缘不良	156	4 626	95.01%
6	芯线未露	120	4 746	97.47%
7	其他	123	4 869	100%
调查者：吴××			年　　月　　日	

2. 条形图

条形图以若干等宽平行长条或圆柱的长短来表示数据的多少。条形图可以用纵（横）轴表示不同的组别，以横（纵）轴表示频数或频率。条形图有简单条形图和复式条形图等形式。以条形图表示的××品牌各产品的受欢迎程度如图 11-1 所示。

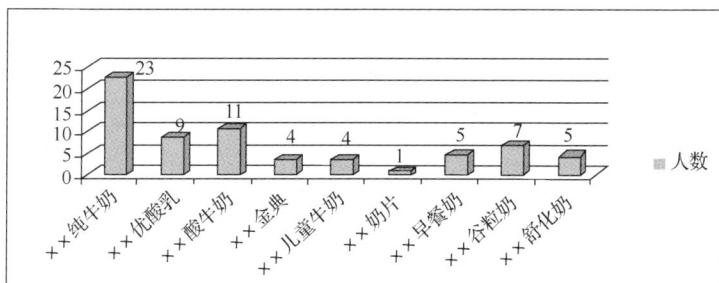

图 11-1　以条形图表示的××品牌各产品的受欢迎程度

3. 饼状图

饼状图将总体或样本中的每一部分数据用圆饼中的某一段或某一块来表示。排列在工作表的一列或一行中的数据可以绘制到饼状图中，饼状图显示一个数据系列。数据系列指在图表中绘制的相关数据点，这些数据源自数据表的行或列。图表中的每个数据系列具有唯一的颜色或图案并且在图表的图例中表示。也可以在图表中绘制一个或多个数据系列。饼状图只有一个数据系列，显示各项的大小与各项总和的比例。饼状图中的数据点即在图表中绘制的单个值，这些值由条形图、柱形图、折线图、饼状图或圆环的扇面、圆点和其他被称为数据标记的图形表示。相同颜色的数据标记组成一个数据系列，这些数据点统一显示为整个饼状图的百分比。

饼状图分为二维或三维饼状图、复合饼状图和分离型饼状图 3 种形态。二维或三维饼状图显示每一数值相对于总数值的大小；复合饼状图是将用户定义的数值从主饼状图中提取并组合到第二个饼状图中的饼状图，目的是使主饼状图中的扇面易于查看；分离型饼状图显示每一数值相对于总数值的大小，同时强调每个数值。

某汽车 4S 店售后服务满意度饼状图如图 11-2 所示。

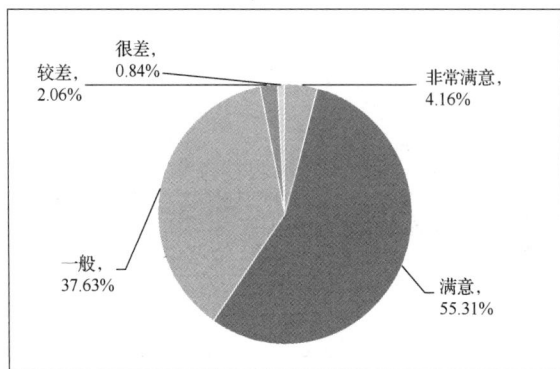

图 11-2　某汽车 4S 店售后服务满意度饼状图

4. 趋势图

趋势图主要用于描述与时间相关的事物，以时间为自变量，表示某变量随时间的变化而变化的发展情况。趋势图通常有动态条形图和动态曲线图等不同的形式。

某省高考分数的趋势变化图如图 11-3 所示。

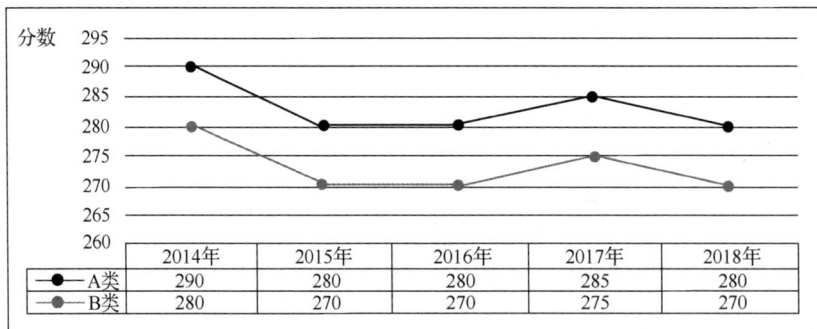

分数	2014年	2015年	2016年	2017年	2018年
A类	290	280	280	285	280
B类	280	270	270	275	270

图 11-3　某省高考分数的趋势变化图

5. 散布图

散布图又叫散点图或相关图，是一种用来分析研究两个变量之间是否存在相关关系的图形工具。散布图通常以横轴表示自变量（x），以纵轴表示因变量（y），x 与 y 之间的关系用相关系数 r 表示。r 值越大，则两个变量之间的相关性越强；当 $r=0$ 时，两个变量之间不相关或非线性相关。运用散布图进行判断与分析时，一般考虑 4 种情况：正相关、负相关、非线性相关和不相关。图 11-4 所示为散布图的正相关情况和负相关情况。

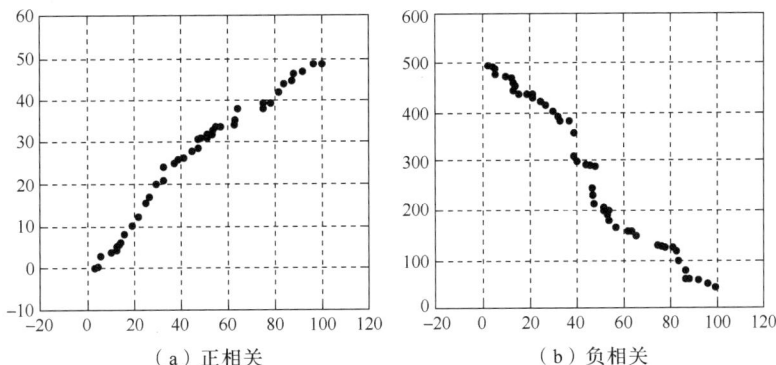

图 11-4　散布图的正相关情况和负相关情况

任务三　市场调查数据分析

任务描述：市场调查数据分析即运用各种分析手段和方法，对调查资料和数据反映的市场现象之间的各种关系及其变化趋势进行研究。人们对市场调查数据进行科学有效的分析，可以比较准确地预测市场未来的发展变化趋势，为决策者的战略决策提供客观可靠的依据。那么，市场调查数据分析的方法有哪些？如何对数据进行有效的分析呢？

一、定性分析方法

定性分析方法是依据预测者的主观判断分析能力来推断事物的性质和发展趋势的分析方法。这种方法可充分发挥管理人员的经验和判断能力，但预测结果准确性较差。它一般是在企业缺乏完备、准确的历史资料的情况下，首先邀请熟悉该企业经济业务和市场情况的专家根据他们过去所积累的经验进行分析判断，提出初步意见，然后再通过召开座谈会等方式，对上述初步意见进行修正、补充，并得出预测分析的最终依据。

（一）归纳分析法

归纳分析法是把一系列分离的事实或观察到的现象放在一起研究，从而得出结论的方法。在进行归纳分析时，首先要产生一系列个别的前提，然后把这些前提与其他前提组合在一起，得出结论。归纳分析的结论大多是从观察、实验和调查中获得的。例如，某市进行手机消费品牌的调查，在 300 个被调查者中，有 150 人使用的是××手机。根据这 150 个个别的发现，可以得出以下结论：大约有 50% 的消费者购买××手机。

（二）演绎分析法

演绎分析法是指人们以一定的反映客观规律的理论认识为依据，从服从该认识的已知部分推知事物的未知部分的思维方法，是由一般到个别的认识方法。例如，蔬菜水果含有丰富的维生素，对人体健康有益，胡萝卜属于蔬菜，所以吃胡萝卜对健康有益。

（三）对比分析法

对比分析法是将不同的事物和现象进行对比，找出其异同点，从而得出事物和现象的特征及其关系的方法。在市场调查中，对比分析法即将两个或两类问题的调查数据放在一起进行比较，确定它们的相同点和不同点，或是对反映同一事物的历史调查数据进行比较，以揭示其发展变化的趋势。对比分析法既可用于同类对象，又可用于不同类对象。例如，对某地区小学生和中学生的近视率进行比较，发现中学生的近视率高于小学生。

（四）结构分析法

结构分析法是指利用分组资料，通过分析各组成分的性质和结构，进而判断、认识其本质属性和特征的方法。例如，从农业、工业、服务业三大产业的增加值来分析它们各自对国内生产总值的贡献。

二、定量分析方法

定量分析方法是从事物的数量方面入手，运用一定的统计分析和数学分析方法对量化的调查资料进行数量对比研究，从而挖掘事物数量反映的事物本身的特征和规律性的分析方法。

定量分析主要包括 3 个方面：一是表明变量的中心位置，即数据的集中趋势分析；二是表明变量的离散程度，即数据的离散程度分析；三是数据的相对程度分析。

（一）集中趋势分析

集中趋势分析是对市场调查数据分布的数量规律性中的集中程度进行分析。数据集中趋势是指数据分布趋向集中于一个分布的中心，测量集中趋势要找到数据一般水平的中心值，反映数据集中趋势的指标有平均数、众数和中位数等。

1．平均数

平均数一般指算术平均数，是用总体中各单元的数值之和除以总体单元总数后所得到的商。平均数又称为均值或者均数，根据原始数据计算平均数，设总体单元总数为 n，总体中各单元的数值为 x_i（$i=1,2,\cdots,n$），则平均数的计算公式如下。

$$m=\frac{x_1+x_2+\cdots+x_n}{n}$$

【例 4】某产品下半年的月需求量分别为 1 500 件、1 420 件、1 350 件、1 550 件、1 720 件、1 650 件，求该产品下半年的月平均需求量。

解： 根据题意，该产品下半年的月平均需求量计算如下。

$$m=\frac{1500+1420+1350+1550+1720+1650}{6}\approx 1\,532\text{（件）}$$

2．众数

众数是在一组数据中出现次数最多的数值。众数克服了平均数会受到某个极端数值的影响而偏离分布中心的缺陷，它是大多数数据的代表值，找到众数便于在分析中抓住事物的主要问题。

【例 5】表 11-9 所示为某机构对消费者回购某产品次数的统计，分析众数是多少。

表 11-9　　　　　　　　　某机构对消费者回购某产品次数的统计

回购次数	频数
0 次	23
1 次	45
2 次	18
3 次	8
4 次	3

从表 11-9 可以看出，消费者对某产品回购 1 次的频数最多，共出现了 45 次，因而 1 次为众数。

3．中位数

将一组数据按从小到大或从大到小的顺序排列，位于中间位置的数叫中位数。中位数不受极端值的影响，在具有极大值和极小值的数列中，中位数比平均数的代表性更强，因而人们有时用它来代表现象的一般水平。

在市场调查中，如果获得的数据未分组，中位数的获取则比较简单直观。如一组数据从小到大排列为 x_1、x_2、x_3、…、x_n。其中 x_1 为最小值，x_n 为最大值，则中位数如下：当 n 为奇数时，则取顺序排列的中间数；当 n 为偶数时，则取中间两个数的平均数。

【例 6】一组数据的数值分别为 8、5、9、11、10、9、7、12，求这组数据的中位数。

先按从小到大的顺序排列：5、7、8、9、9、10、11、12，这组数据的个数为偶数，中间两个数都是 9，因此中位数为 9。

【例 7】某售货小组有 5 个人，某天这 5 个人的销售额按从小到大的顺序排列为 440 元、480元、520 元、600 元、750 元，则中位数的位次计算如下。

$$\frac{n+1}{2} = \frac{5+1}{2} = 3$$

因此第 3 个数值就是中位数，中位数为 520 元。

（二）离散程度分析

离散程度是指数据在集中分布趋势下，同时存在的偏离数值分布中心的趋势。离散程度用来反映数据之间的差异程度，它是数据分布的重要特征。我们在分析数据的规律时，既要了解数据的分布中心，又要清楚数据之间的差异程度，以便做出全面有效的判断。反映数据离散程度的统计量主要有极差、方差和标准差、标准差系数、异众比率以及四分位差等。

1．极差

极差是指一组数据中最大值与最小值之差，用符号 R 表示。其公式如下。

$$R = X_{\max} - X_{\min}$$

式中，$X_{\max}$ 为数据的最大值，$X_{\min}$ 为数据的最小值。极差反映的是一组数据两个端点的差距，数据的离散程度越大，极差就越大。但是，极差无法反映数据组中间数据的离散情况，容易受到极端值的影响。

2．方差和标准差

标准差是一组数据中各数值与平均数的偏差平方的算术平均数的算术平方根。它是用得最多，也是最重要的离散程度分析的统计量。方差为标准差的平方，方差和标准差是一组常用的表示离散程度的统计量。方差通常用 σ^2 来表示。而标准差是方差的算术平方根，用 σ 来表示。

方差 σ^2 的计算公式如下。

$$\sigma^2 = \frac{\sum_{i=1}^{n}(x_i - \overline{x})^2}{n}$$

标准差 σ 的计算公式如下。

$$\sigma = \sqrt{\frac{\sum_{i=1}^{n}(x_i - \overline{x})^2}{n}}$$

方差和标准差都能够反映总体中所有数值对平均数的离散关系，是测量数据离散程度的重要统计量。方差或标准差越大，则平均数的代表性越差，数据的离散程度就越大；方差或标准差越小，则平均数的代表性就越好，数据的离散程度就越小。

【例8】某售货小组有 5 个人，某天这 5 个人的销售额分别为 440 元、480 元、520 元、600元、750 元，求该售货小组中 5 个人销售额的标准差。

先计算销售额的平均数，如下所示。

$$\overline{x} = \frac{440+480+520+600+750}{5} = \frac{2\,790}{5} = 558 \text{（元）}$$

则销售额的标准差如下所示。

$$\sigma = \sqrt{\frac{\sum_{i=1}^{n}(x_i - \overline{x})^2}{n}} = \sqrt{\frac{(440-558)^2 + \cdots + (750-558)^2}{5}} = \sqrt{\frac{60\,080}{5}} \approx 109.62 \text{（元）}$$

3. 标准差系数

在评价数据的离散程度时，不仅要看各数值之间离差的大小，还要看数列自身数值和的大小，因此，有必要将数据的平均离差和数列自身的数值进行对比。标准差系数就是标准差与相应的平均指标对比而得到的相对数值，用 V_σ 表示，计算公式如下所示。

$$V_\sigma = \frac{\sigma}{\overline{x}} \times 100\%$$

式中，σ 为标准差，$\overline{x}$ 为平均指标。标准差系数是标准差与平均数之间的相对数。标准差系数越大，说明数据变异的程度就越大；标准差系数越小，则说明数据变异的程度越小。

【例9】现要对两种作物的产量进行比较，观察哪一种的产量更加稳定，以便推广种植。已知甲作物的平均产量为 500 千克，标准差为 55.3 千克；乙作物的平均产量为 520 千克，标准差为 40.6 千克。求两种作物的标准差系数。

解： $V_{\sigma甲} = \dfrac{\sigma_甲}{\overline{x}_甲} = \dfrac{55.3}{500} \times 100\% = 11.06\%$

$V_{\sigma乙} = \dfrac{\sigma_乙}{\overline{x}_乙} = \dfrac{40.6}{520} \times 100\% \approx 7.81\%$

由此可见，乙作物的产量高且稳定，更值得推广。

4. 异众比率

异众比率是总体中非众数次数与总体全部次数的比率。其计算公式如下。

$$V_r = \frac{n - f_{mo}}{n}$$

其中，f_{mo} 为众数次数。

异众比率是指众数所不能代表的其他数值（即非众数的数值）在总体中的比重。因此，异众比率越大，即众数所不能代表的其他数值的比重越大，众数的代表性也就越差。

5. 四分位差

计算四分位差时，先将一组数据中的各数值按大小排序，然后将其平均分成 4 个部分，第 3 个四分位点与第 1 个四分位点的差即为四分位差。四分位差的符号通常用 Q 表示。

$$Q=Q_3-Q_1$$

式中 Q_1、Q_3 分别表示第 1 个四分位点和第 3 个四分位点。

【例 10】11 位同学的年龄如下：17 岁、18 岁、18 岁、19 岁、19 岁、20 岁、20 岁、21 岁、21 岁、22 岁、22 岁，求其四分位差。

$$Q_1 \text{ 的位置} = \frac{n+1}{4} = \frac{11+1}{4} = 3$$

$$Q_3 \text{ 的位置} = \frac{3 \times (11+1)}{4} = 9$$

再从数序中找到 Q_1=18 岁，Q_3=21 岁，则四分位差 $Q=Q_3-Q_1$=21-18=3（岁）。

（三）相对程度分析

相对程度分析利用两个相联系的统计指标进行对比，求得相对数，以反映现象内部结构和现象之间的数量联系程度，它是对调查数据和资料的进一步深入分析和说明。市场调查分析中常用的相对指标有结构相对数、比较相对数、比例相对数、强度相对数和动态相对数。

1. 结构相对数

结构相对数是指总体中某一部分的数值与总体的全部数值的比重，用来表明总体内部的构成情况，它从静态上反映总体内部构成，其动态变化可以反映事物的结构发展变化趋势。结构相对数的计算公式如下。

$$\text{结构相对数} = \frac{\text{总体中某一部分的数值}}{\text{总体的全部数值}}$$

【例 11】某企业的总产量为 10 万台，其中甲产品产量为 7 万台，乙产品产量为 3 万台，则甲产品的结构相对数为 70%。

2. 比较相对数

比较相对数是某一指标与另一地区（或单位）同类指标数值的比值，用来表明某同类现象在不同地区或不同单位之间的差异程度。其计算公式如下。

$$\text{比较相对数} = \frac{\text{某地区(或单位)某一指标数}}{\text{另一地区(或单位)同类指标数}}$$

【例 12】两个地区的工业产值，A 地区的工业产值为 260 亿元，B 地区的工业产值为 520 亿元，则 A 地区的工业产值为 B 地区的 50%，50%即为比较相对数。

3. 比例相对数

社会经济现象总体内部各部分之间存在着一定的联系，具有一定的比例关系。比例相对数是指同一总体不同组成部分的指标数值对比的结果，用来表明总体各部分之间的比例关系。其计算公式如下。

$$比例相对数 = \frac{总体中某一部分的指标数}{总体中另一部分的指标数}$$

【例 13】某企业的总产量为 10 万台，其中甲产品的产量为 7 万台，乙产品的产量为 3 万台，用甲产品的产量与乙产品的产量进行比较，则乙产品的产量约为甲产品产量的 42.9%，42.9% 即为比例相对数。

4．强度相对数

强度相对数是两个性质不同而又有联系的总量指标对比得到的相对数，它反映了现象的强度、密度和普遍程度。其计算公式如下。

$$强度相对数 = \frac{某一总量指标数}{另一有联系而性质不同的总量指标数}$$

【例 14】某企业的产量为 10 万台，生产工人有 200 人，产量和工人人数分别是两个性质不同而又有联系的指标，用产量除以工人人数得到的 500 台/人即为强度相对数。

5．动态相对数

动态相对数是指不同时期的两个同类指标之比，用来反映现象在不同时期的发展变化情况 其计算公式如下。

$$动态相对数 = \frac{总体某一时期的指标数}{总体另一时期的指标数}$$

【例 15】某企业 2018 年的年产值为 250 万元，2019 年的年产值为 350 万元，则 2019 年的年产值为 2018 年年产值的 140%，140% 即为动态相对数。

任务四　市场调查数据挖掘

任务描述：随着大数据时代的到来，大数据收集的形式也越来越多，包括从问卷调查、内部数据库及网络等多途径收集的数字、文字、图片、视频等。数据分析的目的是让数据产生价值，大数据时代，人们对数据的"价值发现"提出了更高的要求。市场调查数据挖掘技术常用的有机器学习、文本分析。

一、机器学习

机器学习也称统计学习，是一套基于数据构建的概率统计模型，并运用模型对数据进行预测与分析的庞大工具集。

根据是否有因变量，机器学习的方法分成两大类：有监督学习模型和无监督学习模型。有监督学习模型往往关乎因变量和自变量之间的因果关系，以非线性的模型为主，使用有监督学习模型往往会取得不错的效果。无监督学习模型没有指定明确的因变量，建模的目的主要是挖掘数据变量的关系和结构。

有监督学习模型是用给定的有限样本作为训练集，通过算法拟合一个最优的统计模型，再用已建立的模型预测未知样本。有监督学习模型包含许多机器学习方法，如决策树模型、随机森林模型等。

（一）决策树模型

决策树（Decision tree）是一种分类与回归分析方法。对于问卷调查中的分类变量，使用决策树模型进行数据挖掘是一个不错的选择。决策树模型的分类规则呈树状结构，该模型主要的优点是有较好的可读性，分类速度快。

1. 决策树模型基本原理

决策树模型是一种对实例进行分类的树形结构。决策树由结点和有向边组成。结点有两种：内部结点和叶结点。内部结点表示特征或属性，叶结点表示具体分类。

决策树的算法通常是递归地选择最优特征，并根据该特征对训练集中的数据进行分割。首先，选择一个最优特征，按照这一特征将训练集分割成子集，如果这些子集已经能够被很好地分类，那么构建叶结点，并将这些子集分到所对应的叶结点中去。如果还有部分子集没有被正确分类，那么对这些子集选择新的最优特征，继续对其进行分割，构建下一个层次的结点。如此递归地进行下去，直至所有子集被正确分类，或者没有合适的特征为止。最后每个子集都被分到叶结点上，就生成了一棵决策树。

表 11-10 所示为一个由 15 个样本组成的训练集，包括一个类别变量（是否同意贷款），以及贷款人的 3 个属性（特征）变量。

（1）"年龄段"，有 3 个可能值：青年、中年、老年。

（2）"是否有工作"，有两个可能值：是、否。

（3）"是否有房子"，有两个可能值：是、否。

表 11-10　　　　　　　　　　贷款申请样本训练集

序号	年龄	是否有工作	是否有房子	类别（是否同意贷款）
1	青年	否	否	否
2	青年	否	否	否
3	青年	是	否	是
4	青年	是	是	是
5	青年	否	否	否
6	中年	否	否	否
7	中年	否	否	否
8	中年	是	是	是
9	中年	否	是	是
10	中年	否	是	是
11	老年	否	是	是
12	老年	否	是	是
13	老年	是	否	是
14	老年	是	否	是
15	老年	否	否	否

通过表 11-10 所给的训练集，构建一个贷款申请的决策树，用于对将来贷款进行分类，即根据贷款申请者的特征，决定是否批准贷款。

表 11-10 的训练集可生成图 11-5 所示的决策树。首先，选择"有自己的房子"特征，将训练集分为两类。其中有自己房子的申请者，全部同意贷款；而没有房子的申请者还不能被很好地分类，所以选择新的特征"有工作"继续对该子集进行分割，得到了图 11-5 所示的决策树，该决策树包括两个内部结点，由 ● 表示，3 个叶结点，由 ■ 表示，并得出以下结论。

（1）如果申请者有自己的房子，则同意贷款。

（2）如果申请者没有自己的房子，但有工作，则同意贷款。

（3）如果申请者既没有自己的房子，也没有工作，则不同意贷款。

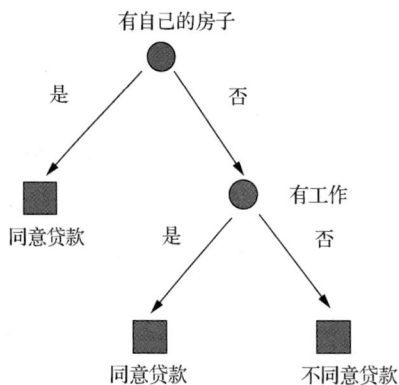

图 11-5　贷款信用等级决策树

将表 11-10 的训练集中的数据进行整理，可以更清晰地看到决策树的分类效果，如表 11-11 所示。

表 11-11　　　　　　　　　　决策树的分类效果

序号	有自己的房子	有工作	年龄	类别（是否同意贷款）
4	是	是	青年	是
8	是	是	中年	是
9	是	否	中年	是
10	是	否	中年	是
11	是	否	老年	是
12	是	否	老年	是
1	否	否	青年	否
2	否	否	青年	否
5	否	否	青年	否
6	否	否	中年	否
7	否	否	中年	否
15	否	否	老年	否
3	否	是	青年	是
13	否	是	老年	是
14	否	是	老年	是

2. 特征选择

决策树的生成需要递归地选择特征，那么如何选择最优特征？特征的好坏取决于该特征对训练数据具有的分类能力的强弱。如果利用某个特征进行分类和随机分类没有太大差别，则说明该特征基本没有分类能力。所以最优特征应该是影响类别变量最重要的因素，利用该特征对训练集中的数据进行分割，能对训练集进行很好的分类。

决策树的一个直观准则是分类错误率，分类错误为子集中非最常见类数据所占的比例。设训练集的样本容量为 N，即样本个数；类别变量共有 K 个分类，$k=1$，2，3，$\cdots$，K，根据某个特征将训练集分割为 M 个子集，$m=1$，2，3，$\cdots$，M，每个子集包含样本个数为 N_m，$N_m = \sum N_m$，则分类错误率的计算公式如下。

$$E = 1 - \underset{k}{\text{Max}}\left(P_{mk}\right)$$

式中 P_{mk} 为第 m 个子集的第 k 类所占的比例。表 11-11 中，利用"有自己的房子"的特征进行分类，将训练集分为两类，将子集内的观测值都分到此子集上最常出现的类别中，得到类别为"是"的子集分类错误率为 0，类别为"否"的子集分类错误率为 1/3，说明此特征分类能力较强。分类错误率可以用来评价各子集的分类质量。

3. 决策树的剪枝

上述方法生成的决策树往往对训练集中数据的分类很准确，但可能会造成数据过拟合。过拟合的原因是调查人员在构建决策树时过多地考虑对训练集中数据的拟合，而生成了复杂的决策树。要解决这个问题，就要对决策树进行简化，即决策树的剪枝。决策树的剪枝是从已经生成的决策树上裁掉一些子结点或叶结点，并将其父结点作为新的叶结点。

决策树的剪枝往往通过最小化决策树整体的损失函数来实现。决策树的损失函数定义如下。

$$C\alpha\left(T\right) = C + \alpha T$$

C 表示模型对训练集的预测误差，即模型与训练集的拟合程度（误差越小，拟合程度越高），叶结点数量 T 代表模型的复杂度，α 为复杂度参数，表示每增加一个叶结点所带来的复杂度，取值范围为 $[0, \infty)$。目前流行的统计软件和统计语言都允许设置复杂度参数。当 α 为 0 时，表示不考虑模型复杂度对 $C\alpha\left(T\right)$ 的影响，基于最小误差原则，算法倾向于选择叶结点最多的决策树，因为此时的预测误差最小；当 α 逐渐增大时，复杂度对 $C\alpha\left(T\right)$ 的影响也随之增大；当 α 足够大时，复杂度对 $C\alpha\left(T\right)$ 的影响已经微乎其微，此时算法会倾向于形成只有一个根结点的决策树。因此，在建立决策树模型时，应尝试不同的 α，权衡误差和复杂度，选择使 $C\alpha\left(T\right)$ 达到最小的 α 值。

4. 决策树模型的优缺点

与线性回归模型和 Logistic 回归模型相比，决策树模型有以下优点。

（1）决策树模型更接近人的决策模式，解释性强。

（2）决策树模型可以用图形构建，非专业人士也容易看懂模型结论。

（3）利用决策树模型可以轻松处理离散自变量，而不需要创建虚拟变量。

（4）决策树模型比 Logistic 回归模型更适合处理因变量的分类数超过两种的情况。

然而，决策树模型尤其是没有被充分剪枝的决策树模型，对样本数据的拟合程度较高（存在过拟合问题），意味着模型预测值会因为样本的小变化而出现较大波动，即预测结果的方差较大，稳定性低。所以，决策树的准确性一般无法达到线性回归和 Logistic 回归的水平。然而通过自助抽样和随机森林模型组合大量决策树，可以明显改善决策树的预测效果。

（二）随机森林模型

随机森林模型是一种组合预测模型。随机森林由数量众多的决策树组成。这些决策树均有较小的预测误差且呈弱相关甚至不相关，可通过"投票"的方式共同组合成随机森林模型，如图 11-6 所示。

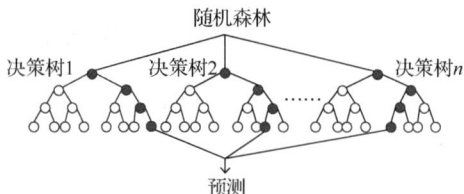

图 11-6　随机森林模型

随机森林模型的特点在于随机，这表现在以下两个方面。

第一，训练样本是从原始样本中通过随机抽样选取的。

第二，每个决策树模型都是随机从全部特征变量中选取少数几个变量来构建的。

1. 构建随机森林模型的样本随机性

随机森林模型的第一个特点是训练样本的随机性，即随机森林模型中每一个决策树模型的训练样本都是随机产生的。但实际上调查人员往往只能获取一组调查数据集，所以通过某种放回式抽样的方式获得多组独立数据集是关键。

自助法是一种被广泛使用的放回式抽样方法。其做法是，假设原始样本 S 的样本量为 n、自变量个数为 p，对原始样本 S 做 k 次放回式抽样，每次抽样的样本量为 n，从而得到 k 个样本量为 n 的随机样本（S_1, S_2, S_3, $\cdots$, S_k）。

2. 构建随机森林模型的特征随机性

对 k 个随机样本（S_1, S_2, S_3, $\cdots$, S_k）分别重新建立一个决策树模型。不过，在建立这些决策树模型时，构建方法与一般决策树模型有所不同。对随机森林模型中的决策树来说，如果算法将大部分可用的特征变量排除在外，假设训练集中有两个很强的特征变量 x_1、x_2 和其他一些中等强度的特征变量，那么如果没有随机选择候选变量的步骤，大多数的决策树会首先选择 x_1、x_2 用于根结点。这导致了建立的决策树看起来都很类似。决策树之间高度相关，则失去了建立随机森林模型的意义。

而随机选择候选变量可以增加其他中等强度特征用于根结点的机会，同时不需要对决策树进行剪枝，所以每棵决策树都能高度拟合训练样本。于是，每棵决策树就好比"精通各自领域的专家"，随机森林便是众多高度拟合的决策树的组合。这个过程是对决策树去相关，使建立的随机森林模型有更小的方差，预测的可信度也更高。

3. 随机森林模型的投票机制

由前面生成的随机森林模型（即 k 棵决策树）分别得出 k 个预测值，然后采取多数投票机制，将 k 个预测值当中出现频率最高的类别作为总体预测的依据。

4. 特征变量重要性的度量

与单个决策树模型相比，随机森林模型通常能提高预测的准确性。决策树模型的优点之一是它能得到漂亮而且容易解释的图形，然而，当大量的决策树模型组合成随机森林模型后，就很难清晰地展现模型细节。因此，随机森林模型对预测准确性的提升是以牺牲模型解释性为代价的。

二、文本分析

移动互联网时代，大数据的一大特征是非结构化。文字资料是典型的非结构化数据，也是市场调查中最常见的资料类型，如行业研究报告、访谈记录、投诉和评论文本等。如何从大量文本资料中挖掘有价值的信息是市场调查必须解决的问题。品牌商可以从用户评论和投诉中挖掘用户对产品的看法和态度，从而改善产品设计和服务；也可以根据用户在社交平台和论坛上的动态来判断最新流行趋势，从而为新产品提供定位依据。

（一）非结构化文本

文本分析是一种把非结构化文本转化成结构化数据的方法。一个文本常常可以通过一个超高维的、关于词频的稀疏向量来表达。向量化后的文本就是结构化的数据，可以用于定量分析。结构化数据（整洁数据）的结构特征如下。

（1）每个变量是一列。

（2）每次观察是一行。

（3）多次观察的结果会构成一张表。

移动互联网时代，数据的一大特征就是非结构化。一般认为，中文文本是典型的非结构化数据。

（二）文本分析的基本流程

首先，对文档进行清洗和中文分词，以对文档有一个初步的认识，再在分词的基础上进行词频统计、可视化等操作。其次，提取文档的关键词，提炼文档的核心内容，达到简化、概括文档的目的。此外，还可以进行聚类分析等较深层次的语义挖掘分析。

1. 文档清洗

在进行文本分析之前，需要对文档资料进行必要的清洗和预处理，如字符提取、字符拼接、去除空格、去重等操作。R 语言的 stringr 包提供了 30 多个函数，让字符串处理变得简单。stringr 包中常用的字符串处理函数都以"str_"开头，方便直观理解函数的定义，如表 11-12 所示。

表 11-12　　　　　stringr 包中常用的字符串处理函数及其功能说明

字符串处理函数	功能说明
str_extract()	提取首个匹配模式的字符
str_extract_all()	提取所有匹配模式的字符
str_locate()	返回首个匹配模式的字符的位置
str_locate_all()	返回所有匹配模式的字符的位置
str_replace()	替换首个匹配模式
str_replace_all()	替换所有匹配模式
str_split()	按照模式分割字符串
str_split_fixed()	按照模式将字符串分割成指定个数
str_detect()	检测字符是否存在某些指定模式
str_count()	返回指定模式出现的次数

2．中文分词

在中文文本中，词是最小的有意义的语言成分。汉语以字为基本单位，词语却没有形式上的分界符。因此，进行中文文本分析时，通常先将文本中的字符串切分成合理的词语序列，然后在此基础上进行其他分析处理。

例如，对文本"我要好好学习市场调查"进行分词，可以得到以下结果：我/要/好好/学习/市场调查/。

现代分词系统已经具有较好的性能，通常能够满足大多数文本分析的需求。在 R 语言中，jiebaR 包是流行的中文分词包，支持最大概率法、隐马尔可夫模型、索引模型、混合模型 4 种分词模式，同时有词性标注、关键词提取等语法分析功能。

中文分词的主要问题如下。

（1）切分歧义。中文文本结构复杂，而且词语中间没有标点分隔，容易出现歧义。人们一般可以通过上下文来理解文本，但是机器很难正确判断该如何切分中文文本。

例如，对"学生会组织义演活动"进行分词，合理的答案是"学生/会/组织/义演/活动"，还是"学生会/组织/义演/活动"，仅靠当前一句是无法判断的，必须结合上下文才能理解。

（2）未登录词识别问题。未登录词是指分词词典中没有收录的词，如各种命名实体（如数词、人名、地名、机构名），另外一些缩略语（如心外、科协）和术语（如股骨头坏死）也属于未登录词。

（3）先识别已知词还是未登录词。如果先识别已知词，可能会导致未登录词识别错误；如果先识别未登录词，可能会导致已知词识别错误。

3．关键词提取

从海量的文本文档中提取少量表征其内容的关键词，是进行关键词提取的主要任务。TF-IDF（词频—逆文档频率）算法是关键词提取的经典算法，能够满足大部分的关键词提取场景。

为了更好地理解 TF-IDF 算法，现假定有一篇长文《中国的蜜蜂养殖》需要用计算机提取关键词。一个最简单的方法是按照文本中出现的词频高低来提取，某个词出现的次数越多，则越关键。于是，首先进行词频（Term Frequency，TF）统计。统计后发现"中国""蜜蜂""养殖"三个词出现的次数一样多。这是否意味着，作为关键词，它们的重要程度是一样的呢？显然不是。因为"中国"是很常见的词，相对而言，"蜜蜂"和"养殖"不那么常见。如果这三个词在一篇文章中出现的次数一样多，有理由认为，"蜜蜂"和"养殖"的重要程度要大于"中国"。如果某个词日常并不多见，但却在某篇文章中多次出现，那么它很可能反映了这篇文章的特性。

4．绘制词云图

词云图是一种非常简洁、美观的可视化展示方式，其基本原理是某个词在文档中出现的次数越多，词的字号就越大。通过词云图，调查人员可以清晰地知道在一个文档中哪些词出现得较多，如图 11-7 所示。

R 语言的 wordcloud2 包是制作词云图的强大工具，调查人员可以根据图文或者文字来绘制词云图。

图 11-7 词云图

项目拓展

大数据与人工智能在自动驾驶汽车中的应用

人工智能作为当下热门的新兴技术，融入了社会经济的各行各业，汽车行业也不例外。人工智能由数据驱动，传统的汽车行业也在朝着自动化、电气化和网联化方向深度演化。

自动驾驶车辆技术堆栈包括两大类技术：一是以传感器和计算机视觉为驱动的新自动驾驶汽车技术，以方便实际驾驶；二是整个技术堆栈从桌面和移动端正迁移到车端，因为汽车变得自主，进而成为一个线控传动系统。

一、汽车认知技术汽车认知技术包括 4 个关键部分

（1）传感器融合。车内的摄像头、GPS、雷达和激光雷达的数据经过组合，可以告知车辆的位置及汽车在任何给定时间点的道路情况。

（2）感知和地图。感知不仅是汽车看到道路的方式，还是一张自动驾驶地图，更是指理解软件，以获取传感器融合数据，从而了解周围环境。

（3）定位。定位是指车辆相对于其环境地图了解其位置的技术。对于自动驾驶车辆，定位是关于了解车辆相对于车道标记和其他车辆、灌木、人和人行道的位置。定位技术可以测量车辆与环境中其他物体的距离。

（4）线控驱动。线控刹车和油门的路径规划和执行控制是允许自动驾驶车辆在道路上移动、停车或导航，以执行实际驾驶的功能。

二、汽车软件技术堆栈

技术组件使汽车成为一个行走的软件，可以从它们如何帮助自动驾驶车辆支持各种数据的科学应用、连接到车内智能城市基础设施或在车内创造新的设计体验的角度来看待它们。

（1）V2X（即汽车对外界的信息交换）。车内数据可以来自汽车传感器，也可以来自监控道路的摄像头，帮助汽车了解周围环境，使用 ADS 功能驾驶或自动驾驶，这些数据被传输到云端。

（2）数字孪生。数字孪生是指来自互联设备和物联网世界实物资产的数字复制品。这实际

上是来自任何"事物"的传感器数据，这些"事物"在云端收集并用于运行模拟来管理实物。现在，它被用于远程跟踪汽车零件，以检查零件的健康状况。

（3）联邦人工智能。这是一种在边缘构建人工智能模型的技术，就像在汽车中一样，跨多个组织构建一个组合的共享学习模型。其目标是保护数据隐私，并在整个行业或合作伙伴之间创建共享模型。

（4）车内边缘人工智能。有时数据被用于通过语音、虚拟现实或增强现实为车内人员创造设计体验。在这种情况下，它被称为边缘人工智能。如今，这种边缘人工智能被用于汽车认知。

（5）数据平台。边缘智能可以与其他数据源（如天气信息或特定位置信息或零售商信息）相结合，为用户提供广告或推荐。这创造了新的商业机会，并有可能对汽车行业的颠覆从汽车行业扩展到零售、保险、智慧城市和医疗保健等其他行业。

（6）区块链。区块链是一个分布式的共享账本和数据库，汽车制造商正在汽车领域试验区块链，以跟踪供应链和保护数据。

人工智能增强了自动驾驶的认知能力，随着自动驾驶车辆从 3 级和 4 级向完全自主方向发展（5 级为完全自动驾驶），许多潜在的应用仍在不断被开发。

问题：

1. 本案例介绍了自动驾驶汽车关于大数据的哪些技术应用？
2. 这些技术应用在其他行业或领域，有哪些成功案例？

项目实训

实训一

【实训任务】以小组为单位确定一个主题进行问卷调查，每组至少发出 200 份问卷，回收问卷后运用本项目所学的方法对问卷进行处理汇总，将处理和分析后的结果形成一份调查报告。

【实训组织】5 人一组，以小组为单位进行实训。

【实训要求】训练实地进行市场调查的能力，学会用 Excel 对数据进行分析。

【实训成果】

1. 问卷调查设计与实施：首先，小组需要设计一份问卷，该问卷应围绕所选主题展开，并包含一系列有针对性的问题，旨在收集与主题相关的数据和信息。然后，小组需要发放至少 200 份问卷，并成功回收这些问卷。问卷的设计和发放过程体现了学生的沟通能力和组织能力。

2. 数据整理与汇总：回收问卷后，小组需要对问卷数据进行整理和汇总。这一步骤涉及对问卷的逐一检查、数据录入、清洗和分类等工作，确保数据的准确性和完整性。这一过程中，学生需要运用基本的 Excel 技能，如数据录入、公式计算等。

3. 数据分析：在数据整理完成后，小组需要运用 Excel 软件对问卷数据进行深入分析。这可能包括描述性统计、相关性分析、图表制作等多种分析方法，旨在从数据中提取有价值的信息和洞察。这一步骤体现了学生对 Excel 软件的操作和分析能力。

4. 调查报告撰写：小组需要将数据分析的结果以书面形式呈现，形成一份调查报告。该报告应包含对调查主题的详细描述、数据分析的过程和结果及对这些结果的解释和讨论。报告应结构清晰、逻辑严密，易于理解和阅读。

【实训考核】

1. 考核沟通能力和组织能力。

2. 考核对 Excel 的操作能力和对数据的分析能力。

实训二

【实训任务】以小组为单位，每个小组分别对 100 名在校大一和大二学生每月的生活费进行调查，以了解本校学生的生活费用分布情况。本次调查以不记名的方式进行，在 1 天内完成调查，调查结果最终通过统计图显示。

【实训组织】

1. 分配好两组的调查人员，构思好访问措辞，准备好调查资料登记表、笔、手表等工具。

2. 两组分别行动，实施调查。调查人员应主动向被调查者说明此次调查的目的，取得他们的理解和支持，并在调查过程中做好数据记录。

3. 完成调查后，两组汇总数据，将汇总结果录入 Excel。

4. 调查小组根据汇总数据制作统计图，用以说明本校学生的生活费用分布情况。

【实训要求】本次实训中，将调查工作小组分为两个组，每组分别调查 50 个对象，为避免重复调查，两组分别调查不同的年级，男女生的比例为 1∶1。接下来，各组可制作并打印调查资料登记表，用于现场登记调查资料。本次调查的生活费分为 4 组，即 1 000 元及以下、1 000（不含）～2 000 元、2 000（不含）～3 000 元、3 000 元以上，为方便资料输入，分别以 1、2、3、4 表示。各组实施调查，调查在 1 天内完成。完成调查后，各组将调查的数据汇总结果录入 Excel，并制作统计图。

【实训成果】

1. 调查数据：这是实训的基础成果，包括从大一和大二学生那里收集到的关于每月生活费的原始数据。

2. 汇总数据：调查小组将收集到的数据进行汇总和整理，形成一份易于分析的数据集。

3. Excel 数据分析：在 Excel 中对汇总数据进行分析，可能包括计算各生活费区间的频数、百分比等统计量，以及制作相关的图表（如柱状图、饼图等）。

4. 根据 Excel 中的数据分析结果，制作统计图，用以直观地展示本校学生的生活费用分布情况。

5. 调查报告：调查小组需要撰写一份调查报告，详细描述调查过程、数据分析结果以及对结果的解释和讨论。这份报告应包含对调查数据的深入分析和对本校学生生活费用分布情况的全面总结。

【实训考核】

1. 团队协作能力：考核小组成员之间的合作和分工情况，是否能够有效地协同工作并完成调查任务。

2. 沟通能力：评估调查人员在调查过程中与被调查者的沟通效果，是否能够清晰、准确地传达调查目的，并获取有效的数据。

3. 数据整理能力：检查调查小组在数据汇总和录入 Excel 过程中的准确性和效率，是否能够快速有效地整理数据。

4. 数据分析能力：评估调查小组对 Excel 软件的应用能力，包括数据的统计、图表制作等，以及是否能够根据数据做出合理的分析和解释。

项目十二
市场调查报告撰写

学习目标 ↓

项目目标

※ 了解市场调查报告的概念、特点，以及市场调查报告撰写的意义
※ 掌握市场调查报告的结构及编写步骤
※ 掌握市场调查报告的撰写技巧

技能目标

※ 培养运用市场调查报告相关理论知识的能力
※ 能够按照市场调查报告的结构及写作要求撰写专业的市场调查报告

素质目标

※ 培养实事求是的工作作风
※ 培养辩证思维习惯
※ 培养表达能力和职业信心

提交成果 ↓

※ 完成并提交一份完整的市场调查报告
※ 完成与市场调查报告相关的 PPT 演示稿，并用 PPT 进行汇报和演示

案例导入

中华人民共和国 2023 年国民经济和社会发展统计公报（节选）

2023 年是全面贯彻党的二十大精神的开局之年。面对复杂严峻的国际环境和艰巨繁重的国内改革发展稳定任务，各地区各部门全面贯彻落实党的二十大和二十届二中全会精神，按照党中央、国务院决策部署，坚持稳中求进工作总基调，完整、准确、全面贯彻新发展理念，加快构建新发展格局，着力推动高质量发展，全面深化改革开放，加大宏观调控力度，着力扩大内需、优化结构、提振信心、防范化解风险，国民经济回升向好，高质量发展扎实推进，现代化产业体系建设取得重要进展，科技创新实现新的突破，改革开放向纵深推进，安全发

展基础巩固夯实，民生保障有力有效，社会大局和谐稳定，全面建设社会主义现代化国家迈出坚实步伐。

初步核算，全年国内生产总值 1 260 582 亿元，比上年增长 5.2%。其中，第一产业增加值 89 755 亿元，比上年增长 4.1%，如图 12-1 所示；第二产业增加值 482 589 亿元，增长 4.7%；第三产业增加值 688 238 亿元，增长 5.8%。第一产业增加值占国内生产总值比重为 7.1%，第二产业增加值比重为 38.3%，第三产业增加值比重为 54.6%，如图 12-2 所示。最终消费支出拉动国内生产总值增长 4.3 个百分点，资本形成总额拉动国内生产总值增长 1.5 个百分点，货物和服务净出口向下拉动国内生产总值 0.6 个百分点。分季度看，一季度国内生产总值同比增长 4.5%，二季度增长 6.3%，三季度增长 4.9%，四季度增长 5.2%。全年人均国内生产总值 89 358 元，比上年增长 5.4%。国民总收入 1 251 297 亿元，比上年增长 5.6%。全员劳动生产率为 161 615 元/人，比上年提高 5.7%，如图 12-3 所示。

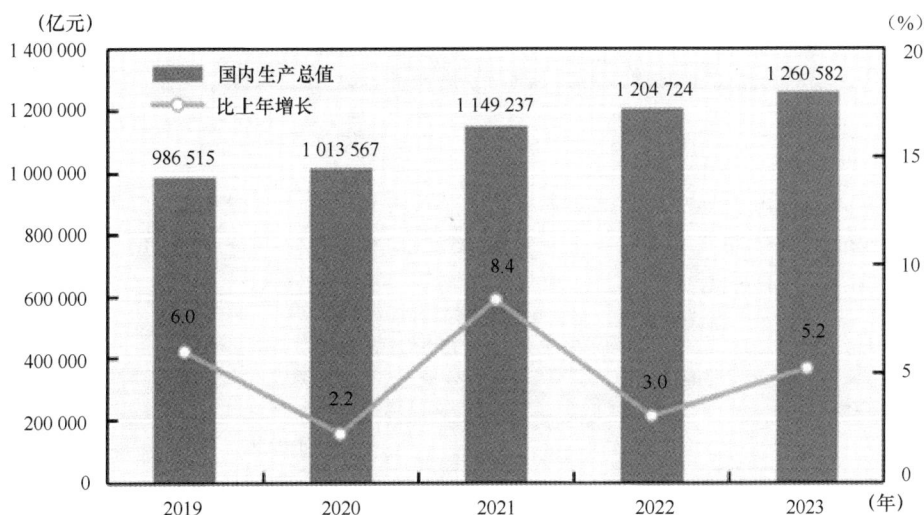

图 12-1 2019—2023 年国内生产总值及其增长速度

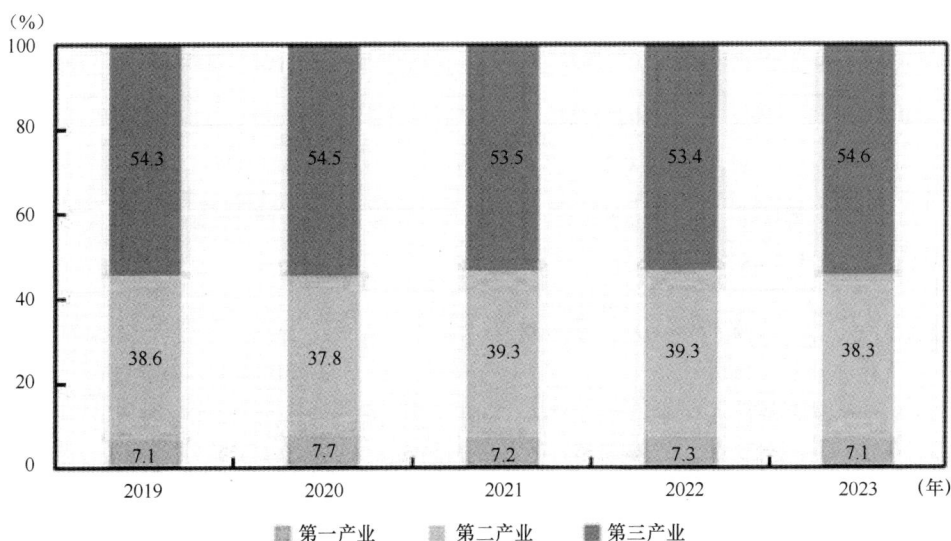

图 12-2 2019—2023 年三次产业增加值占国内生产总值比重

（元/人）

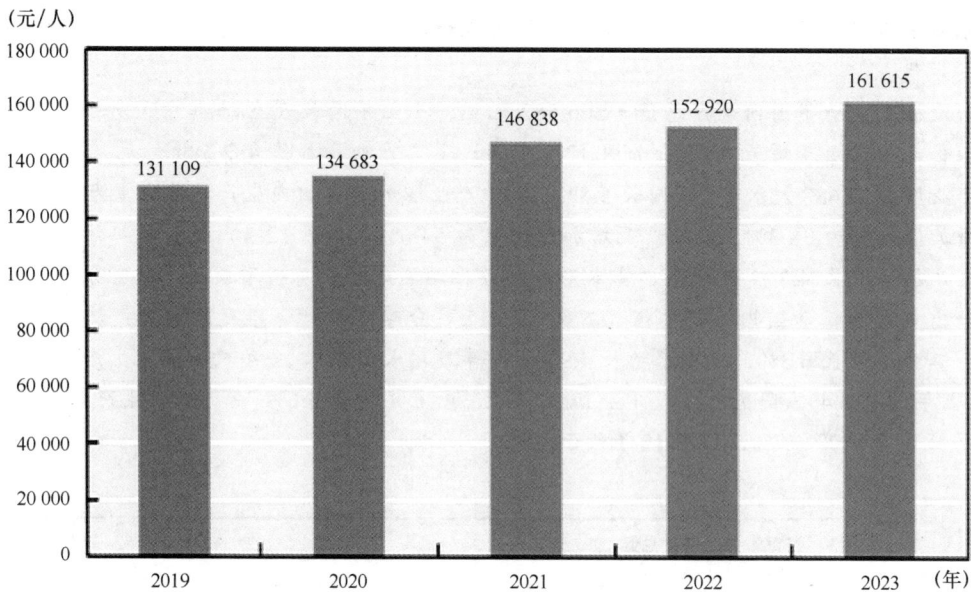

图 12-3　2019—2023 年全员劳动生产率

年末全国人口 140 967 万人，比上年末减少 208 万人，其中城镇常住人口 93 267 万人。全年出生人口 902 万人，出生率为 6.39‰；死亡人口 1 110 万人，死亡率为 7.87‰；自然增长率为 -1.48‰。如表 12-1 所示。

表 12-1　　　　　　　　　　2023 年年末人口数及其构成

指标	年末数/万人	比重/%
全国人口	140 967	100.0
其中：城镇	93 267	66.2
乡村	47 700	33.8
其中：男性	72 032	51.1
女性	68 935	48.9
其中：0～15 岁（含不满 16 周岁）[6]	24 789	17.6
16～59 岁（含不满 60 周岁）	86 481	61.3
60 周岁及以上	29 697	21.1
其中：65 周岁及以上	21 676	15.4

年末全国就业人员 74 041 万人，其中城镇就业人员 47 032 万人，占全国就业人员比重为 63.5%。全年城镇新增就业 1 244 万人，比上年多增 38 万人。全年全国城镇调查失业率平均值为 5.2%。年末全国城镇调查失业率为 5.1%。全国农民工总量 29 753 万人，比上年增长 0.6%。其中，外出农民工 17 658 万人，增长 2.7%；本地农民工 12 095 万人，下降 2.2%。如图 12-4 所示。

（万人）

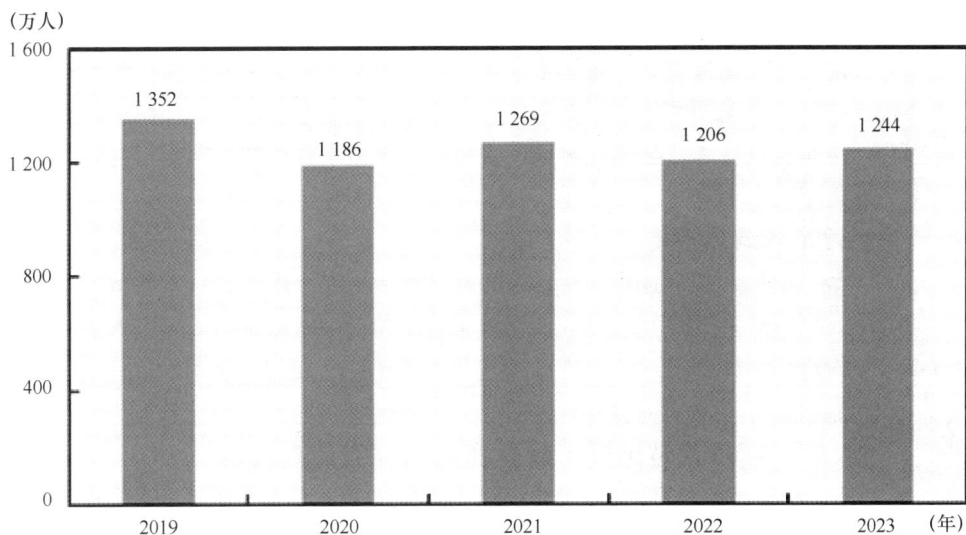

图 12-4　2019—2023 年城镇新增就业人数

（资料来源：国家统计局）

问题：

1. 为什么要撰写市场调查报告？
2. 一份专业的市场调查报告应该具备哪些特点？

任务一　了解市场调查报告

　　任务描述：市场调查由 5 个项目构成——市场调查方案、调查问卷、调查实施、数据统计、调查报告，各个项目环环相扣。在实施了前面 4 个项目后，市场调查报告作为最终的一环在整个市场调查活动中起着总结性的作用，也是最能体现整个调查活动市场价值的一环，对企业管理者开展决策活动起着至关重要的指导作用。

一、市场调查报告概念及分类

（一）市场调查报告的概念

　　市场调查报告是以市场调查工作为基础，通过对调查项目数据的统计及整理，并通过定性和定量分析，最终获取的对市场起总结性作用和对市场发展起指导性作用的文本和图表资料。

　　市场调查报告是呈现市场调查活动过程与结果的一种形式，它可以在报刊上发表，也可以供领导机关、企业决策层作为处理问题、制定政策的依据或参考。

（二）市场调查报告的分类

　　市场调查报告的分类方式多种多样。按服务对象分，市场调查报告可分为市场需求者调查报告（消费者调查报告）、市场供应者调查报告（生产者调查报告）；按调查范围分，市场调查报告可分为全国性市场调查报告、区域性市场调查报告、国际性市场调查报告；按调查频率分，市场调查报告可分为经常性市场调查报告、定期性市场调查报告、临时性市场调查报告；按调查对象分，市场调查报告可分为商品市场调查报告、房地产市场调查报告、金融市场调查报告；按调查目的分，市场调查报告可分为典型经验市场调查报告、揭露问题市场调查报告、反映新生事物市场调查报告、社会热点市场调查报告。这里主要介绍按调查目的分类的市场调查报告。

1. 典型经验市场调查报告

某一地区、某一单位、某一企业，在日常的思想政治、经济建设、科学教育等方面取得了某些突出的成绩，可以对其进行专题调查，把具体做法和成功经验总结出来供人参考，而写出的报告就是典型经验市场调查报告。

🔍 **案例链接**　　　　　**深圳营造国际一流营商环境重点调查报告**

由 172 名市、区政协委员耗时 4 个月开展的深圳营商环境大调查收尾。调查组以世界银行评估营商环境排名靠前的国家与地区为标杆和参照，共发现问题 22 个。

据悉，此次调查活动分为开放经济组、资金税费组、行政法治组和中小企业组等 4 个专题调查组，各组从不同角度对营商环境进行调查，先后组织赴香港、澳门等地开展实地调查，并对北京、上海、广州等城市以及新加坡、新西兰等国家和地区的先进经验深入对比分析，最终形成《深圳营造国际一流营商环境重点调查报告》1 个总报告、4 个分报告和 3 个子报告，为深圳营造国际一流的营商环境提出 30 条建议。其中，调查组发现的 22 个问题以及参照营商环境排名靠前的国家与地区梳理出的一批国际经验，尤其值得关注。

---

2. 揭露问题市场调查报告

这是针对某个存在的问题开展调查，为揭示这一问题的种种现象和深层原因而撰写的市场调查报告。它的主要功能是揭露和批判问题，探究问题产生的原因，分析问题的症结所在，提供解决问题的思路和方法。

3. 反映新生事物市场调查报告

这是针对社会现实中某种新近产生或新近有了发展的事物而写的市场调查报告。在现实社会中，新生事物总是不断涌现的。反映新生事物的市场调查报告的功能就是全面记录某一新生事物的背景、情况和特点，分析它的性质和意义，指出它的发展规律和前景。

4. 社会热点市场调查报告

这是针对某些社会热点问题或未来生活发展趋势所写的市场调查报告。这里所说的社会热点问题主要涉及社会风气、百姓意愿、婚恋、赡养、衣食住行等群众生活各方面的基本情况。这类调查报告和民生密切相关。因此，各种新闻媒体都十分重视这一领域的报道，《中国青年报》《文汇报》等都曾开设公众调查专版。

二、市场调查报告的特点

1. 目的明确

调查报告可以是因为发生了某件事（如案件、事故、灾情）而开展调查写出的报告，也可以是调查主体以研究为目的，根据社会或工作的需要，制订出切实可行的调查计划，积极主动地进行调查实践,有意识地探索和研究,最终写出的研究性调查报告。不管调查的动机是哪种,调查报告的结论都要紧紧围绕调查方案中的调查目的。市场调查报告是否有价值,重点要看其是否解决了调查目的中所提出的问题。

2. 注重事实

调查报告讲求事实。它通过调查得来的事实资料说明问题,用事实资料阐明观点,揭示规律,引出符合客观实际的结论。调查报告的基础是客观事实,一切分析研究都必须建立在事实基础之上,确凿的事实是调查报告的价值来源。因此,尊重客观事实,用事实说话,是调查报告的最大特点。调查报告的资料都必须真实无误,调查报告中涉及的时间、地点、事件经过、背景介绍、资料引用等都要求准确真实。一切资料均有可靠的出处。只有用事实说话,才能提供解决问题的经验和方法,得出的结论才能有说服力。如果调查报告失去了真实性,也就失去了它赖以存在的科学价值和应用价值。

3. 夹叙夹议

调查报告的主要内容是事实,主要的表现方法是叙述。调查报告的目的是从事实中概括出观点,而观点是调查报告的灵魂。因此,占有大量资料,不一定就能写好调查报告,还需要把调查的东西加以分析综合,进而提炼出观点。对资料的研究,要在正确思想指导下,用科学方法去粗取精、去伪存真、由此及彼、由表及里地分析,从事物发展的不同阶段中找出起支配作用的、本质的东西,把握事物内在的规律,运用最能说明问题的资料并合理安排,做到既要弄清事实,又要说明观点。这就需要撰写者在对事实叙述的基础上进行恰当的议论,表达出报告的主题思想。议论是画龙点睛之笔。调查报告紧紧围绕事实进行议论,要求叙大于议,有叙有议,叙议结合。夹叙夹议是调查报告写作的主要特色。

4. 语言简练

调查报告的语言简洁明快,这种文体结合充足的资料加少量议论,不要求细腻的描述,只要求用简明朴素的语言报告客观情况。在撰写市场调查报告时应避免大量使用形容词、地方用语、口头禅,应尽量使用应用文体。由于调查报告也涉及可读性问题,所以语言有时可以适当生动和形象,适当采用一些浅显易懂的比喻,但前提是为说明问题服务。在语言表达上,要做到解释充分,表达清楚完善,但用语简练精确。该特点对市场调查报告撰写者的语言功底有较大的考验。

5. 数据说话

撰写调查报告的目的是将分析结果呈现给管理者或数据需求者,并给运营或管理人员提供可视的、合理的决策建议,因此撰写时一定要关注报告的受众。高层关注方向,即基于数据分析或者数据洞察发现潜在机会;中层关注策略,即基于数据制定什么样的策略,例如,如果用户流失,更关注流失用户的特征是什么;员工关注执行,例如,针对不同的用户可发送优惠券的类型。不管针对哪类对象,有几点是共通的。

(1)数据好理解。好的报告不会出现太多难以理解的概念,指标的定义也比较清晰,最普遍的报告表现形式是以图为主,毕竟"一图胜千言"。

(2)告诉用户价值点。告诉用户报告可以解决什么问题,并用具体的数字表示。例如:可以达到多少销售额,获取多少名新用户,挽回多少名流失用户;增加多少利润,减少多少费用。

三、市场调查报告撰写的意义

1. 市场调查报告是市场调查工作的最终成果

从制定调查方案、收集资料、加工整理和分析研究到撰写并提交调查报告，是一套完整的工作程序，缺一不可。所以，市场调查报告是集中表现市场调查成果的载体。

2. 市场调查报告反映从感性认识到理性认识的飞跃过程

调查报告比调查资料更便于阅读和理解，使感性认识上升为理性认识，便于更好地指导实践活动。

3. 市场调查报告是为各部门管理者、为社会、为企业服务的一种重要形式

一份好的市场调查报告能为企业的市场活动提供有效的导向作用，同时能对各部门管理者了解情况、分析问题、制定决策和编制计划以及控制、协调、监督等各方面起到积极的作用。

4. 市场调查报告是企业经营决策的重要依据

市场调查报告能集中和全面反映市场供需状况及其发展趋势，是市场信息的重要载体。通过市场调查报告，企业经营者和决策者能够准确把握市场开发和产品生产的相关信息，生产出适销对路的产品，提高市场占有率，从而为企业创造经济和社会效益。

四、撰写市场调查报告应遵循的原则

1. 客观性原则

客观性原则是指写作时要实事求是地反映事物的规律，克服个人的主观偏见，不可以篡改、虚构调查数据，调查报告的各项结论应准确、全面、客观、真实。

2. 时效性原则

时效性原则是指在完成调查活动之后，调查人员或单位必须迅速、及时地将成果总结出来，呈送给企业决策者或者调查客户。如果一份市场调查报告花费了一年时间才完成，市场的各项数据势必发生了巨大变化，有的数据甚至在一两个月后就过时了，这样会引导企业决策者对市场做出错误的判断，企业会蒙受巨大的损失。

3. 针对性原则

调查报告一般有比较明确的意向，相关的调查取证都是针对和围绕某一综合性或专题性问题展开的。所以，在开展市场调查活动之前，应有集中的主题和明确的意向；但如果调查取证的素材与预设的主题、意向出现较大分歧，且确定素材准确无误，应实事求是地修正原有的主题和意向。撰写调查报告时，所反映的问题应集中而有深度。

4. 逻辑性原则

调查报告离不开确凿的事实，但也不是素材的机械堆砌，而是对核实无误的数据和事实进行严密的逻辑论证，探明事物发展变化的原因，预测事物发展变化的趋势，提示本质性和规律性的东西，得出科学合理的意见结论与对策建议。经不起逻辑推敲的调查报告是没有生命力的。

5. 创新性原则

创新性原则是指市场调查报告应该紧紧抓住市场经济活动的新动向、新问题，引用通过调查研究得到的人们未知的新发现，仔细推敲，合理预测，提出新的观点，形成新的结论，为科学决策提供依据。

任务二　明确市场调查报告结构

任务描述：从写作的角度而言，市场调查报告并没有统一的固定格式，但每份报告都应该有一些特定的议题，这就决定了在报告的写作结构上必须有较强的针对性，这样才能保证及时且准确地把调查信息传达给管理者和决策者。

市场调查报告的结构会因不同的调查项目有所差异，但市场调查报告要把市场信息传递给决策者的功能是不会变的。一份完整的市场调查报告，由标题、前言、目录、正文、结语、附录6个部分组成。

一、标题

市场调查报告的标题有两种常见的写法：一种是单标题，另一种是双标题。

（一）单标题

1. 模式化标题

模式化标题是指按照"调查对象+调查课题+文体名称"的模式拟定的标题，如"清泉社区居委会的财务调查"。其中"清泉社区居委会"是调查对象，"财务"是调查问题，"调查"显示文体是调查报告。这样写的好处是要素清楚，读者一看就知道调查的是什么单位，涉及的问题是哪些。其不足之处是不够生动。此外，"关于××××的调查报告""××××调查"等同属于模式化标题。

2. 提问式标题

提问式标题是指以设问、反问的形式突出问题的焦点，引发读者思考的标题，如"儿童究竟需要什么读物？""什么才是符合消费者需求的新能源汽车？"等。

3. 观点式标题

观点式标题是直接阐明作者的观点、看法，或对实物做出评价和判断的标题，如"公共医疗资源紧缺不容忽视"。

4. 联想式标题

联想式标题是指用形象画面暗示文章内容的标题，如"市场经济下的无形之手"。

5. 陈述式标题

陈述式标题是指直接叙述事实的标题，如"自然界的生存法则"。

（二）双标题

双标题由主标题和副标题组成。其中主标题一般采用常规文章标题的写法，即具体手段+提问式标题/观点式标题/联想式标题/陈述式标题；副标题则采用模式化标题，由调查对象、调查问题、文体名称组成。例如，"人人都有接受良好教育的权利——农村义务教育问题调查"。

二、前言

市场调查报告的前言是指该调查项目的简要介绍，一般要根据主体部分组织资料的结构顺序来安排，包括调查的背景、调查活动的目的、调查的范围、资料收集的基本方法等内容，也可概括市场调查报告的基本观点或结论，以便读者对主要内容、意义等有初步了解，然后用一过渡句承上启下，引出主体部分。前言是市场调查报告正文的前置部分，起到画龙点睛的作用，要求精练概括，直切主题。常用的前言有以下几种类型。

1. 提要式前言

提要式前言相当于调查活动目录的缩减版，就是把调查流程中所涉及的内容概括地写在开头，使读者一开始就对调查的基本情况有大致的了解。

2. 交代式前言

在开头简单地交代调查的目的、方法、时间、范围、背景等，使读者对调查的过程和基本结论有简单了解。提要式前言与交代式前言的区别：提要式前言更侧重于整个报告的骨架，相当于目录的浓缩；交代式前言更侧重于内容，相当于结论的浓缩。

3. 问题式前言

在开头提出问题，引起读者对调查课题的关注，促使读者思考。可以采用提问的方式引出问题，也可以直接将问题摆出来。

三、目录

正式的市场调查报告都应该有目录，以便读者查找相关内容，并使整个报告的脉络更加清晰。目录应包含报告对应章节及对应的页码。较短的报告可以只编写一级目录。注意，报告中的有关问卷、表格、统计图等资料应作为附录附在报告末尾。

四、正文

目录之后、结语之前的文字都属于正文。正文是调查报告的主体和核心。这部分的资料丰富、内容复杂，是调查报告中最主要的部分，也是写作的重点和难点。它要求完整、准确、具体地说明调查的基本情况，进行科学合理的分析预测，在此基础上提出有针对性的对策和建议。注意，以下内容在前言中若没有出现，则应在正文中体现出来，使阅读对象对调查实施过程中涉及的信息了解更全面。正文具体由调查目的、调查设计、调查结果、结论和建议、局限性等内容所构成。

（一）调查目的

在报告正文的开头，调查人员应简明扼要地指出该调查活动的目的，以便读者准确掌握该调查的内容。例如，《重庆财经职业学院学生手机使用情况调查》中，可以这样描述调查目的：通过了解重庆财经职业学院学生手机使用情况，为手机销售商和手机制造商提供信息，同时为其开发大学生市场提供一定的参考，特对重庆财经职业学院学生手机使用情况开展调查。

（二）调查设计

这部分的内容比较琐碎，主要在报告中交代清楚调查是如何设计并实施的。

（1）调查类型——说明所开展的项目是属于探测性调查、描述性调查，还是因果性调查，以及为什么采用这一特定类型的调查。

（2）资料来源——说明资料来自于初级资料还是次级资料。

（3）调查方式与调查方法——说明调查的方式是普查、重点调查、典型调查，还是抽样调查；调查的方法是文案调查法、观察法、访谈法，还是实验调查法。所用调查问卷或观察记录表应编入附录。

（4）调查时间与期限——说明调查时间和调查期限。调查时间是指调查资料所属的时间。如果调查的是时期现象，就需要明确规定资料所反映的是从何时起到何时止的调查对象；如果调查的是时点现象，就需要明确统一的标准调查时点。调查期限是指调查工作从开始到结束的时间段，包括从设计调查方案到出具调查报告的整个过程的时间段。

（5）调查实施安排与过程——启用了多少名调查人员，对他们如何培养、如何监督管理，如何安排他们的实地工作。

（6）调查分析——说明所使用的定量分析方法和定性分析方法。

（三）调查结果

调查结果是正文的重点，占据正文最大篇幅，由结论、图表、数据描述及结论阐述所组成。这部分报告应按某种逻辑顺序提出紧扣调查目的的一系列项目。调查结果可以以叙述形式表述，使得项目更为可信，但不可过分吹嘘。在讨论中可以配合一些总括性的表格和图像，避免枯燥无味的大块文字叙述。详细和深入分析的图表宜放到附录中。注意，调查结果需全面反映调查内容。

（四）结论和建议

结论是基于调查结果的总结，建议是相应的措施。结论和建议要有理有据，相互呼应。

（五）局限性

完美无缺的调查是难以做到的，所以调查报告必须指出调查的局限性，诸如作业过程中的无回答误差和抽样程序存在的问题等。讨论调查报告的局限性是正确地评价调查成果的基础。

五、结语

结语要简明扼要。结语一般是对全文内容的总括，突出观点，强调意义；或展望未来，以给人希望。视实际情况，有时也可省略这部分，以使行文更趋简练。调查报告常在结语部分表明作者的观点，对主体部分的内容进行概括、升华，因此，结语往往是比较重要的部分。常见的结语写法有以下两种。

（1）概括全文，明确主旨。在结语处表明全文的中心思想。

（2）指出问题，启发思考。如果一些存在的问题还没有引起人们的注意，如果限于各种因素无法提出解决问题的办法，那么，把问题指出来，引起有关方的注意，或者启发人们对这一问题的思考，这也是很有价值的。

六、附录

任何一份技术性过强或太详细的资料都不应出现在正文部分，而应编入附录。这些资料可能只会引起某些读者的兴趣，或者它们与调查没有直接的关系，而只有间接的关系。

附录通常包括的内容有：调查提纲、调查问卷和观察记录表，被访者（机构单位）名单，较为复杂的抽样调查技术的说明，一些次关键数据的计算， 较为复杂的统计表和参考文献，等等。

任务三　明确市场调查报告编写步骤

任务描述：在了解了市场调查报告的结构后，就能写出一份高质量的市场调查报告了吗？当然还不能。在编写市场调查报告之前必须做大量的准备工作，这样写出来的市场调查报告才能客观真实、有理有据。

首先，以市场调查的主题及其分解的题目为中心，草拟报告；其次，扩展成一个个分项题目为主体的分列报告；再次，对这些分列报告进行组合、扩充，补充必要的内容后使之成为市场调查报告的主体；然后，根据主体内容的需要编写附录；最后，根据主体内容写出市场调查报告的前言及目录。

一、确定主题

市场调查报告的主题是完成全部调查、对调查资料进行深入分析与处理后才最终确定的。确定市场调查报告的主题是对调查主题进一步确认或收缩、放大、分解、修正、提升的过程。调查报告的观点是调查者对调查对象提出的看法与评价，也是调查报告主题（中心论点）的发散，观点构成调查报告的论点，又分为不同的层次。主题和论点的有机结合，就构成了调查报告的骨架。

二、选择资料

调查资料是支撑调查报告主题和观点的基础，资料整理即对市场调查与预测取得的资料进行取舍。调查报告撰写者要根据主题和观点的需要，精心筛选素材，作为说明论点的论据，要做到：选取可靠资料；选取充分、完整而又适量的资料；选取有力的资料；选取新鲜的资料；选取易于理解的资料。

（一）资料的整理步骤

对调查报告资料的整理一般分成 3 个步骤。

（1）检查鉴别。首先检查调查报告资料是否切合研究的需要；其次要鉴别事实资料的真实性、数据的准确性，保证资料的真实可靠。

（2）制作图表。图表可直观展示大量信息，能帮助读者理解调查报告的内容。

（3）分类分组。调查报告资料分类的标准，依据研究目的，按资料性质分为记录资料、文献资料、问卷资料、统计调查资料等。也可根据研究的目的按年龄、性别、职业分类等。

（二）资料的取舍

一般来说，可供取舍的资料主要有以下几大类。

（1）典型资料：有代表性。

（2）综合资料：反映大局。

（3）对比资料：加深印象。

（4）统计资料：数字有说服力。

（5）排比资料：表明不同观点。

对调查报告资料的分析是调查研究中的关键步骤，是将调查报告资料化为研究成果的关键。调查报告资料分析就是用科学的方法审查、剖析调查资料中包含的被研究对象的状况、特点、社会背景、基本结构、本质属性与成因，以及运动机制和结论的过程。对调查报告资料进行分析研究，最基本的方法是定性分析和定量分析，应该用辩证的观点看待事物，对资料的质和量两个方面进行综合考察。

三、整理成文

整理成文是指在确定了调查报告的主题之后，依据所搜集到的资料及分析研究材料的结果，对全文内容和形式上的统筹规划。整理成文通常包括以下几个步骤。

（1）撰写标题。标题的具体内容见任务二"明确市场调查报告结构"。

（2）撰写观点句。观点句也叫中心论点句或主题句，是概括全文基本观点的语句，作用是使读者牢记报告的中心思想。

（3）拟定内容纲要。内容纲要是提纲的主体部分，分条分项反映正文的构成状况。它不是观点和资料的简单罗列，而是精心设计的逻辑框架，使观点和资料在其中能居于最恰当的位置。其详略可自定。

（4）起草报告。拟定内容纲要之后，便可以着手起草调查报告。在写作过程中，不但要按照内容纲要推衍成文，还必须讲求具体的写作方法。后者除了前述格式方面的要求外，主要指采用恰当的表达方式和仔细推敲语言等。从表达方式来看，调查报告除了文字表达以外，要更多地采用非纯文字表达方式，即采用图表等。从文体性质上看，调查报告是记叙性、说明性和议论性相结合的文体。但无论普通调查报告还是学术调查报告，都以记叙和说明为主，只是后者议论的比重更大些。调查报告作为一种应用性文体，在语言表达方面要做到朴实、准确、简明、庄重。

（5）修改报告。调查报告的写作和其他文章一样，一般不能一蹴而就，需要反复修改。修改报告须经过检查。检查的内容包括格式、观点、资料、字句。检查的常用方法有3种：诵读法、冷却法、请教法。在反复检查的基础上应集中修改，最后定稿。

（6）完善定稿。在将报告交给报告使用者之前，要对报告中一些要素进行设计和完善，包括扉页、摘要、目录、附件等要素的构思、设计、编排等；还须对报告的内容、结构、用词等进行多次审核和修改，确认报告言之有理，观点明确，表达准确，逻辑合理。完善定稿后，市场调查报告就可以提交给报告使用者了。

任务四　了解市场调查报告撰写技巧

任务描述：在调查报告的具体撰写过程中，如何遣词造句，如何开展议论，如何组织语言，如何说明和使用图表都是有相应的规范和技巧的，只有遵守规范、掌握技巧，写出来的报告才更专业、更规范。下面从调查报告的叙述、议论、语言运用、说明、制图几个方面来介绍调查报告的撰写技巧。

一、叙述的技巧

叙述主要用来说清问题的由来，阐明调查与预测活动所要达到的目标、要求，以及给出结果和建议。叙述技巧大致包括顺叙、倒叙、插叙、平叙、补叙等。

（1）顺叙：按照事件发生、发展的时间先后顺序来进行叙述的方法。

（2）倒叙：把事件的结局或某一突出的片段提到前面来写，然后再从事件的开头进行叙述的方法。

（3）插叙：在叙述主要事件的过程中，根据表达的需要，暂时中断主线而插入一些与中心事件有关的内容的叙述。

（4）平叙：叙述同一时间内不同地点所发生的两件或两件以上的事。

（5）补叙：在叙述过程中对前文涉及的某些事物和情况做必要的补充交代。

二、议论的技巧

市场调查报告常用的议论技巧包括以下几点。

1. 归纳论证

归纳论证是运用归纳推理形式证明结论的方法。一般在论据与论题之间缺乏必然的逻辑联系时采用这种论证方法。若要得到可靠的结论，必须选择典型事例，不能根据主观需要任意选择个别事例作为论据；同时必须对每一个别事例进行科学分析，找出论据与论题之间的必然联系。例如，"农作物合理密植能提高产量。因为小麦合理密植能提高产量，水稻合理密植能提高产量，玉米合理密植能提高产量，而小麦、水稻、玉米都是农作物，所以，农作物合理密植能提高产量。"这个论证使用论据均为个别性知识，而推出的论题具有一般性。归纳论证是在科学实践或工作中经常运用的方法，它反映了个别与一般的关系，反映了人的认识从具体到抽象、从个别到一般的过程。

2. 因果论证

若客观事物之间具有普遍的和必然的因果联系，可通过提示原因来论证结果。原因与结果具有时间上的先后关系，但具有时间先后关系的现象并非都有因果关系；除了时间的先后关系之外，具有因果关系还必须满足一个条件，即结果是由原因的作用引起的。

在运用因果论证时，需要注意以下几点。

第一，紧扣论点，突出原因分析与议题、论点结合的紧密性。

第二，注重原因分析与措施论证的对应性，有意识地将原因分析与处理问题的措施一一对应。

3. 对比论证

对比论证是正反对比论证的简称，也称比较法，是把两种事物加以对照、比较后，推导出它们之间的差异点，使结论映衬而出的论证方法。这是一种常用的、有说服力的论证方法。事物的特征和本质在对比中最容易显露出来，特别是正反相互对立的事物的比较，具有极大的鲜明性，能给人留下深刻的印象。经过对比，正确的论点更加稳固。

对比有纵比和横比两种。

纵比是指前后时期、事物的前后阶段的对比。如某人前期能征善战、建功立业与后期纵情享乐而丧权误国的对比，可用来证明"创业而不守业就会有亡国之灾"的道理。

横比是指同类事物间的对比。如网经社电商大数据库"电数宝"显示，2020 年我国全网"双十一"成交总额为 8 600 亿元，2021 年成交总额为 9 651.2 亿元，体现出我国消费体量保持了稳定增长。两年的成交总额数据是非常典型的横向对比。

三、语言运用的技巧

语言运用的技巧包括以下两个方面。

（1）用词方面。市场调查报告中多用数词、介词（如"为""对""根据"等）和专业用语。所用数词、专业用语力求准确，同一介词不宜在同一段落里频繁使用，要注意词频。另外，避免过多使用文字，应多用图表；避免晦涩字眼、行话和俚语，避免模棱两可、观点过多的长句；语言要简洁、清晰。

（2）句式方面。市场调查报告多使用陈述句，阐述调查与预测的过程、情况等。

四、说明的技巧

市场调查报告中的说明技巧有两类。

1. 文字说明技巧

文字说明技巧又包括数字说明、分类说明、对比说明、举例说明 4 种技巧。

（1）数字说明。例如，根据第七次全国人口普查结果，全国人口中，拥有大学（指大专及以上）文化程度的人口为 218 360 767 人，拥有高中（含中专）文化程度的人口为 213 005 258 人，拥有初中文化程度的人口为 487 163 489 人，拥有小学文化程度的人口为 349 658 828 人（以上各种受教育程度的人包括各类学校的毕业生、肄业生和在校生）。

（2）分类说明。例如，鲸的种类很多，总的来说分为两大类，一类是须鲸，没有牙齿，另一类是齿鲸，有锋利的牙齿。

（3）对比说明。例如，城市和乡村是两种不同的生活方式，城市生活节奏快，人口密集，交通便利，但可能存在着空气污染、噪声污染等问题，而乡村则更加宁静、自然，空气清新，但可能存在着医疗设施不足等问题。

（4）举例说明。例如，经济越发达的城市，家长越注重对孩子进行早教。新浪网的一次关于早教机构的调查结果显示，北京地区 67% 的家长认为接受专业早教对孩子的成长非常重要。

2. 表格说明技巧

表格以其清晰、直观、形象等特点，被广泛应用于市场调查报告当中。制作表格时应注意以下说明技巧。

（1）每张表都要有序号和表题，表题要简明扼要。

（2）项目的排列顺序要适当，按所强调的要素排列。若强调的是时间，则按时间顺序排列。

（3）标明各种数据的单位，如果全表为一个统一的计量单位，可用括号标注于标题下方。

（4）层次不宜过多，变量较多时，可酌情列数表。

（5）分组要适当，不宜过多或过少，以能说明问题为最优。

（6）给出必要的说明和标注。

（7）要标明数据的来源。

（8）小数点、个位数、十位数等应上下对齐。

案例链接　　　　　　　　**数字说明的技巧**

（1）使用汉字和阿拉伯数字应规范。凡是可以用阿拉伯数字的地方均应使用阿拉伯数字。具体来说，计数与计量（如 50～100，15%）、公历世纪与年代、时间（如 20 世纪 80 年代，2006 年 6 月 1 日）均用阿拉伯数字，星期几用汉字，邻近的两个数并列连用表示概数时用汉字（如五六天、五六百元等）。

（2）为了让统计数字更加鲜明生动，通俗易懂，将数字进行横向和纵向的比较，形成强烈的反差，或把太大的不易理解的数字适当地化小（如将某企业的年产量换算成每小时的产量），或将太小的不易引起报告使用者关注的数字适当变大（如产品 A 的成本降低 0.5 元/件，如果单价保持不变，则当年销售量为 100 万件时，即可增加销售收入 50 万元）。

五、制图技巧

制图时应注意采用以下技巧。

（1）每张图要有序号、图题等相关说明。

（2）根据说明需要排列项目。

（3）尽量避免使用附加的图标说明，说明应尽量标在对应的位置上。

（4）图形的呈现要清晰、简明，能直观体现数据。

（5）选择适当的度量单位，要均衡地表现图形，使所有的差异都是可视和可解释的。

（6）制图时最好使用颜色，辅以文字说明。颜色和文字的选择要有一定的逻辑性。

（7）图形要符合报告使用者的阅读习惯。

（8）要注明数据来源。

项目拓展

《中国网络视听发展研究报告》十大核心发现

2023 年 3 月 29 日，在第十届中国网络视听大会开幕前夕，有着中国网络视听行业参照标杆之称的《中国网络视听发展研究报告（2023）》（以下简称《报告》）正式发布，透露出中国网络视听行业的最新动态。《报告》揭示了十大核心发现。

1. 网络视听超过即时通信，成为第一大互联网应用

截至 2022 年 12 月，我国网络视听用户规模达 10.40 亿人，超过即时通信（10.38 亿人），成为第一大互联网应用。网络视听网民使用率为 97.4%，同比增长 1.4%，保持了在高位的稳定增长。

2. 泛网络视听产业市场规模超 7 000 亿元，短视频、直播贡献主要增量

2022 年泛网络视听产业的市场规模为 7 274.4 亿元，较 2021 年增长 4.4%。其中，短视频领域市场规模为 2 928.3 亿元，占比为 40.3%，是产业增量的主要来源；其次是网络直播领域，市场规模为 1 249.6 亿元，占比为 17.2%，成为拉动产业市场规模的重要力量。

3. 用户规模达 10.12 亿人，短视频成吸引网民"触网"首要应用

值得注意的是，近四分之一新网民因短视频触网，短视频"纳新"能力远超即时通信。新入网的网民中，24.3%的人第一次上网时使用的是短视频应用，与其他应用拉开较大距离。截至 2022 年 12 月，短视频用户规模达 10.12 亿人，同比增长 7 770 万人，增长率为 8.3%，在整体网民中的占比为 94.8%。

4. 高学历、一线及新一线城市的中青年群体网络视听使用率更高

综合视频、网络直播、网络音频更多被高学历、一线及新一线城市的中青年群体使用，这类网民更多使用网络视听类应用。

5. 网络直播用户规模达 7.51 亿人，成为网络视听第二大应用

2022 年网络直播用户规模 7.51 亿人，成为仅次于短视频的网络视听第二大应用。网络直播已经深入娱乐、教育、商业等多个领域，未来发展前景广阔。

6. 短视频人均单日使用时长超过 2.5 个小时

短视频用户的人均单日使用时长为 168 分钟，遥遥领先于其他应用；综合视频的人均单日使用时长为 120 分钟，自 2020 年底开始超越即时通信排在第二位。

7. 看新闻、学知识成为短视频用户的重要需求

《报告》显示，获取新闻资讯及学习相关知识成为用户收看短视频的重要原因。短视频平台已经成为网民获取新闻资讯的首要渠道。

8. 直播带货能力显著提升，成为日常生活快消品营销重要渠道

有 42.7%的用户在最近半年内因观看网络视频或网络直播而购买过商品，与 2020 年相比提高 27%。居住在二线及以上城市、具有中高学历的中青年女性是网络视频/直播带货最具潜力的目标人群。

9. 微短剧受众规模大，19 岁以下青少年用户占比最多

2021—2022 年微短剧上线数量显著提升。最近半年内，一半以上的短视频用户看过 3 分钟以内的微短剧、微综艺、泡面番（3～6 分钟的连载动画）。19 岁及以下年龄用户的收看比例为 57.9%。

10. 网络音频休闲和学习两不误，七成用户进行"深度阅读"

用户收听网络音频节目的两大主要目的为娱乐休闲和学习知识，分别占比 47.9%和 30.0%。33.2%的网络音频用户"认真听完整期节目"，24.5%的用户"能认真听一大半的内容"。

问题：《中国网络视听发展研究报告》的调查结论是什么？对于网络视听行业，你有哪些建议？

项目实训

【实训任务】调查报告撰写及汇报。

【实训组织】

以小组（4～6 人）为单位，撰写调查报告，由汇报人进行汇报。

【实训要求】

1. 小组讨论，草拟报告提纲。

2. 小组分工，选出报告执笔人、制图者、PPT 制作者、汇报人。

3. 任务执行，各司其职。

4. 完成初稿，教师对各组进行指导。

5. 报告修订，完成定稿。

6. 制作报告汇报 PPT。

7. 提交调查报告及 PPT。

【实训成果】

1. 提交调查报告纸质文档一份。

2. 提交调查报告电子文档。

3. 提交报告汇报 PPT。

【实训考核】

1. 教师、学生共同参与考核。教师原则上由任课教师或课程组教师组成；学生来自于本班其他小组。

2. 满分为 100 分。教师评价权重占 50%，学生小组互评为 50%。

【评价标准】

1. PPT 制作水平。

2. 报告质量。

3. 汇报人的表现。

4. 调查的难度水平。

5. 团队整体风貌。